新视觉**新体验**优秀导游词宝典

# 黑龙江经典导游词

侯　伟◎主编
满大庆　闫建华　郝思印◎副主编

HEI LONGJIANG

旅游教育出版社

策　　划：丁海秀　李荣强
责任编辑：张毅

图书在版编目(CIP)数据

黑龙江经典导游词/侯伟主编.—北京：旅游教育出版社，2012.3
(新视觉新体验优秀导游词宝典)
ISBN 978-7-5637-1668-5

Ⅰ.①黑…　Ⅱ.①侯…　Ⅲ.①导游—解说词—黑龙江省
Ⅳ.①K928.935

中国版本图书馆CIP数据核字(2012)第003370号

新视觉新体验优秀导游词宝典
黑龙江经典导游词
侯　伟　主　编
满大庆　闫建华　郝思印　副主编

| | |
|---|---|
| 出版单位 | 旅游教育出版社 |
| 地　　址 | 北京市朝阳区定福庄南里1号 |
| 邮　　编 | 100024 |
| 发行电话 | (010)65778403 65728372 65767462(传真) |
| 本社网址 | www.tepcb.com |
| E-mail | tepfx@163.com |
| 印刷单位 | 河北省三河市灵山红旗印刷厂 |
| 经销单位 | 新华书店 |
| 开　　本 | 850×1168　1/32 |
| 印　　张 | 9.5 |
| 字　　数 | 195千字 |
| 版　　次 | 2012年3月第1版 |
| 印　　次 | 2012年3月第1次印刷 |
| 定　　价 | 28.00元 |

(图书如有装订差错请与发行部联系)

# 编委会

**主　编：**侯　伟

**副主编：**满大庆　闫建华　郝思印

**具体编写人员：**郝思印　张金波　王梅林

满大庆　于　毅　孙　军

赵　曦　郑宇红　苗小苗

曲翠华　闫建华

# 序

PREFACE

作为一名从事旅游行业多年的工作者，我曾到过许多地方，亲历并目睹了无数的佳景胜境，但我却始终认为，论自然、论神奇，我的家乡黑龙江才是最美的。

黑龙江的美，是一种阳刚之美，一种典型北国风光的粗犷与豪放之美！丽姿靓影、小桥流水不是它质地的写真，自然生态、大气磅礴才是它内在的品性。这种没有人工雕饰原生态的自然美，在46万平方公里的龙江大地上，处处凸显出它的广袤、古朴、神奇与浪漫！

黑龙江是古老的，它又很年轻。亿万年的地质变迁和造山运动，在地球母亲漫长的激情释放中，造就了龙江大地的自然和神奇。在省委、省政府提出的推进全省经济发展“八大开发区”工程中，“北国风光特色旅游开发区”建设，又为“国际滑雪旅游胜地”、“养生度假天堂”的美誉增添了新的发展契机，为黑龙江从资源大省向产业强省转变，提供了勃勃生机和全新动力。

每每观赏家乡的风景，品读龙江旅游景区的历史与风情，我的心海常常会泛起激情，留下无数感动、无数憧憬。

我热爱家乡的大森林，它莽莽苍苍、郁郁葱葱，一望无际的林海被蓬勃生命的元气充盈。这里的每片山林都埋藏着无尽的宝藏，每棵青松、白桦都在为低碳世界的回归，演化着生命的灵动，支撑出人类生存的空间。声声兽吼，呦呦鸟鸣，在每一条山涧溪水的欢歌中，每一波林海风动的浪涛里，黑龙江一片片浩瀚原始的大森林，都演绎出了生命张力的无限轮回，擎起了中国北方深邃、高洁的朗朗晴空。

我热恋家乡的大湿地，它水丰草美，无边无垠，苇荡飘歌的胜境隐藏着无数令人神往的传奇。草长莺飞、泽光粼粼，野花默默中更显几许风情。百鸟向天歌，千虫低絮语，构成了湿地万物和谐的乐章。它们从昨日吟到今天,从历史唱到未来,从不间断、从未停歇。

我歌唱家乡的大界江,它浩浩荡荡,一泻千里,黑龙江曲折迂回,百折不挠地从亘古中走来,一手挽起莽原,一手连接大海。甘洌清醇的冰域雪国之水,在流经我家乡的地方形成了 1800 多公里的大江界,汇成了滚滚滔滔的清纯激流,浇灌着如花的国土,也滋润着异域的邻邦。一江春水,两国风光!

我陶醉于家乡的大湖泊,浩荡缥缈,碧波摇曳,五大连池的奇异,镜泊湖的深邃,兴凯湖的壮阔……春明景和中看不够上下天光,秋果般实里写不完万紫千红。落霞孤鹜,秋水长天,渔舟唱晚,雁阵惊寒,大湖泊是家乡的壮阔写真,辽阔恢弘,展示出水韵洞天的佳境。

我赞美家乡的大冰雪,千里冰封、万里雪飘,飘飘洒洒、银装素裹。它是圣洁的殿堂、童话的世界、北国的风光。当一片白色的六角精灵自天而降,雪,就像无数只翻飞的银蝴蝶闪动着透明的羽翼,蕴涵着广宇中的精髓徐徐飘落,铺满山川、洒满大地,一场又一场,一层又一层,叠堆起新鲜、蓬松、圣洁之美。冰乡雪国,冰味雪趣,宜滑、宜雕、宜嬉;冰之晶莹如玉,雪之静美如絮,宜写、宜画、宜摄……

还有很多很多数不尽的自然之美等待着人们去寻踪探秘!这,就是我的家乡——黑龙江,人世间最美丽的地方。

为了将最美丽的龙江展示给游人,也为提高全省导游人员的业务技能,黑龙江省旅游培训中心根据全省景区发展实际,与旅游教育出版社出版了这本《黑龙江经典导游词》。书中还收录了全省部分特色美食、地方特产、相关民俗和发展中的景点等知识。

对旅游景区(点)进行口语化介绍的导游词,是随着景区(点)的发展而发展的。因此,导游词具有强烈的时代特征和动态内容。随着黑龙江省北国风光特色旅游开发区建设的不断深入,黑龙江省还将有更多、更好的景区导游词与广大读者见面。

在书本里了解黑龙江,更要在行程中感悟黑龙江。只有走进,才能天人合一;只有融入,才能在相濡以沫中体味龙江的神奇与温情。

薄喜如(黑龙江省旅游局长、党组书记)

2011 年 12 月

# 出版说明

随着旅游业的发展，旅游者的知识、精神需求日渐增长，这就对导游员的服务水平提出了更高的要求。近年来，为了提高导游员的知识水平和讲解能力，许多地方均编写了具有一定实效性的导游词。但综合来看，部分导游词仍存在着模式化严重、讲解不够灵活、缺乏当地旅游文化底蕴、形式单一等问题。为此，旅游教育出版社决定联合各省市旅游局的人教处、培训中心以及业内相关旅游专家，全新策划出版这套“新视觉新体验优秀导游词宝典”，以提高导游员的实战技巧和综合素质。

本丛书充分考虑导游员的实际需求，甄选各地最具特色的重要景观和最实用的趣闻典故，力求为导游员提供一份精彩、实用的解说词。翻开本套丛书，读者就可以跟随着导游员的脚步，欣赏风光秀美的自然景观，领略底蕴丰厚的地方文化，倾听古老动人的民间传说，重温波澜壮阔的历史旧事。

本丛书主要有以下特色：

第一，内容丰富，实用性强。本丛书囊括了各地地理、文物、古迹、建筑、园林、历史、名人、宗教、美食、娱乐、民俗等旅游知识，可以满足导游员全面介绍当地旅游资源的诸多需要。

第二，模拟导游，亲身体验。绝大多数导游词均以第一人称的形式编写（包括市区概况等），语言风格亲切自然。作者以模拟导游员的身份，和游客一起体验旅游的乐趣，可以引发导游员阅读本书时的共鸣，方便导游词在导游工作中的实际运用。

第三，编写独特，别具一格。与传统导游词相比，本丛书加重了沿途导游内容的比重，增加了当地较有特色的饮食、购物、娱乐等旅游文化促销词，为导游员的实际工作提供了更全面、更实用的实战技巧和信息参考。同时，本丛书还增加了趣味小典故、小幽默等模块，可以给导游员的讲解增添无穷的乐趣。

第四，版式活泼，图文并茂。为使阅读变得更加轻松、愉悦，本丛书采用了活泼轻松的编排版式，并插入一定数量的精美图片。

真诚地希望本丛书的出版能够使导游员得到一套真正实用和经典的导游词工具书，从而更全面地了解全国各地的旅游资源，与游客一同畅行天下！如果您是一般旅游者和旅游院校的学生，相信您也可以通过本套丛书了解更多的旅游常识，品味祖国各地丰厚的历史文化积淀，有所收获。

本丛书收集了大量的资料，信息涉及各地旅游资源的方方面面，其中难免有遗漏和不足之处，尚请读者多提宝贵意见。

旅游教育出版社

# 目 录

CONTENTS

# 第一章

# 锦绣龙江

黑龙江省四季分明，无论什么季节，都可领略到大自然赋予的美丽、神奇与无穷趣味。这里，春季冰雪消融、山花烂漫，是活力的世界；夏季浩瀚的原始森林、绿荫千里的湿地草原、神秘的大界江、美丽的湖泊，是清凉的世界；秋季五彩缤纷的"五花山"、悠久的历史文化，是多彩的世界；冬季茫茫的林海雪原，白雪皑皑，到处银装素裹，是冰雪的世界。

斯大林公园(王成摄)

# 第一节　时尚、动感、浪漫——酷省黑龙江概况

## 讲解重点

黑龙江省幅员辽阔、历史悠久，位于我国的东北部。讲解重点可分为黑龙江的自然概况、区位优势、少数民族、江河湖泊、矿产和动植物资源等几个方面。

## 经典导游词

### 一、自然概况

各位游客大家好：

欢迎来到黑龙江旅游！黑龙江省地域辽阔、资源富饶、风光独特、四季分明，无论什么季节您都可以领略到大自然赋予的美丽、神奇与无穷的趣味。

黑龙江省因境内最大的河流黑龙江而得名。这里的茫茫林海雪原、浩瀚的原始森林、绿荫千里的湿地草原、神秘的大界江、多元的历史文化、多彩的民族民风和方物特产，会使您领略到黑

龙江省的美丽与神奇、自然与粗犷和古朴与绚丽。

## 二、区位优势

黑龙江省位于祖国的东北边陲，是我国位置最北、纬度最高、太阳升起最早的省份，有中国"北极和东极"之称，最北部的漠河县北极村是我国最北的地方，农历夏至和冬至时，可看到极昼和极夜的现象，幸运的时候可看到"北极光"，因此被称为中国的北极。东端的极点在抚远县乌苏里江和黑龙江汇流处的黑瞎子岛，有中国东极之称。东部和北部隔黑龙江、乌苏里江与俄罗斯相望，西部与内蒙古毗邻，南部与吉林省接壤。

## 三、面积、人口、民族

### 1. 面积

黑龙江省面积46万多平方公里，占全国总面积的4.8%，在各省中居第六位。

### 2. 人口

黑龙江省人口3800多万，占全国人口的3.22%，辖13地市，65个县区（或县级市），省会设在哈尔滨。

### 3. 民族

黑龙江省是一个多民族集聚的省份，其中汉族人口占95.1%。除汉族外，还有53个少数民族，人口近200万。其中满族、蒙古族、朝鲜族、回族、达斡尔族、鄂伦春族、赫哲族、鄂温克族、锡伯族、柯尔克孜族是黑龙江省10个世居、久居的民族。由于历史的变革和不同的民族聚居，形成了我省鲜明独特的北方多元文化形态。

### 趣味小典故

## 黑龙江名称的由来

在中国北方有一条著名的大江，叫黑龙江。传说在很早以前，这条江不叫黑龙江，而叫白龙江，那是因为江里住着一条凶恶的白龙。后来，为什么又改叫黑龙江了呢？这说起来话就长了。

很久以前，在山东住着一户姓李的人家，只有兄妹二人。一天，哥哥出远门了，妹妹李姐到海边洗衣服，因为天气太热，她不知不觉在海滩上睡着了。醒来后，她感到肚子很疼，忙收拾起衣服往家赶。谁知李姐的肚子一天天大起来，第二年的春天忽然生下一条小黑龙。李姐虽然很害怕，但毕竟是自己的孩子呀。她给小黑龙喂奶，小黑龙吃饱后就不见了。以后，小黑龙每天晚上都回来吃奶，吃饱了就出去。不久，李姐的哥哥回来了，知道了这件事后，他偷偷地藏起了一把刀。晚上小黑龙又回来吃奶时，他突然举起刀狠狠地向小黑龙砍去。只见一道火光闪过，屋里响起了一声惊雷，小黑龙飞出去不见了，地上只留下了一段被砍下的龙尾巴。李姐心疼地哭了起来。

因为小黑龙生在李家，又被舅舅砍断了尾巴，所以大家都叫它“秃尾巴老李”。秃尾巴老李被舅舅砍伤后不知跑到哪里去了，很久都没有消息。

又是一年的春天，一位住在江边的老船夫看见一个穿黑衣的小伙子。小伙子想在老船夫的草棚里借宿一夜。老船夫很喜欢这个又黑又壮的年轻人，连说：“住下吧。”晚上老船夫迷迷糊糊快要睡着了，忽然听见有人在他耳边说：“我是一条黑龙，家住在山东，人们都叫我秃尾巴老李。自从被舅舅砍了一刀后，一直住在东海。我常常听到北方有哭声，后来才知道是白龙江里的白龙作怪。它年年兴风作浪，淹死百姓，冲走庄稼。今天，我在东山和白龙打了一仗，把白龙打败了，他让我明天中午再战。白龙的家在这里，它饿了有吃的；我是从远处来的，饿了没吃的，怎么能打败它呢？这就得求您帮助我。明天中午我和白龙打仗时，您站在东山顶上，见到江里黑水翻上来，就往江里扔吃的；看见白水翻上来，就往江里扔石头。这样，我就可以把白龙赶走了。

老船夫听到这里，猛地坐起来，只见窗外天已经亮了，黑小伙也已不知去向。他走出草棚，看见附近的伐木工人们都在议论纷纷，原来，他们都做了和老船夫一样的梦。于是，大家决定一起帮助秃尾巴老李。他们蒸了好多大馒头，又准备了许多石头和石灰，一同上了东山。中午刚过，天忽然阴了起来，只见江面上黑白两股水搅在了一起，发出“呼啦呼啦”的巨响。大家看见黑水翻了上来，就连忙扔吃的，高喊：“秃尾巴老李，我们早来了。”看见白水翻上来，就把一筐筐石头扔下去，骂道：“凶恶的白龙，快滚开！”经过一阵厮杀，忽然一股白烟腾起，一会儿就消散了。江面上，黑色的江水平静地向东流去。人们为了纪念为民除害的“秃尾巴老李”，就把这条江的名字改成了黑龙江。

## 四、地形地貌、江河湖泊

黑龙江省地势北高东低，地形复杂多样。地形特点可概括为五山、一水、一草、三分田。山地主要有大、小兴安岭和东南部山地，平原有松嫩平原和三江平原。

黑龙江省有黑龙江、松花江、乌苏里江、嫩江和绥芬河五大水系，有兴凯湖、镜泊湖和五大连池等湖泊及星罗棋布的泡沼。其中，黑龙江是世界上最长的界江，是我省第一大江和我国第三大江，中俄界江段长 1890 公里，流经我国和蒙古国、俄罗斯三个国家。兴凯湖堪称亚洲最大的界湖，有北方“绿宝石”之称。它既有湖泊的宁静又有大海的气魄。湖水纯净、沙滩细软,是理想的湖滨度假的好去处。五大连池是世界地质公园,中国最大的火山地貌景观,火山冷却形成的岩浆千姿百态,像凝固的海浪、封冻的江河,气势磅礴、波澜壮阔。

## 五、矿产资源

全省有矿产资源 133 种,石油、石墨、钾长石等 10 种矿产的储量居全国之首;煤炭储量居东三省第一位;各类矿产产值居全国第二位。除此之外,还有大量的铅、锌、铜、耐火黏土等矿藏。

## 六、动植物资源

动物资源中,有陆栖脊椎动物 498 种,鸟类 374 种。这些动物,既有驰名中外的东北虎、丹顶鹤,也有马鹿、棕熊、紫貂、猞猁等国家重点保护类野生动物。属于国家一级保护的兽类有东北虎、豹、紫貂、貂熊和梅花鹿 5 种;鸟类有丹顶鹤、白鹳、中华秋沙鸭等 12 种;属于国家二级保护的兽类有马鹿、黑熊、雪兔等 11 种,鸟类有大天鹅、花尾榛鸡等 56 种。著名水产有大马哈鱼、大白鱼、“三花”、“五罗”等。黑龙江省内生态条件优越,植被类型多样,共有高等植物 183 科 2200 多种,植被类型以森林为主。

## 七、旅游资源

黑龙江有独具特色的旅游资源优势,尤其以原始、古朴、粗犷、自然与神奇见长,是人们崇尚自然、回归自然、休闲度假的理想之地,黑龙江四季分明、气候宜人。世界旅游组织认为,黑龙江是中国旅游酷省。其中,以大冰雪、大森林、大湿地、大界江、大湖泊、大熔岩、大油田、大农场“八大”旅游资源而享誉中外。

好了,游客朋友们,俗话说:“耳听为虚,眼见为实”。大家来到这里不是听我讲的,主要是来看的。请大家带好随身物品,随我下车,我们到大堂去办理房卡和行李,然后进房间稍事休息,12:00准时在一楼中餐厅集合,用餐后开始我们的黑龙江之旅。

趣味小知识

## 东北方言

南方游客到东北旅游,会经常听到一些东北方言或俗语,不了解东北方言有可能会闹出笑话,了解东北方言,能够增加对东北民俗的理解。导游讲解中偶尔使用一两句东北方言,有助于烘托气氛,增加旅游者的兴趣。

(1)那嘎哒:那个地方。

(2)稀罕:喜欢。

(3)贼:非常和特别,很。

(4)的瑟:不务正业或臭美。

(5)整个浪儿:全部。

(6)甩剂子:发脾气。

(7)上赶着:主动。

(8)赛脸:小孩不听话,给点阳光就灿烂。越不让干什么,就越干什么。

(9)隔路:泛指人的个性强,不愿与人交流,不合群。

(10)小样儿:泛指人不稳重,做事爱出风头。

(11)胳应:讨厌。

(12)麻溜:快点。

(13)白呼:说不着边际的话,能说,通常指能瞎说、能扯淡。

(14)打狼:落后,最后一名。

(15)老鼻子了:很多。

(16)尿性:很有男儿气概。有骨气,真汉子,牛。

(17)欠登儿:泛指哪里有事情哪里到的人。

(18)吭哧瘪肚:泛指做事不麻利,说话不利落,形容说话吞吞吐吐。

(19)呲哒:没好气地责备别人,训斥。

(20)恩呢:是,答应。嗯:是。

(21)抓瞎:没有依靠,毫无办法,无法解决。

(22)出溜:脚下一滑。

(23)横扒拉竖挡着:特指某人极力阻挠某人做某种事情。

(24)黄了:指事情没有办成。

(25)撕吧:打仗之前的前奏,互相撕扯对方。

(26)沾包:指做了事情有严重的后果,或连带责任。

(27)扒瞎:说谎话。

(28)邪呼:特别的厉害。

(29)撩骚:泛指闲着没事找事。

(30)嘎:小气,吝啬;蛮不讲理;超过,比下去。

(31)岗岗的:形容程度大,可以修饰一切形容词。

(32)咋整:怎么办,如,龙泉山庄给封了,这可咋整?

趣味小知识

**黑龙江之最**

(1)中国第一家电影院,也是哈尔滨首座电影院,建于1902年12月25日,由俄国人考布切夫在哈尔滨中国大街与石头道街(今中央大街与西十二道街)交会处建成。

(2)今阿城玉泉地区,在20世纪30年代建有中国第一家滑雪场。

(3)哈尔滨玉泉国际狩猎场，是亚洲最大的封闭式狩猎场。

(4)哈尔滨冰灯游园会，是世界上形成时间最早、规模最大的大型室外露天冰灯艺术展。

(5)国内唯一的金代文物展——阿城金上京历史博物馆。

(6)东北最早的道教圣地——松峰山。

(7)1946年4月28日，哈尔滨建立了人民政权，成为全国解放最早的大城市。

(8)1900年建厂的布鲁列夫斯基啤酒厂(现哈尔滨啤酒厂)，是中国第一家啤酒厂，生产了中国历史上的第一桶啤酒。哈尔滨还是全国第一，世界第三大啤酒消费城市，仅次于慕尼黑和巴黎。

(9)黑龙江省广播电视塔——龙塔，高336米，总建筑面积1.66万平方米，用钢2700吨，在钢结构塔中位居亚洲第一。龙塔上的尊龙国际旋转餐厅，是中国最大的错落式旋转餐厅。龙塔高190米的室外观光平台外环上，还有亚洲第一高的秋千。

(10)哈飞集团生产了中国第一架直升机——直五、中国第一架中型喷气轰炸机——轰六、中国第一架轻型喷气轰炸机——轰五、我国自行研制的第一代大型水上反潜轰炸机——水轰五。哈飞集团生产的运十二飞机销往20多个国家和地区，是中国出口国家最多、出口数量最大的民用飞机，也是中国唯一一种在世界民用航空领域内形成机群的民用飞机。

(11)哈尔滨中央大街是最具欧洲风貌的商业街，全长1450多米，也是亚洲最长的步行街。

(12)1932年改建后的圣·索菲亚教堂，是哈尔滨暨远东地区最大的东正教教堂。

## 第二节　历史文化名城——哈尔滨概况

### 讲解重点

哈尔滨是中国历史文化名城之一，是黑龙江省的政治、经济、文化中心，历史文化积淀凝重，也被称为冰城夏都、滑雪胜地。讲解重点可从多元的历史文化讲起，主要包括历史文化、建筑文化、宗教文化、冰雪文化等方面。

冰城夏都，可从哈尔滨春季的市花丁香花盛开，夏季的消夏避暑，秋季的五花山和冬季的冰雪活动等方面重点讲解。

### 经典导游词

游客朋友们：

大家好！欢迎您来到美丽的冰城夏都——哈尔滨。哈尔滨市位于中国东北部，是黑龙江省省会，是黑龙江的政治、经济、文化中心。全市辖 8 区、10 县(市)，总面积 5.38 万平方公里，总人口 987 万，市区人口 475.5 万，共有 48 个少数民族，人口 66 万。是中国省会城市中面积最大的城市，也是我国主要的工业生产基地和粮豆生产基地。黑龙江省的版图犹如一只展翅腾飞的天鹅，哈尔滨就像悬挂在天鹅颈上的一颗璀璨明珠，哈尔滨是女真语“天鹅”的谐音。

哈尔滨地处东北亚中心位置，被誉为欧亚大陆桥的明珠，是欧亚大陆桥和空中走廊的重要枢纽。哈尔滨铁路主要有哈大、滨绥、滨州、滨北、拉滨 5 条铁路连通国内，哈尔滨水运航线遍及松花江、黑龙江、乌苏里江和嫩江，并与俄罗斯远东部分港口相通。经过水路江海联运线，东出鞑靼海峡，船舶可直达日本、朝鲜、韩国和东南亚地区。哈尔滨的气候属中温带大陆性季风气候，冬长夏短，有“冰城”之称。

## 一、历史文化

哈尔滨是一座具有特色的历史文化名城。大约在 4 万年前，哈尔滨地区就有人类活动。早期生活在这一带的人称为“肃慎人”，以后经多次演变，至唐朝以后称为“女真人”。女真人后来演变成为满族人的主要组成部分。长期以来，以中原文化为核心的中华文明并没有给地处祖国边疆的哈尔滨太多的笔墨，直至辽金以后，哈尔滨才开始成为中国历史一个重要的注脚。

公元 1115 年，完颜部女真人完颜阿骨打灭辽、北宋后，建立了区域性政权——金朝，国号大金，定都会宁（今哈尔滨阿城），时称金上京会宁府。金王朝在这块土地上历经四代皇帝，共 38 年之久，于 1153 年迁都燕京。上京会宁府是 12 世纪东北亚地区最大的都市和政治、经济、文化中心，为北方文化构成留下了厚重的财富，成为哈尔滨特色文化的源头和核心。哈尔滨的金代遗址有 80 多处，对金王朝感兴趣的朋友可前往完颜阿骨打陵址、松峰山道教遗址及五国头城遗址等处游览。

19 世纪末，沙俄政府胁迫清政府签订了《中俄密约》，攫取了在中国东北修筑铁路的权力。1903 年 7 月，中东铁路全线竣工通车。这条铁路北起满洲里，经哈尔滨，东至绥芬河，南至大连。沙俄通过对中东铁路附属地的控制，及对铁路沿线大量资源的掠夺，实际把整个东北变成了他们的势力范围。1926年，结束了沙俄对哈尔滨长达28年的侵占，哈尔滨的行政管辖权被全部收回，设立了哈尔滨特别市。1931年“九一八”以后，哈尔滨沦为日本帝国主义统治。1946年4月28日哈尔滨解放，成为全国解放最早的大城市和全国解放的大后方，也是“抗美援朝”的大后方。曾是共和国首都的候选城市。

新中国成立后，哈尔滨是国家重点建设的工业基地。“三大动力”、“十大军工”等都曾落户哈尔滨，还有量具厂、轴承厂、亚麻厂、电碳厂等企业。经过几十年的发展，哈尔滨现已形成以机电业为主体，以汽车制造、医药、食品加工、化工产业为优势、门类齐全的工业体系，在振兴东北老工业基地的战略中，成为“哈大齐工业走廊”的龙头。哈尔滨还拥有较强的科技综合实力。特别是哈工大的航空航天、智能机器人的研发和焊接技术，都达到或领先于世界先进水平。

## 二、建筑文化

哈尔滨也荟萃了文艺复兴前后的各类建筑，犹如一座建筑艺术的博物馆，因此当年的俄国人称哈尔滨为“东方的莫斯科”，法国人称这里为“东方的小巴黎”。在这里不仅可领略中华民族传统的古典建筑，更可饱览欧洲文艺复兴、古典主义、浪漫主义、折中主义、新艺术运动、巴洛克建筑艺术，还可看到中华巴洛克建筑群体。

哈尔滨防洪胜利纪念塔(苗小苗摄)

## 三、宗教文化

哈尔滨又有教堂城之称，世界上四大宗教基督教、伊斯兰教、佛教、犹太教，哈尔滨都有。基督教的三大流派：天主教、东正教、基督新教，也是一个不少。在我国极为少见的犹太教堂，哈尔滨有两处。索菲亚教堂（建筑艺术博物馆，世界目前仅存两处）是远东地区最大的东正教堂，但它不在俄罗斯，却在中国的哈尔滨。新建的哈里路亚教堂是东北地区最大的基督教堂。哈尔滨的异域风情建筑其数量之大，艺术风格之多，整体之和谐实属罕见。它是哈尔滨历史文化的沉积，也是人类文明的宝贵遗产。

**趣味小知识**

### 太阳岛名字的由来

传说早年满族的祖先女真人在太阳岛一带渔猎，松花江盛产鲂鱼，俗称鳊花，满语称其为“太宜安”与汉语“太阳”一词的发音极为相似，于是人们就用汉字“太阳”加上“岛”称呼这座岛，这就是“太阳岛”名字的由来。

清代康熙年间，太阳岛作为水师营被开发利用，后来成为清朝政府进行水师扎兵和巡练基地。随着 1897 年中东铁路的兴建和 1917 年苏联十月革命的成功，大量欧洲侨民，尤其是俄国人涌入哈尔滨。他们被太阳岛上自然景色和美丽风光所吸引，在岛上修建房屋，建筑度假别墅、餐厅和各种游玩娱乐设施，并在这里狩猎、钓鱼、野餐、野浴。这些充满异国情调的建筑和生活风俗，一时间成为一种时尚，也是哈尔滨多元文化组合中的独特形象。

新中国成立后，太阳岛回到了祖国人民的怀抱，地方政府先后投巨资对太阳岛进行了十大景观和基础设施的建设，使太阳岛风景区发生了巨大的变化。随着20世纪70年代著名歌唱家郑绪岚将一首《太阳岛上》唱遍全国，太阳岛便像磁石一样，强烈地吸引着众多的海内外宾客，伴着歌曲的优美旋律纷至沓来。从此，太阳岛以其美丽而独特的自然生态环境享誉大江南北，每年接待游客达300多万人次，胡锦涛、江泽民等党和国家领导人曾多次来岛视察。2007年被国家旅游局评为全国首批5A级国家旅游景区。

**太阳岛**（王成摄）

## 四、冰雪文化

哈尔滨四季分明，每到春天，这里的市花——丁香花相继开放，多种颜色争奇斗艳，满城飘香；夏天一到，树木葱郁，百花盛开，草地如毯，凉风习习，是消夏避暑的好时节；秋季城市周边的"五花山"会让游人在大自然中流连忘返；而冬季到处是冰雕冰灯，千姿百态、五颜六色、夜夜辉煌，让人目不暇接，当然冬季更是玩雪、赏雪、滑雪的好时节。所以哈尔滨又被称为"冰城夏都。"

巧夺天工的冰雪艺术景观是哈尔滨冰雪旅游的金牌产品，城市内有许多处冰雪娱乐场，包括冰雪大世界、太阳岛雪雕、兆麟公园冰雕等；而遍布四周的40家滑雪场，又使哈尔滨成为冰雪运动的乐园和滑雪度假胜地;松花江上的冬泳更显示了冰城人的勇敢与豪迈,成为每一位游客的永恒记忆……

### 1. 主要景点

改革开放后,哈尔滨的房子长高了,街道拓宽了,城市变得漂亮了。相继开辟了欧陆风情的中央大街、俄罗斯风情的果戈理大街、印度风情街、犹太风情街,还有极乐寺的佛教文化街。游览的景点有远东地区最大的东正教堂——圣·索菲亚教堂、全国最大的北方森林动物园、世界上最大的东北虎野化基地——东北虎林园、亚洲最高的钢架结构的黑龙江广播电视塔——龙塔等。

### 2. 节庆饮食

哈尔滨旅游事业日益兴旺,春天有“国际经贸洽谈会”,夏季有“哈尔滨之夏音乐会”和“哈尔滨湿地旅游节”,秋季有“天鹅艺术节”(每两年举办一次),冬天有“滑雪节”、“冰雪节”和“冰灯游园会”。一年四季,不论什么时候来哈尔滨观光旅游,都会令您快乐和满意。哈尔滨的饮食文化特色的集中体现是中西合璧,有俄式西餐首推华梅西餐厅,与北京马克西姆、上海红房子、天津起士林并称“中国四大西餐厅”;另外老“都一处”三鲜水饺久负盛名;想吃地道的东北菜——杀猪菜,可以到老六杀猪菜;到农家大院、农家小院等东北菜馆都能吃到正宗的农家菜。当然也不能错过买点儿肉联厂产的大众牌红肠,秋林公司产的里道斯红肠、正阳楼的风味干肠和松仁小肚、秋林公司的大列巴面包等带给亲朋好友。哈尔滨啤酒厂是中国最早的啤酒厂,诞生于 1900 年。哈尔滨市啤酒消费量居全国第一、世界第三,在慕尼黑、巴黎之后,每年一度的哈尔滨啤酒节已上升为国家级。在这里可以品尝到世界各地的优质啤酒。

游客朋友们,哈尔滨的风情十分迷人,而哈尔滨的魅力还需要您去亲身体验。最后，祝大家在哈尔滨旅游愉快，一切顺利，万事如意。

趣味小知识

### 发酵饮料“格瓦斯”

格瓦斯，原是俄罗斯传统发酵型风味饮料，它与秋林大面包（大列巴）、肉联红肠（里道斯）一起传入哈尔滨，已有百年历史。因为格瓦斯是用秋林大面包、酒花、麦芽糖为原料，经糖化，加乳酵菌、酵母菌等多菌株混合发酵后制成的，所以又被哈尔滨市民称为“液体面包”。

格瓦斯作为传统俄罗斯饮料，早已融入了哈尔滨人的生活，成为“哈尔滨俄罗斯文化”特质的典型符号，它对于人们感受哈尔滨、认识哈尔滨、了解哈尔滨具有不可替代的作用。

格瓦斯含有丰富的蛋白质、氨基酸、维生素、乳酸等营养成分，长期饮用具有开胃、健脾、降血压、消除疲劳等保健作用。

当您来到美丽的冰城哈尔滨，一定不要忘了尝尝地道的俄罗斯液体面包——格瓦斯。

趣味小知识

### 哈尔滨的俄语外来语

由于历史的原因，一些俄语词汇也融汇在了哈尔滨市民的语言之中，苏波汤、骚达子、玛达姆、畏得罗等，都是来自俄语的外来语。“苏波汤”就是用牛肉、卷心菜、西红柿做成的红菜汤，“苏波”本身就是汤的意思，但哈尔滨说的“苏波汤”却是特指红菜汤；

“骚达子”原意为士兵，现在已转意为小人物、平头百姓的意思；“玛达姆”本来是夫人的意思，现在指的是胖太太；“畏得罗”是俄语水桶的意思，哈尔滨人用它来特指那种敞口的俄式水桶；“笆篱子”是指监狱，本地人说的“蹲笆篱子”就是说蹲监狱。

穿着方面，连衣裙，称“布拉吉”；冬季男人穿的无面羊皮外衣，叫“土鲁普”；妇女身穿毛朝外的黄皮大衣，称“赫辽克”；半高靿皮鞋，叫“波金克”；饮食及用品方面，还称烤面包干为“苏合力”；俄国烧酒为“沃德克”；啤酒叫“毕窝”；麦芽、面包或浆果制成的清凉饮料，称“格瓦斯”；烟斗，叫“木式斗”；葵花子称“斜米子”等；职业和身份方面，军官，叫“戈必旦”；商人，叫“古瘪子”；工人，叫“麻斜儿”。

# 第二章

# 黑龙江重点旅游线路沿途导游词

主要旅游景点线路的沿途导游，一直是导游车上讲解中的难点问题。而简单实用，便于掌握，便于携带的沿途导游词，是导游员精彩讲解服务的基础。本章将《黑龙江省北国风光特色旅游开发区规划》中所列的精品旅游线路的导游词，分别进行了详细的归纳、整理和编辑。

**伏尔加庄园**(尼古拉教堂王成摄)

# 第一节 “塞北江南”文化生态之旅

线路:哈尔滨市—阿城区—尚志市—海林市—牡丹江市—镜泊湖—绥芬河市(东宁)—俄罗斯符拉迪沃斯托克市之旅

## 讲解重点

阿城区的金源文化、尚志市的亚布力雪场、海林市的自然资源、牡丹江市的镜泊湖、边城绥芬河市和俄罗斯符拉迪沃斯托克市的边境之旅,是本篇导游词的讲解重点。

## 经典导游词

游客朋友们:

大家好!非常高兴有机会陪同各位一道欣赏“塞北江南”文化生态之旅。下面,我将利用在车上这段时间,向大家介绍一下阿城区—尚志市—海林市—牡丹江市—镜泊湖—绥芬河市(东宁)—俄罗斯符拉迪沃斯托克市等地的自然景观和风土人情。

## 一、阿城区

阿城区，位于黑龙江省省会哈尔滨市中心东南23公里处的阿什河畔，全区幅员面积2500平方公里。东部山区峰峦叠翠，西部平原坦荡如砥。辖4乡、6镇、9个街道办事处、108个行政村、808个自然屯，总人口58万。

先秦时期，阿什河流域是肃慎人居住和活动的地带。从西汉中期至两晋，肃慎改称为挹娄，阿城隶属夫余国。北魏孝文帝太和十七年(493)，夫余人为勿吉人所逐。阿什河流域成为安居骨部勿吉人活动的中心地区。唐中期阿什河流域为渤海王国属境，后为契丹人所灭。从契丹族的兴起到辽朝的建立，黑龙江各族大部分被辽征服，在动乱中各族有了分化，出现了女真族。北宋政和五年(1115)，女真人杰出首领完颜阿骨打在这里建立了声威显赫的大金帝国，历经4帝，共38年，史称金上京会宁府。1987年2月，经国务院批准，撤县建市，由省会哈尔滨市代管。2006年8月，经国务院批准撤市设区。

阿城的工业基础雄厚，是黑龙江省的工业重镇。区内有亚洲最大的自动保护装置生产企业、被誉为“中国机电保护发祥地和摇篮”的阿城继电器集团；有国家大型化纤联合生产企业，共和国500家最大企业之一的黑龙江龙涤集团；有国内啤酒行业的龙头企业青岛啤酒集团(哈尔滨)有限公司；有东北地区白酒行业的排头兵企业玉泉酒业集团、龙江龙股份有限公司；有黑龙江省最大的冶金生产联合企业西林钢铁集团阿城钢铁有限公司。

阿城是风光秀丽的龙江旅游明珠城。处在环哈尔滨最佳旅游圈半径内，人文景观和自然景观颇多。位于南郊2公里处的国家重点文物保护单位——金上京会宁府遗址，轮廓清晰，蔚为壮观；东北最早的道教圣地松峰山，怪石嶙峋、龙江独秀；黑龙江最大的水库——西泉眼水库及金泉国家级森林公园，远山如黛、近岭含烟、气吞万里；亚洲最大的封闭式猎场——玉泉狩猎场以其独具魅力的休闲游乐方式和北方园林风情令人心驰神往、流连忘返、梦绕魂牵。阿城滑雪旅游资源丰富，滑雪运动历史悠久。中国最早的滑雪场20世纪初就诞生在阿城，玉泉享有“中国滑雪摇篮之乡”的美誉。

## 二、尚志市

游客朋友们，尚志市是全国4个以抗日民族英雄名字命名的城市之一，国家一类革命老区。半个多世纪之前，民族英雄赵尚志在这里点燃抗日烽火，巾帼志士赵一曼在这里血洒大地，著名作家周立波在这里写下了真实反映土改的名著——《暴风骤雨》。赵尚志、赵一曼率领抗联将士与日寇在白山黑水之间殊死搏斗的英雄壮举，激励了一代又一代中华儿女奋勇前行。为纪念抗日民族英雄赵尚志，1946年珠河县更名为尚志县。1948年，原苇河县并入尚志县。1988年，经国务院批准撤县设市。尚志市辖10个镇、5个乡、2个民族乡。

尚志市物华天宝，位于黑龙江省东南部，张广才岭西麓，西离哈尔滨市124公里，东距牡丹江市177公里。幅员面积9000平方公里，呈“八山半水半分田”之势。全市森林茂密，有林地面积54万公顷，是全省重点林区和木制品集散地。莽原林海之间栖息着东北虎、黑熊、飞龙、林蛙等58种野生动物。生长着蕨菜、猴头蘑、元蘑等174种可食用野生植物和人参、平贝、刺五加等47种名贵野生中药材，蕴藏着大理石、花岗岩、煤、铜、铁、银等62种矿产资源。

尚志市山川锦绣，国际公认的森林、冰雪、海洋三大旅游资源其占有两项。近年来，全市将旅游业作为立市产业，不断加快发展步伐，已累计投资13.65亿元人民币，初步构建了以亚布力滑雪旅游度假区为中心，以301国道为主线，以滑雪旅游、消暑度假、五花山观光和民俗风情为主的亚布力景区；以滑雪培训、宗教文化、生态观光为主的帽儿山景区；以碑林文化、花卉观赏和革命史教育为主的尚志景区；以滑雪健身、道教文化、金源文化、抗联遗址为主的乌吉密景区；以自然风光、佛教文化、土改革命史为主的元宝万佛山景区为依托的“一心、一线、五大景区”旅游格局。目前，亚洲最大的亚布力滑雪场已成为享誉海内外的滑雪旅游胜地，先后成功承办了第三届“亚洲冬季运动会”雪上比赛项目，并连续举办了五届“中国黑龙江国际滑雪节”和三届“中国企业家论坛年会”。“亚洲第一滑道”、“中国第一碑墙”、“天下第一印”、“土改文化第一村”等一批景点、景观，也已成为闻名全国的知名品牌。

趣味小知识

**亚布力名称的由来**

亚布力镇，位于黑龙江省尚志市东南，金朝时期是王公贵族们种植中药材的地方；清朝时，这里是皇室狩猎场。1897 年中东铁路修建时，沙俄工头发现这里有成片的沙果树，于是称这里为“亚布洛尼”，俄语即“苹果园”的意思（俄语词汇中没有沙果、苹果的区分）。亚布洛尼，音译为“亚布力”，因此得名。

亚布力南站（郑宇红摄）

## 三、海林市

游客朋友们，海林市位于黑龙江省东南部，地处长白山脉张广才岭东麓，素有“林海雪原”之称。属山区和丘陵浅山区，地貌特征为“九山半水半分田”。全境属牡丹江水系。地势西高东低，最高西南部老秃顶子山海拔 1687 米。海林市历史悠久，远在旧石器时代晚期，人类就在海浪河流域生息繁衍。境内已发现 14 处自商周时期以来的历史遗迹、遗址。

海林市自然资源丰富，是典型的资源型城市。林木资源富饶，境内林地面积 8950 平方公里，森林覆盖率 56.6%，高于全国近 40 个百分点，活立木蓄积量 6000 万平方米。林木树种繁多，主要有红松、水曲柳、柞、桦等针阔叶树种约 20 科 120 多种。动植物资源富集，主要有虎、鹿、熊、貂、獭、獐、鹭等野生动物；盛产木耳、蘑菇、薇菜、刺嫩芽等野生食用菌类、野果、山野菜等 100 余种；有山参、北芪、五味子、刺五加等中草药 200 多种。矿产资源多样，有金、铁、水晶、白云岩等金属、非金属矿藏 36 种。

海林市知名度日益提高，城市形象显著提升，先后荣获国家可持续发展试验区、“联合国人居署”可持续城市计划试点市、全国经典旅游景区、中国特色魅力城市、中国优秀旅游城市等称号。

海林市有“雪、虎、山、水、情”五大特色旅游资源，是一座山川秀美，生态优良的北国生态旅游名城。这里有威虎山、佛手山、中国雪乡三个国家级森林公园和莲花湖国家级地质公园；有世界最大的猫科动物饲养繁育基地——横道河子东北虎饲养场；有国家级滑雪训练基地——中国人民解放军“八一”高山滑雪场；有东北最大的人工水体——莲花湖；有 16 处自商周以来的历史遗址。以侦察英雄杨子荣剿匪事迹为主题的红色旅游，被列为全国 12 条红色经典旅游线之一。“林海雪原”、“中国雪乡”、“东北虎”、“威虎山”等旅游品牌享誉海内外。

## 四、牡丹江市

游客朋友们，牡丹江市位于黑龙江省东南部，总面积4.04万平方公里，辖宁安、海林、绥芬河、穆棱、林口、东宁等市县，是黑龙江省东部的冰雪旅游与避暑休闲胜地。牡丹江市现有人口270万，有汉、满、回、蒙古、朝鲜等38个民族的同胞在这里聚居。

牡丹江市的工业基础较好，综合实力较强，有造纸、化工、能源、汽车配件、木材加工、制药、机械、轻纺等八大主导产业。

牡丹江市交通发达，滨绥铁路、绥满铁路、国际航空港等密集的公路、铁路和航空网络，使牡丹江市的立体交通四通八达，十分便捷。

牡丹江流域古为肃慎人生息地，是满族祖先及其后裔的肇兴之地。公元698年建立了唐朝地方政权——渤海国，至今上京龙泉府遗址尚存，古风犹在。

牡丹江属中温带大陆性季风气候，具有清爽宜人的特点。特殊的地理气候条件，使牡丹江市成为最美的寒地旅游度假城市，境内江河纵横、森林茂密。主要景点有火山口国家森林公园、牡丹峰国家森林公园、中国雪乡国家森林公园、八女投江纪念雕塑、横道河子东北虎林园、威虎山影视城、三道光黑熊养殖基地等30余处。世界著名的火山堰塞湖——镜泊湖是国家级旅游度假区。

我国最大的火山熔岩堰塞湖——镜泊湖，位于黑龙江省东南部，距牡丹江市10公里。

## 五、镜泊湖

游客朋友们，镜泊湖是5000年前经多次火山喷发，熔岩阻塞牡丹江古河床而形成的火山熔岩堰塞湖。湖水南浅北深，湖面海拔350米，最深处超过60米，最浅处则只有1米；湖形狭长，南北长45公里，东西最宽处6公里，面积约91.5平方公里。景区总面积1214平方公里，容水量约16亿立方米。镜泊湖以天然无饰的自然之美而著称，以气势雄浑的吊水楼瀑布、奇丽壮观的地下森林、盛衰疑迷的渤海古国遗址为主要景区，是国家重点风景名胜区。

镜泊湖吊水楼瀑布（苗小苗摄）

镜泊湖之夏，青山碧水、霞光闪烁，一派北国大自然的天姿美色，令游人赞叹不已。这里空气清新、环境优雅，每年夏季游人如织，是我国北方著名的避暑胜地。悠久的历史、独特的地貌、秀美的风光、神奇的传说，引无数中外游客纷至沓来。老一辈无产阶级革命家和国家领导人大都到过此地。邓小平同志曾题写“镜泊胜景”；叶剑英同志曾题词“山上平湖水上山，北国风光胜江南”。

**趣味小典故**

**镜泊湖红罗女的传说**

相传，唐代渤海国期间，镜泊湖出了妖怪，就是黑鱼精，后来还变成美女取名沙英，混进王宫当了沙妃。湖怪兴风作浪、残害生灵，使美丽的镜泊湖中尸体漂浮，湖岸尸骨累累，搞得整个渤海国谈湖色变，人心惶惶。这时，老渔夫冒元固夫妇俩已经 50 多岁，生下一女，因临产时晚霞满天、湖面彤红，故取名为红罗女。红罗女姿容绝世、聪颖过人，七八岁时就善吹箫，声若凤鸣，且能歌善舞。到了十八九岁，就成了遐迩闻名的捕鱼能手，荡桨湖面，歌飘四方，惹得求婚者纷至沓来。

可红罗女声言：无论谁来求婚，都必须回答一个问题："什么是人间最宝贵的？"

前来求婚的有文人、武士、商人，还有渤海国的国王。文人讲："人间最宝贵的是诗书。满腹文章，可得高官厚禄。"武士说："人间最宝贵的是武艺，棍棒刀枪，才能立足于世。"商人答："人间最宝贵的是金钱，只要有了钱，就能得到一切。"国王则认为："人间最宝贵的是权威，有权威就能享尽人间幸福。"

红罗女听后只是摇头，忽然远处传来悦耳的歌声。她抬头向湖面望去，只见一青年渔郎驾着一叶小舟飞快而来，渔郎用甜美的歌声圆满地回答出红罗女的问题。红罗女听后深情地对渔郎说："黄金有价，情义无价，财宝可得，知音难求。"于是，红罗女同英俊的渔民图隆阿立下海誓山盟。

一天，红罗女和她的父母一起在湖上打渔时，突然狂风大作，湖面波涛汹涌，妖怪又伤害了不少渔民，还吞食了红罗女的母亲。红罗女在搏斗中也被妖怪所伤，跌落湖中，气息奄奄。这时镇守长白山湄沱湖（镜泊湖）的鳌头妈妈派神鹰将她叼去，收为徒弟，教她武艺。红罗女怀着为母报仇、为民除害的心情，日夜苦练。不到一年就练成了一身好武艺。鳌头妈妈赠她一面"平波宝镜"，并嘱咐她要设法取得渤海国王的龙泉宝剑，有了这两样宝贝，就可降服湖妖。

红罗女回到家乡后，为取得斩妖的龙泉宝剑，忍痛离开了自己最心爱的情人图隆阿，委曲求全地应选到王宫当了王妃。在宫中由于她坚持不和国王成亲，再加上湖怪沙妃的陷害，她被打入冷宫，受尽折磨和苦难。在渤海国王大永茂六十寿辰庆典的时候，黑鱼精沙妃用鸩毒将国王毒死，并发誓要吃尽后宫三千佳丽女的心，气焰十分嚣张。

但是，不管沙妃气焰如何嚣张，她始终惧怕红罗女身上的那块"平波宝镜"。当她拿着国王的龙泉宝剑向红罗女逼要宝镜时，

红罗女(王国成摄)

红罗女怒不可遏,终于从沙妃手中夺回了龙泉宝剑,并和她进行了一场惊心动魄的厮杀。双方打得难解难分,从王宫打到湖上,从水里打到岸上。黑鱼精恼羞成怒现出原形,狂呼乱叫,搅得湖水翻滚,越过堤岸,冲向无数的村舍,使成千上万的人民处于水祸之中。红罗女身站崖顶,手挥龙泉宝剑,举起宝镜,口中念道:"宝镜、宝镜,降妖平湖。"宝镜腾空而起,万道奇异的光线射向湖怪,黑鱼精的狰狞面孔终于变成了一块巨大的奇石被牢牢地固定在湖边,就成了今天大家将要看到的湖中一景——"阎王鼻子"。

## 六、绥芬河市

游客朋友们,绥芬河市隶属于黑龙江省牡丹江市,位于黑龙江省东南部,地理坐标为北纬 44°23′,东经 131°9′,东与俄罗斯远东最发达的滨海边疆区接壤,边境线长 27.5 公里,辖区面积 460 平方公里,下辖绥芬河镇、阜宁镇、互市贸易区和边境经济合作区,常住人口 10 万。1975 年国务院批准绥芬河为省辖计划单列市。

绥芬河市处于东北亚经济圈的中心地带,是目前中国通往日本海的最大陆路贸易口岸。绥芬河是东北铁路主干线滨绥线和国家二级公路 301 国道的起点,有 1 条铁路、2 条公路与俄罗斯相通,每天有多次列车和汽车往来于国内外。绥芬河市距俄罗斯对应口岸波格拉尼奇内16公里，距俄远东最大的港口城市海参崴（符拉迪沃斯托克）210公里。绥芬，满语是“锥子”的意思，因为绥芬河里生长着一种尖锐如锥的钉螺，满族人因此而称它为绥芬河。

绥芬河是发源于长白山麓注入日本海的一条中等河流，当它于万山丛中蜿蜒而来，接近边境时，突然舒展开了腰身，形成了一个冲积平原，这就是东宁平原。

“大经贸”，是绥芬河市经济发展的五大战略之一，巩固扩大发展边境贸易是绥芬河市经济发展的重要基础。口岸已发展成为国家一类陆路口岸、国家二类集装箱站、黑龙江省对外开放的主通道和加快发展的龙头及黑龙江省唯一进口原木加工指定口岸。对俄贸易额占黑龙江省对俄贸易额的1/3强，旅游业是1990年随着边境贸易的发展而发展起来的朝阳产业、支柱产业，以边境游为基础，购物游、观光游、商贸游等多元发展。目前，经绥芬河口岸出境旅游者在申报12小时内可办理完毕出国手续。旅游线路由乌苏里斯克、海参崴等俄边境城市延伸到莫斯科、圣彼得堡等俄腹地，国内线路由哈尔滨、大连延伸到北京、上海、广州等城市。绥芬河市曾先后荣获“全国文明城市”、“全国卫生城”、“全国边疆文化长廊建设先进市”、“全国50家投资诚信安全区”等荣誉称号。

## 七、俄罗斯符拉迪沃斯托克市之旅

游客朋友们，符拉迪沃斯托克的中国传统名为“海参崴”。符拉迪沃斯托克，是俄罗斯滨海边疆州首府，西伯利亚大铁道的终点，是俄罗斯太平洋沿岸著名港城和俄罗斯远东地区的最大城市，人口63万，总面积600平方公里，海岸线长达100多公里，是俄远东区主要文教科研中心之一，也是俄远东地区最大的城市和经济、文化中心。

符拉迪沃斯托克港货物吞吐量居俄之首。工业种类有修船、机车车辆、采矿设备、电子仪器、建筑材料、食品加工等。

在符拉迪沃斯托克大彼得湾生活着2000多种无脊髓动物、约300种鱼类、鸟类及约20种海洋哺乳动物。这里最常见的海洋动物是海豹。沿海的岩石上栖息着各种海鸟，人们称这里为“鸟市”。

符拉迪沃斯托克是太平洋岸畔的世界名城。它濒临日本海，控制鄂霍茨克海（中国称北海），是重要的军事要地，闻名世界的俄罗斯太平洋舰队和第23空军司令部设在这里。

符拉迪沃斯托克在1860年前属中国领土，中国传统名为“海参崴”，当地人称“崴子”（意为港湾），因盛产海参而得名。清朝为吉林珲春协领所辖。1860年《中俄北京条约》签订后被沙俄占领，改今名，意即“控制东方”。1872年俄罗斯在此建设军港，将太平洋舰队驻地从尼古拉耶夫斯克（庙街）迁于此。1875年设镇。从1880年起升格为市，1888年成为俄国滨海省行政中心。

趣味小知识

### 朝鲜族禁忌

朝鲜族喜食狗肉，但婚丧与佳节不吃。朝鲜族人非常尊重老人，晚辈不能在长辈面前喝酒、吸烟；吸烟时，年轻人不得向老人借火，更不能接火，否则便被认为是一种不敬的行为；与长者同路时，年轻人必须走在长者后面，若有急事非超前不可，须向长者恭敬地说明理由；途中遇有长者迎面走来，年轻人应恭敬地站立路旁问安并让路；晚辈与长辈说话必须用敬语，平辈之间初次相见也用敬语。忌讳人称“鲜族”，一般称“朝鲜”。

# 第二节　“华夏东极”第一缕阳光之旅

线路：哈尔滨市—佳木斯市—同江市—抚远县—俄罗斯哈巴罗夫斯克市

### 讲解重点

主要讲解4市县的概况、风土人情、少数民族、主要景点及俄罗斯哈巴罗夫斯克的异国文化风情等，突出“华夏东极”第一缕阳光特色旅游资源。

### 经典导游词

各位游客：

大家好！今天我们将从哈尔滨出发，利用5天的时间到佳木斯市、同江市、抚远县和俄罗斯哈巴罗夫斯克市体验“华夏东极”第一缕阳光之旅。下面，我们利用在车上这段时间，向大家介绍一下，4地的风土人情、人文历史和主要景点。

## 一、佳木斯市

游客朋友们：佳木斯市位于松花江、黑龙江、乌苏里江汇流而成的三江平原腹地，是黑龙江省东部的经济、文化交流中心，是祖国大陆最早迎接太阳升起的地方，也被誉为“东方第一城”。全市面积3.27万平方公里，辖6县(市)、4区，总人口244.7万。佳木斯资源丰富，拥有耕地93.33万公顷，盛产大豆、水稻、小麦、玉米和烤烟、亚麻、甜菜等作物，是国家重要的商品粮基地和农业综合开发试验区，是优良的奶牛生产带。佳木斯市享有祖国陆地东极的美誉，与“天涯海角”、“神州北极”相呼应。神秘的界江、原始森林、生态湿地、黑土平原、冰城雪域和丰富的文化底蕴令人流连忘返。

佳木斯三江湿地(佳木斯旅游局提供)

佳木斯市有7000多年的人类活动历史，曾是“肃慎之国”“挹娄古都”，五国圣地，满族故乡。抗日战争时期，三江地区是东北抗日联军打击侵华日军的主战场，涌现出赵尚志、冷云、夏云杰等一大批可歌可泣的抗日名将和英雄。解放战争中，这里成为东北解放区后方根据地。

三江湿地是世界仅存的三大湿地之一，有保护环境和调节生态的功能，被誉为“地球的肾脏”“生命的摇篮”“物种的基因库”“动植物的天堂”。三江湿地有丰富的野生动物和湿地植物，白鹤等多种濒危物种在这里繁衍和栖息。

## 二、同江市

游客朋友们，同江市，原名“临江”，土名“拉哈苏苏”，赫哲语，“废墟”或“老屋”之意。清末设治时，因其地濒松、黑两江，故名江州，后因重名改为“同江”。唐属黑水都督府，辽属女真五国部，金属胡里改路，元属水达达路，明属奴儿干都司，清属三姓副都统。

同江市位于黑龙江省东北部，松花江与黑龙江汇合处。东与抚远县接壤，南与饶河县和富锦市毗邻，西以松花江与绥滨县分界，北隔黑龙江与俄罗斯相望，国境线长 166 公里，系边贸口岸城市，总面积 6164 平方公里，是全国赫哲族的主要聚居地，总人口 16. 46 万。同江是国家确定的 63 个重点粮棉和畜牧基地之一，现有耕地 21. 3 万公顷，是我国绿色水稻、优质大豆生产基地，经济作物主要有蔬菜、椒样薄荷、爱碧丝瓜、甜叶菊及中药材等。同江又是国家级生态示范区，自然景观和人文景观优美，民族风情独特。境内有街津口森林公园、洪河湿地自然保护区、八岔岛生态自然保护区等多处国家级自然保护区。保护区面积占全市面积的 1/6。近年相继建设了街津口赫哲族旅游度假区和三江口旅游区两处景区；开通了至俄罗斯比罗比詹、哈巴罗夫斯克、莫斯科等多条国际旅游线路和国内旅游线路。

同江三江口（佳木斯旅游局提供）

## 三、抚远县

游客朋友们，抚远县位于三江平原下游，隔黑龙江和乌苏里江与俄罗斯哈巴罗夫斯克相望，是祖国的最东端，所以又称为华夏的东极。抚远历史悠久，区位独特，风光秀美，主要的旅游景点有黑瞎子岛、三江自然保护区、大力加湖、乌苏镇等。

黑瞎子岛因早年常年有黑熊出没而得名，位于中俄边界抚远县境内的黑龙江与乌苏里江的交汇处，是世界上两国界河中最大的岛屿，面积为327平方公里，全岛由黑瞎子岛、银龙岛、明月岛3个岛系的93个岛屿和沙洲组成，全岛平均海拔40米，地势平坦，溪流纵横，2008年10月14日回归祖国，回归我国的面积为171平方公里。该岛状态原始，三面环水，自成体系，全封闭的岛屿，是黑龙江和乌苏里江航道的咽喉，地理位置十分重要。黑瞎子岛旅游开发规划已列入国家振兴东北老工业基地之沿边开放带建设规划中，岛上一条垂直的国界线，形成了“一岛两国”的政治地理景观。

黑瞎子岛（黑龙江省旅游局提供）

## 四、哈巴罗夫斯克市

游客朋友们，哈巴罗夫斯克——伯力市是位于黑龙江、乌苏里江汇合口东岸的中等城市。伯力，原属中国（清）领土，系清前期东北边疆重镇之一，1860年后归为俄罗斯的领土，现为俄罗斯东岸重要的航空、水路和铁路重镇。哈巴罗夫斯克边疆区是俄罗斯远东地区交通运输的枢纽，面积78.86万平方公里，人口150多万。横贯西伯利亚的铁路干线、到俄罗斯中心区域的联邦汽车线路都要经过这里。它同时拥有尼古拉耶夫斯克、鄂霍次克、瓦尼诺和苏维港等海港。

趣味小知识

### 赫哲族婚俗

赫哲族的婚姻,基本上实行一夫一妻民族外婚制,过去也有少数人是一夫多妻。按传统习惯,赫哲人往往是通过摔跤比赛、滑雪射箭、设伏弩、捕鱼、狩猎等活动挑选其中的佼佼者为女婿。

清末,赫哲族的婚姻形式为聘娶。这是由于受满、汉族的影响,但双方父母为子女选择配偶的标准,并不以门当户对为主要条件,而是看重劳动好。要求男方是捕鱼、打猎能手,或吃烤肉时小伙子能一刀削成一个“说能”(烤肉杈),也有比武选婿的。男的要求女方聪明、贤慧,手艺好,是劳动能手,长相不是选媳的主要标准。

婚礼时新郎穿袍,在袍上披红挂绿。新娘穿红袄、红裤,辫子由单辫改梳双辫,挽抓髻盘在脑后,头上戴花,然后用红布盖头。赫哲人的婚礼热烈庄重,大多在黎明举行。迎亲时,新娘由兄嫂或姐夫抱上搭着彩棚的雪橇或彩车。出门时,新娘要哭泣,表示对娘

赫哲民族文化村门口(佳木斯旅游局提供)

家的惜别。送亲队伍带着陪嫁物品,“以桦皮为筐筥木杓”,陪伴新娘到婆家。摆酒畅饮,拜天地、入洞房后,由亲友中的老者手持用三道红布捆扎在一起的三根芦苇向新娘训话,要求新娘孝顺公婆、尊敬丈夫、待人和气,好好劳动、勤俭度日。拜祖宗三代、拜灶神后,新娘在炕上面壁“坐福”,直到送亲的人们吃完酒席离去,才下炕和新郎共吃猪头、猪尾。新郎吃猪头,表示家里由男人领头儿;新娘吃猪尾,表示妻子跟随丈夫和睦过日子。新婚之夜,新娘新郎一起吃面条,表示夫妻情意绵绵,福禄长寿。

## 第三节 “神奇火山”边境之旅

线路:哈尔滨—五大连池—黑河市—俄罗斯布拉戈维申斯克市

### 讲解重点

五大连池火山的形成、矿泉水的药用价值、黑河边境城市的异域特色、俄罗斯布拉戈维申斯克市的概况。

### 经典导游词

**游客朋友们:**

大家好!今天我们将从哈尔滨出发,利用5天时间游览五大连池景区—黑河市—俄罗斯布拉戈维申斯克市，体验“神奇火山边境之旅”。下面我们利用在车上这段时间，向大家介绍一下3地的风土人情、人文历史和主要景点。

## 一、五大连池风景区

游客朋友们，五大连池，位于黑龙江省德都县境内，距哈尔滨市413公里。五大连池是火山喷发的熔岩流堵塞了白河河道，形成五个串珠般的湖泊而得名。

五大连池是一组休眠的火山群。在五大连池周围，分布有14座火山和60多平方公里的熔岩台地。这组火山群拔地而起，形态各异，形成了一个别具一格的风景区。人们称这里为五大连池“火山公园”或“自然火山博物馆”。五大连池主要有两大特色。一是景色奇特。由火山喷发的岩浆形成的熔岩，有的像一条长龙，有的如象鼻在吸水，有的像一条瀑布，形象逼真。还有一种外观十分好看的“石塔”，高约二三米，也是火山熔岩层层盘叠而成的。这里有丰富的矿泉资源，很多地方都有矿泉水涌出。这些矿泉多为冷矿泉，水温低，含有十几种对人体有益的元素，统称为重碳酸矿泉水。这里的天然矿泉享有“神奇圣水”的美誉，和法国维希矿泉、格鲁吉亚北高加索纳尔赞矿泉水并称为“世界上三大冷泉”。这种矿泉水可饮、可浴，并能治疗胃病、神经衰弱、皮肤病、高血压等病症。现在这里已经建起几十座矿泉疗养院，每年都接待大量要求用矿泉水治疗的病人。

五大连池的主要游览点有：五大连池、药泉山公园、火山博物馆。五大连池的5个池之间相互连通，纵长20公里，池水面积40平方公里，最深处百余米。药泉山海拔350米，是14个火山锥中规模最小的一个，因为泉水有药物作用，被称为圣水。火山，是1719年～1721年由于老黑山、火烧山喷发而形成的为我国最新期火山。这一带有保存完整的火山地质地貌，故称为五大连池火山博物馆。

五大连池火山(高山摄)

每年端午节,五大连池的居民要过饮水节。这是当地全年最隆重的节日,届时连续放假3天。端午节这天零时一过,围聚在饮泉旁的人们便争相从环列的供水管中饮水。每个饮水者的脸上都带着甜蜜的微笑,互相道福。传说,端午节零时的水,是象征吉祥的"神水"、"圣水",能治百病,喝到这个钟点的水,能免除全年的灾难。

## 二、黑河市

游客朋友们,黑河市地处黑龙江省北部,隔黑龙江与俄罗斯阿穆尔州毗邻,与俄远东第三大城市——阿莫尔州首府布拉戈维申斯克市隔江相望。全市面积6.87万平方公里,辖北安市、五大连池市、嫩江县、逊克县、孙吴县、瑷珲区和五大连池风景区。

黑河市和俄罗斯的贸易往来已有百余年历史,是全国首批沿江开放城市。区域内现有国家级黑河边境经济合作区、黑河中俄边民互市贸易区和省级逊克边境经济合作区。全市现有黑河、逊克两个国家一类口岸,隔黑龙江与俄罗斯布拉戈维申斯克市、波亚尔科沃口岸对应。

黑河市有土地、草原、森林、水利、矿产、旅游六大旅游资源。耕地面积113.87万公顷,人均耕地面积1.1公顷,是国家重要的商品粮基地,年产粮食35亿公斤。草原面积98.6万公顷,林地面积281.33万公顷,森林覆盖率达58.5%,是黑龙江三大林区之一。境内有黑龙江、嫩江两大水系621条河流。

黑河市自然风光秀美，有以“山奇、水幽、洞妙、石怪、泉圣”而闻名的五大连池火山地质公园，有层峦叠翠、景色宜人的卧牛古城遗址、金代古城遗址、孙吴战争遗迹、历史人物活动遗址及少数民族风情等实体类型21类、70多处景点。有签订《瑷珲条约》所在地瑷珲古城、有中国境内第一个中俄边民互市贸易市场——大黑河岛、有中国境内第一条俄罗斯商品街、有“中俄城乡建筑博物馆”——五道洛影视基地城、有民族风情奇特的鄂伦春民族聚居地、有日本侵华军事基地遗址孙吴胜山要塞等，每年都吸引了大量的中外游人前来避暑疗养、探险漂流、凭吊怀古、溜冰滑雪、边境赴俄罗斯旅游等。这里可以尽享鄂伦春风情、欣赏俄罗斯歌舞、品味中俄大菜、选购边境特产。每年还有大量游人经黑河到俄罗斯，参加横贯欧亚大陆的四季旅游。黑河市每年的进出境旅游者达百万人次之多。

## 三、俄罗斯布拉戈维申斯克市之旅

游客朋友们，布拉戈维申斯克市（海兰泡），原属中国黑龙江将军辖区境内，清咸丰六年（1856），沙俄武装入侵强行在此设立哨所。清咸丰八年四月（1858），沙俄强迫清政府签订不平等的《中俄瑷珲条约》，把黑龙江以北包括海兰泡在内的大片中国领土划入俄国版图，并将海兰泡更名为“布拉戈维申斯克”（俄语“报喜城”之意），成为阿穆尔省首府。

布拉戈维申斯克与黑河隔江相望，是俄罗斯阿穆尔州州府，市区面积30平方公里，人口23万，是俄罗斯远东第三大城市，也是俄罗斯远东地区的重要口岸，水运港口有5个千吨级泊位，年吞吐能力达300万吨；有现代化的大型机场，开通国内50余条航线；有109公里的铁路支线与横穿东西的西伯利亚和贝阿铁路相通。西去可通过乌克兰等独联体国家进入东欧各国，东行沿黑龙江经哈巴罗夫斯克进入鞑靼海峡驶入日本海。黑河与布拉戈维申斯克市口岸的货物，均可实行江海联运抵达日本、韩国及东南亚各国。主要景点有：列宁广场、胜利广场。广场紧邻黑龙江，至今仍矗立着列宁的塑像，是布拉戈维申斯克市人民每年庆祝“五一”国际劳动节、“十月革命”举行盛大集会游行的地方；胜利广场是布拉戈维申斯克市人民为了纪念反法西斯胜利而建立的。还有阿穆尔州地质博物馆、布拉戈维申斯克市新区等主要景观。

## 趣味小典故

### 五大连池神鹿示水的传说

早在200多年前，五大连池这个地方野草丛生、野鹿成群。居住于此的达斡尔人常年游猎于林海、草莽、火山、湖泊之间。一年春天，一位达斡尔猎人打猎时，射伤了一只小鹿。小鹿带伤逃跑，猎人紧追不舍，见小鹿穿过树丛，越过漫岗，一路直奔药泉山而去，并且很快就来到一个池子边。猎人感到十分疑惑，就静静地躲在旁边观看，见小鹿先是跳到水里泡了一会，又跑到另一个泉中喝了几口水很快就止住了血，然后健步如飞，遁入山林。猎人惊奇不已，上前察看，只见这眼泉池水清澈，并有大量气泡涌出，状若沸腾，禁不住捧起痛饮，顿觉神清气爽，疲劳顿消。一向崇奉神灵的达斡尔猎人，立刻明白了是上天让小鹿指示他发现了这眼清泉，于是在泉边叩拜苍天，感激神灵，并堆起一堆石头作为标记。猎人回到家中，马上将发现神泉的事情告诉了自己的族人。大家相继前来饮水疗疾。渐渐地，知道了这个消息的鄂伦春、鄂温克、满人和汉人也闻讯赶来，一同饮用这天赐神水。大家发现，这泉水不但口感好、能提神，还能治疗许多常见疾病，如，胃病、风湿、关节痛、皮肤病等，于是人们称它为“神泉”、“圣水”、“药泉”等，并远近闻名。

# 第四节 “神州北极”探秘之旅

线路：哈尔滨—大庆市—齐齐哈尔市—大兴安岭地区—漠河县

**讲解重点**

大庆的石油文化和特色温泉，齐齐哈尔的扎龙湿地、重工业和人文历史，大兴安岭地区的自然生态，神秘的漠河北极光和极昼、极夜自然现象，是本篇导游词的讲解重点。

**经典导游词**

女士们，先生们：

真诚地欢迎各位到中国的石油名城——大庆，世界大湿地、中国鹤乡——齐齐哈尔，神州北极，中国龙江源头的大兴安岭地区及漠河县参观游览。

## 一、大庆市

大庆市，是以石油、石油化工著称于世的一座新兴工业城市，是我国重要的石油和石油化工基地。大庆有“绿色油化之都”、

"天然百湖之城"、"北国温泉之乡"等美誉。

大庆市油井(王成摄)

大庆是一座因油而生、因油而兴的资源型城市,现辖杜尔伯特蒙古族自治县、林甸县、肇州县和肇源县。全市总面积21 219平方公里,人口273.4万。大庆油田1959年被发现,1960年开发建设,随着"铁人"王进喜带领1205钻井队打出的第一口油井——"萨55井"原油的涌出,在50年的时间里,已累计生产原油18.21亿吨,一跃成为中国第一大油田、世界上11个特大油田之一。

大庆市旅游资源丰富,全市有30多个景区。围绕"石油文化、生态湿地、特色温泉"三大旅游品牌,现已开发龙凤湿地、鹤鸣湖、黑鱼湖生态园、铁人故里、龙凤观鸟等十大主题景区。大庆市是国家级优秀旅游城市,年接待中外游客620万人次,旅游业已经成为全市的一项重要产业。

大庆市还是一座"湖在城中、城在湖中"的园林城市,先后获得联合国迪拜改善人居环境范例奖、中国优秀旅游城市、全国魅力城市、中国卫生城市、国家环保模范城市等称号。这座在湿地上崛起的城市,草原辽阔、湖泽千里,并以其丰富的地热资源,享有"北国温泉之乡"的雅称。

## 二、齐齐哈尔市

游客朋友们,齐齐哈尔,为达斡尔语"奇察哈里"的谐音,为"边城、边疆或水草丰美的天然牧场"之意。因为它最早建城于卜奎村,所以又称"卜奎"。

齐齐哈尔市位于美丽富饶的松嫩平原,是黑龙江省第二大城市,是黑龙江省西部地区的政治、经济、科技、文化教育中心和重要的交通枢纽,全市辖7区、1市、8县,曾被国务院列为全国13个较大的城市之一。全市总面积4.3万平方公里,有汉、蒙古、朝鲜、满、回、达斡尔等35个民族。

齐齐哈尔又是一座历史悠久的文化古城,有300多年的历史,清朝的黑龙江将军府和新中国成立初期黑龙江省会都曾设在这里。1674年,清政府移吉林水师驻齐齐哈尔;1691年建齐齐哈尔城;新中国成立后,齐齐哈尔曾先后作为嫩江省、黑嫩省、黑龙江省的省会;1954年,黑龙江省与松江省合并,省会设在哈尔滨市,齐齐哈尔改为省辖市。

**齐齐哈尔工人文化宫**(满大庆摄)

齐齐哈尔市是跨黑龙江、吉林、内蒙古三省区的交通、通信枢纽,铁路四通八达,民航已开通北京、上海、广州等多条航线。

齐齐哈尔市是国家最早兴建的老工业基地之一。这里既有被周总理誉为"国宝"的第一重型机械厂,齐齐哈尔第一、第二机床厂,还有为共和国发展作出过卓越贡献的和平、建华、华安三大军工生产企业。齐齐哈尔的绿色食品博览会、关东文化旅游节每年都云集大批中外嘉宾和客商，为齐齐哈尔的发展注入了新的生机与活力。

齐齐哈尔市旅游资源丰富，人文历史悠久，自然景观独特，有闻名中外的世界珍禽丹顶鹤之乡——扎龙自然保护区，有四面环水、天然成趣的明月岛，风景秀丽的龙沙公园，得天独厚、蔚为壮观的冬季冰雕雪景，以及昂昂溪遗址、大乘寺、清真寺、关帝庙、石碑山、塔子城等历史文物遗迹，历来为旅游者所青睐，每年都吸引着大量中外游客来这里观光旅游。

趣味小典故

### 齐市龙沙公园望江亭的传说

望江亭，原名玉皇阁，传说玉皇阁内的8根屋柱下压着“八天魔”，外侧12根檐柱下压着“七十二地煞”。右侧飞檐下绘有一只上山回头虎。你盯着这只老虎的眼睛和头部，然后以180度的角度移动你的位置，就会发现老虎始终盯着你看。这是为什么呢？其中有一个神奇的传说。相传每年正月初九是玉皇大帝的诞辰。

齐市龙沙公园望江亭(满大庆摄)

有一年，当众仙都去给玉皇大帝祝寿时，柱下压的地煞、天魔就出来逞凶作恶，危害四方百姓。玉皇大帝知道后，就把飞檐下的这只老虎点活，让它从各个角度都能盯住这些地煞和天魔，从此它们再也不敢出来作恶了。有诗云："神仙道士云游去，地煞天魔又逞凶。幸有江亭檐下虎，目光如电紧追踪。"

## 三、大兴安岭地区

游客朋友们，大兴安岭地区，是我国位置最北、纬度最高的地级行政区。它东依连绵千里的小兴安岭，西邻一望无际的呼伦贝尔大草原，南达辽阔肥沃的松嫩平原，北靠波涛滚滚的黑龙江与俄罗斯隔江相望，边境线长达 792 公里。地广人稀的大兴安岭，山地、丘陵连绵起伏，海拔高度 700 ~ 1300 米，常驻人口只有 50 万，平均每平方公里 6 个人，可见自然环境原始、纯净，无污染。

大兴安岭独特的区位优势赋予了它森林王国、冰雪之乡、龙江之源、黄金之路、北魏之祖、神奇天象等众多的旅游资源特色，构成了莽莽兴安岭神秘粗犷的山水画卷，成为名副其实的祖国"绿色宝库"。

全区共有自然、人文景观六大类，24 个基本类型，100 多处实体景点。漠河北极村是我国观赏奇异天象——北极光的最佳观测地，极昼、极夜现象遐迩闻名，古黄金之路、胭脂沟、雅克萨战争遗址、北极林海观音、北极沙洲也都在这一区域，成为全区最大的旅游吸引点。黑龙江是当今世界唯一未被污染的两国之间最长的界江，界江源头幽远而神秘，沿江的旖旎风光和异国风情，对中外旅游者都具有很大的吸引力。

趣味小知识

**东北早年淘金忌讳用语**

由于早年淘金工人，缺乏对黄金沙床生成规律的认识，在矿带时续时断、时富时贫、含金沙时有时无,在雷雨风雪等变幻莫测的大自然面前,为求吉避凶、发财免灾、坑道(沙坑、水道)安全等,要避免说“黄、坑、扔、瞎、赔、停、断、刷、土、分、砸”等字眼。如“黄”要说“元”,姓“黄”要改姓“袁”,名字内有黄字的要改为“金、宝、华”,“黄皮子”说“元皮”、“黄豆”说“元豆”;“坑”要改“洼”,大水坑叫“泡子”,矿坑称“碛”,小水坑称“碟洼”;用锹撮称“飞”,撮一撮称“飞一飞”。金班里半月算一次账,“打份金”叫“半账”,称算账先生为“字匠”,称领溜、打镐、摇簸子的生产骨干为“四梁八柱”。在碛里或在采金的地点,碰上老鼠不能说“耗子”、“老鼠”,因为,采金工人天天打洞,取土、取沙子,特别是冬天要在冻层下面倒土掏洞子,而老鼠每天也都是打洞、送土,彼此干的都是一样的活儿,都在一个洞里,是同一家,因此,要把老鼠叫“媳妇”。还有,上碛走路手不准背在后面,背在后面称“倒背手捆碛”,会使碛道没有金子,还要出碛道事故;上碛不得戴眼镜,意思是多了一层,采金工人希望土层很浅就见到含金沙,可直接把含金沙上溜槽见到金子,多一层就要多剥离一层,费工、费时。总之,这一切都是为了求得大吉大利。

## 四、漠河县

游客朋友们,漠河县是全国最北的旅游区,也是大兴安岭地区旅游业的龙头。这里有绚丽多彩的北极光、魅力神奇的漠河白夜、神秘莫测的黑龙江源头、神圣灵佐的北陲林海观音。所有这一切,都构成了漠河县独特的特色旅游资源。

中俄大界河黑龙江,幽深蜿蜒、起伏叠嶂,汹涌而下。两岸松桦漫岭、绿荫如盖,仿佛俄罗斯油画一般。每逢夏至,夜短昼长,极光偶现,前来体验极昼与“找北”的游客络绎不绝。随处可见的满清、日伪时期古迹遗址,慈禧太后御封的“胭脂沟”等景点都集于这里。历史文化源远流长,为古老的漠河焕发出勃勃的生机,几年之间，伴随着高等级公路的修通和漠河民航支线机场的投入使用，“极地找北”旅游产业迅速成为全国旅游的亮点。

趣味小知识

### 漠河胭脂沟名称的由来

胭脂沟，位于漠河县金沟林场，又名“老沟”、“老金沟”，从清末至今一直是淘金圣地。这里还有李金镛祠堂遗址、埋葬有来自5个国家的500多名妓女的墓葬群、采金文化陈列馆和胭脂亭等。

胭脂沟又称老金沟。清朝时，这里的金子为慈禧太后换过胭脂。它全长14公里，是额木尔河的一条支流，以盛产黄金而闻名于世。胭脂沟从发现至今已有100多年的历史了。这里的沙土已被筛淘过几十遍，但是，至今仍可以淘到黄金，可见这里黄金储量之丰富。

1877年，一位鄂伦春老人在此葬马掘穴，发现许多金苗，并在老沟河底捞起一把河沙。河沙中金末几乎占了一半。这一消息很快在俄罗斯的阿穆尔、西伯利亚、中国的黑龙江等地传开，一个名叫谢列特金的俄国人，亲自带着矿师到老沟河谷考察。

经过鉴定，其中含纯金87.5%、白银7.9%，其他杂质4.6%，于是他纠集一伙俄国人越过黑龙江来到中国窃采黄金。中国的大批华人也来窃采，最多时达到10 000多人。仅1883～1884年两年就盗采21.9万余两，在此期间黑龙江将军文绪就多次上奏朝廷要求自行开采，直到1887年，新上任的黑龙江将军恭堂奏请清政府，主张督办漠河金厂。清政府接受了这个建议，并指令北洋大臣李鸿章督办，调吉林候补知府李金镛主持办理。李金镛经过实地考察后，于1888年10月正式上山开矿，创办漠河金厂，仅1889年，清政府就从这里获得黄金达两万两，1895年获5万多两。由于李金镛的清政廉洁，不辞辛苦，苦心经营,老沟的黄金开采达到了顶盛时期。李金镛想,现在国库空虚、列强入侵,国库急需充实,便决定把这些金子转送京城。老沟的金子送到大清朝廷时,慈禧太后凤颜大悦,说了句:“不用充库了,用金子跟法国人买点胭脂吧!”随后又把那个出金子的老沟,改称“胭脂沟”。从此,由慈禧太后亲口御封的“胭脂沟”这个名字就流传了下来。

日伪时期,漠河金矿统归满洲采金株式会社漠河作业所开采。新中国成立后,特别是20世纪80年代以来,漠河黄金开采进入了大发展时期。

趣味小知识

### 加格达奇“怪坡”

提起“怪坡”,在国内要属沈阳怪坡最为有名。很多人为了亲身感受一下怪坡的神秘,不辞辛苦地赶到沈阳去看“怪坡”。其实,想看怪坡,不必那么麻烦,因为我省加格达奇也有个怪坡。

在加格达奇西出口7.5公里处,自东向西的白色水泥路面上有个近千米的斜坡。斜坡东高西低,坡度在5‰以上,在西端最低点,又向西开始出现另外一段更大的斜坡,不论骑自行车、三轮车,还是坐在已熄火的汽车中,只要是在最低点以东的这几百米路面上,人们都会明显感觉到自己连同车都不由自主地由坡下向坡上行驶。反过来,下坡骑车却感到吃力,汽车在下坡中熄火,会自动回到东侧的坡顶。

这就是加格达奇怪坡,据说这是已发现的东北地区最长,也是最明显的怪坡之一。其成因有说是磁矿现象,有说是视觉误差,也有其他很多种说法,究竟何种原因,目前尚不见有公开报道和科学说明。

# 第五节　“三江明珠”生态养生之旅

线路：哈尔滨—佳木斯市—双鸭山市—抚远县

### 讲解重点

导游重点讲解双鸭山市概况、853农场的燕窝岛和抚远县黑瞎子岛等景观的自然状况和文化底蕴。

### 经典导游词

**游客朋友们：**

大家好！非常高兴有机会陪同各位一道实现“三江明珠”生态养生之旅。下面我将利用在车上这段时间，向大家介绍一下佳木斯市、双鸭山市、抚远县等地的自然景观和风土人情。

## 一、佳木斯市

（注：佳木斯市导游词，见p.31）

三江湿地(佳木斯旅游局提供)

## 二、双鸭山市

游客朋友们,双鸭山市,位于黑龙江省东部地区,因市区东北部有一对形似卧鸭的山峰而得名,坐落在完达山北麓和三江平原的交会地带,境内有12个国营农场、40个国营林场、辖4县、4区、面积2.2万平方公里,人口151万。双鸭山依煤而立,因煤而兴,是一座以煤炭、粮食、电力和钢铁等产业为主的资源型城市。双鸭山地处三江平原腹地,耕地面积86.7万公顷,粮食年产量300多万吨,是黑龙江省重要的商品粮和经济作物基地。这里有驰名中外的珍宝岛、东北农垦的象征——燕窝岛、距今2000年左右汉魏时期满族祖先挹娄人的王都——凤林古城遗址、东北亚最大天文星座古城——七星祭坛遗址及生活在乌苏里江畔的赫哲族村落等重要景观。著名歌唱家郭颂的《乌苏里船歌》、《大顶子山呦高又高》,就是从这里唱响而家喻户晓的。

遐迩闻名的燕窝岛,坐落在三江平原腹地,是853农场四分场的所在地,也是国家级湿地资源保护区。燕窝岛有深厚的文化底蕴,"棒打狍子瓢舀鱼,野鸡飞到饭锅里",就是当年农场环境的真实写照。燕窝岛是一片神奇的土地,1956年由王震将军亲自选址建场的853农场就设在燕窝岛。在王震将军的号召和带领下,数万名来自祖国各地的复转军人、知识青年、科技工作者等会聚到853农场这片美丽富饶、充满希望的土地上,开始了屯垦戍边、保卫边疆的开发建设。经过50年的发展,这里诞生和弘扬了"艰苦奋斗、无私奉献、顾全大局、勇于开拓"的北大荒精神,唱响了一曲让世人引以为豪的世纪篇章。美丽的燕窝岛,是全国农垦开发的一个缩影。

## 三、抚远县

(注:抚远县导游词,见p.33)

趣味小知识

### 抚远全鱼宴

抚远县乌苏里江、黑龙江、大力加湖盛产鲟鳇鱼、大马哈鱼、鲤鱼、鲫鱼、狗鱼和"三花五罗"等冷水鱼类。用乌苏里江、黑龙江盛产的鲜鱼,可烹制鱼菜数十种,称为"全鱼宴",最为著名的有鳇鱼宴。

全鱼宴有鳇鱼须、鳇鱼骨、家常熬鲫鱼、油浸鲤鱼、鲤鱼甩子、黑鱼子酱、杀生鱼、酱炖胖头鱼、鲇鱼炖茄子、酱焖嘎牙子及清炖鲫

鲟鳇鱼(佳木斯旅游局提供)

鱼汤、氽大马哈鱼丸子、黑鱼骨架汤等菜品。

趣味小知识

**达斡尔族民居**

达斡尔族的村庄大都傍山依水,风景秀丽。房舍院落十分整齐,房屋为高大的“介”字形草房,给人一种大方、粗犷的印象。家家户户都围着红柳条编织的带有各种花纹的篱笆,院落布局严谨,马棚和牛舍一般修筑在离院子较远的地方,以保持人居环境整洁。

达斡尔族的传统民居多以松木或桦木为房架,土坯或土堂为墙,里外抹几道黄泥,顶苫房草,二间、三间、五间不等。二间房的以西屋为卧室,东屋为厨房;三间或五间的以中间一间为厨房,两边的为居室。房子一般都坐北朝南,注重采光。窗户多是达斡尔族房屋的一大特点。居室的南、北、西三面或南、东、北三面建有相连的三铺大炕,俗称“蔓子炕”。蔓子炕保暖性能好,是达斡尔族人冬季不可缺少的取暖设施。达斡尔人的居室以西屋为贵,西屋又以南炕为上,多由长辈居住,儿子、儿媳及其孩子多居北炕或东屋。

## 第六节 “大界江”休闲度假之旅

线路:哈尔滨—佳木斯市—鹤岗市—萝北县

**讲解重点**

三地风土人情、人文历史、城市概况和界江游。

**经典导游词**

各位游客：

大家好！今天我们将从哈尔滨出发，利用 5 天的时间到佳木斯、鹤岗和萝北体验“大界江”休闲度假之旅。下面，我将利用在车上这段时间，向大家介绍一下，三地的风土人情、人文历史和主要景点。

## 一、佳木斯市

（注：佳木斯市导游词，见 p. 31）

**趣味小典故**

### 佳木斯石猴山的传说

石猴山原名叫“青松峰”，因当地松树遍布，林茂草密而得名。据说后来青松峰上的石猴修炼成精，为祸人间，玉皇大帝派雷公、电母斩除妖猴。瞬间，青松峰顶乌云密布，当地百姓只听得一声霹雳，山顶上的石猴只剩下一半。因此，当地人就把青松峰叫做

石猴山（佳木斯旅游局提供）

石猴山。现在，每逢阴雨天气，石猴山上就会云雾笼罩，当地百姓指此种现象为“石猴山戴帽”。这种景象一出现，当地人就知道要下雨了。

## 二、鹤岗市

鹤岗市地处小兴安岭与三江平原的缓冲地带，北隔黑龙江与俄罗斯相望，东南濒松花江与佳木斯为邻，西依小兴安岭与伊春接壤，总面积1.5万平方公里，有汉、蒙古、满、回、朝鲜等22个民族。鹤岗旅游资源丰富，生态环境原始、自然，尤其是黑龙江沿岸的原始森林风光独特，界江景色宜人，是盛夏避暑和休闲旅游的理想之地。鹤岗以盛产煤炭、木材、大豆而著称，是我国重要的煤炭工业基地，煤炭储量丰富。这里的森林资源也极为丰富，国家森林公园等景区林木葱郁、资源原始。鹤岗的耕地面积43万余公顷，是我国著名的大豆产区。

## 三、萝北县

萝北县，位于黑龙江省的东北部，小兴安岭末端，隶属于鹤岗市。萝北的旅游资源别具魅力，大江界、大森林、大湿地、大冰雪，特色齐全。黑龙江在这里奔腾而过，将兴安岭分为内外两段，山水之间，美景无数。在小兴安岭浩瀚的原始森林里，生长着红松、云杉等100多种树木。红松母森林、地下森林像一块块绿宝石，珍藏在无垠的绿色宝库之中。

天蓝水碧、空气清新的萝北，素有“黑龙江畔的明珠”之称。萝北名山口岸是国家一类客货口岸，也是黑龙江沿边距省城最近的口岸。从名山到俄罗斯犹太自治州阿穆尔捷特、比罗比詹、哈巴罗夫斯克有多条1日、3日、5日异国风情边境旅游线路。游客既可在中俄边境近距离地体验，又可到对岸零距离地接触，完成一次完美的俄罗斯犹太文化之旅。

游客朋友们，中俄界江哪儿最美，风情万种看萝北。“界江之都”萝北，伟岸壮观的大界江，令人荡气回肠；中俄界江，沿岸保持着多姿多彩的原始生态，跌宕的高山峡谷、宽阔的平原、茂密的森林和众多野生动植物构成一幅幅自然风光画卷。龙江三峡会聚了奇丽的界江风光，令游人如醉如痴；兴安大峡谷集奇、秀、险于一身，使人体验到与自然和谐融洽的至高境界。

### 趣味小典故

#### 山神“白那查”的传说

鄂温克族猎民信奉的“白那查”就是山神。山神白那查的形象是在粗树上绘制的长须老人。在狩猎途中，猎人遇到高山、岩洞、卧牛石和怪石，都认为是白那查居住的地方，因此从旁边走过时不能喧哗，否则认为会对狩猎不利。鄂温克族猎民还认为一切野兽都是白那查饲养的，猎获野兽是白那查的“恩赐”，所以，遇到绘有白那查的大树，要用兽肉献祭，在饮酒用餐时先敬白那查，以求猎获更多的野兽。关于山神，还流传着这样一个传说：很早以前有个部落长率全部落的人围猎，当把一座大山围住后，他让众人估计究竟围住了多少野兽。正在谁也估计不出来时，一个老头站起来把围住的鹿、狍子的具体数都说了出来。到第二天围猎结束时，猎获野兽果然与老头说的一样，可是，部落长和众人想再见老头一面却怎么也找不到了。从那以后，人们就认为那老头就是山神白那查。

## 第七节 “林海泛舟”清爽养生之旅

线路：哈尔滨—铁力市—伊春市—五营国家森林公园—汤旺河景区—嘉荫恐龙地质公园

### 讲解重点

导游词重点讲解此观光旅游的自然生态景色、动植物资源、嘉荫恐龙化石及森林、冰雪、河流等特色旅游资源。

### 经典导游词

**游客朋友们：**

大家好！欢迎大家参加“林海泛舟”清爽养生之旅，现在我们从哈尔滨出发到铁力市、伊春市和所属的五营国家森林公园、汤旺河景区、嘉荫恐龙地质公园旅游观光。下面，我利用在车上的这段时间，向大家介绍一下这5地的概况和主要景点。

## 一、铁力市

美丽富饶的铁力市，位于中国黑龙江省小兴安岭南麓，铁力原名铁山包，为鄂伦春族、蒙古族游牧之地。清光绪年间设铁山包协领，1933 年设铁骊县，1988 年改为铁力市。

该市境内东南部为小兴安岭，西南麓低山丘陵区，森林资源十分丰富；西部为呼兰河上游冲积平原，土质肥沃，主要河流为呼兰河及其支流依吉密河、安邦河。

铁力市是黑龙江省主要林区之一，是典型的农林交错地区。境内有桃山、铁力、双丰、朗乡 4 个省属林业局和铁力农场，每年为国家生产大量杨、榆、椴、桦等木材。主要粮食作物有大豆、玉米、谷子、小麦、水稻等，同时是人参生产基地。刺五加、黄芪、五味子等中药材的种植也属全省前列。

铁力市的工业以木材加工、火柴及林产工业为主。双丰林业局出产现代家具，朗乡林业局出产的木质地板畅销国内外。依托丰富的森林资源和历史文化遗产，现已开发出具有铁力特色的森林观光、森林度假、漂流、狩猎、滑雪、历史遗迹等旅游项目。为适应旅游发展的需要，该市基础设施和城市建设得到了完善和发展。境内还有 80 年代开发建设的桃山天然狩猎场和桃山国家森林公园等景区和景点。欢迎大家到铁力市旅游。

## 二、伊春市

伊春市地处小兴安岭腹地，位于松花江、黑龙江两大水系之间，素有“中国林都”、“红松故乡”和“恐龙家园”的美誉。

伊春四季分明、空气清新，是春观花、夏避暑、秋赏叶、冬玩雪的好地方，也是东北主要的森林生态旅游区，森林覆盖率为 83.6%。这里生物群落丰富多样，分布 1000 多种野生动植物；这里森林、冰雪、河流等旅游资源众多，独具特色，是回归自然，进行森林生态观光漂流和休闲度假旅游的理想之地。伊春兴安国家森林公园、林都木雕园等景区以自然风光为主体，真正体现了人与自然的和谐统一。

根据方位与资源特点，伊春分为4个旅游区。中部旅游区以伊春中心城区为核心，包括伊春区、友好区、上甘岭区、乌马河区和翠峦区。这一区域是伊春旅游资源最为富集的地区之一。

伊春是一座绿色宝库，自然资源十分丰富。该市的森林生态旅游业得到了长足发展，全市共有100多处旅游景区（点）。目前，伊春市已建成国家级森林公园11处，国家级地质公园2处，国家级自然保护区4处，省级森林公园9处，省级自然保护区9处，国家A级以上景区19处，S级以上滑雪场4处，国家级狩猎场3处。全市景区建设初步形成了比较合理的产品结构和空间布局。其中，黑龙江汤旺河国家公园是国家环境保护部和国家旅游局批准建设的我国第一个国家公园试点单位。五营丰林自然保护区被联合国教科文组织纳入世界人与生物圈保护区网络，五营国家森林公园、汤旺河林海奇石风景区、嘉荫恐龙地质公园、美溪回龙湾及金山屯大丰河漂流、铁力依吉密河漂流、日月峡滑雪、梅花山滑雪、桃山狩猎等产品在国内外都有较高知名度。

经过50多年的开发建设，伊春的经济结构发生了巨大变化，目前已形成了木材精深加工、森林生态旅游、生态畜牧、北药和绿色食品等支柱产业。

## 三、五营国家森林公园

游客朋友们，五营国家森林公园，始建于1990年，1993年被国家林业部批准为国家级森林公园，2001年被国家林业局评为全国文明森林公园。在黑龙江省境内的4所著名森林公园中，五营国家森林公园最具特色，被确定为重点旅旅游开发景区，2002年又被评为国家AAAA级旅游景区。

五营国家森林公园(苗小苗摄)

五营国家森林公园占地面积1.4万公顷,是亚洲面积最大的红松原始林区。景区内有“少奇号”森林小火车、松乡桥、观涛塔、绿野仙居、鸟语林、天赐湖、森林浴场、黑瞎岭、动物观赏园、虎啸山等景点。

遐迩闻名的红松原始森林景观,是目前地球上典型的地带性顶级稳定群落之一。这种稳定群落的形成,需要5000多年的演变。据林业专家考证,本地区属寒温带湿润森林气候类型,是红松树生长的最佳环境,因此确定了五营为红松第三纪孑遗种的发源地。也正因如此,国内外游客将五营称为“红松故乡”和“兴安明珠”。

## 四、汤旺河林海奇石风景区

游客朋友们,欢迎到汤旺河林业局旅游观光。我们将要游览的是国家AAAA级景区汤旺河林海奇石风景区。2008年10月,这里和汤旺河原始森林被国家环保总局、国家旅游局批准为全国首个国家公园,被命名为“汤旺河国家公园”。景区距离伊春市100公里,距国家一类对俄口岸——嘉荫口岸100公里。石林平均海拔436.6米,总面积163.57平方公里,分为石林景观区和山水风光游览区。石林景观区内的拟态奇石和繁茂的植被颇具特色,展示了汤旺河林海奇石风景区特有的风韵。它也是中国青少年科学考察探险基地。

整个景区植被繁茂,覆盖率达到99.8%以上,分布着小兴安岭1240多种动植物和昆虫鸟类,漫步古树白桦林的幽径之间,即可听百鸟欢歌，赏松柏轻舞，又可闻杜鹃幽香，观兴安奇石，又峰回路转，时有叠瀑溪涧，简直是一处绝好的世外桃源。

## 五、嘉荫恐龙国家地质公园

黑龙江省是一片富饶而美丽的土地。其版图如同一只展翅飞翔的天鹅。在天鹅的背部，镶嵌着一颗瑰丽璀璨的明珠，它就是恐龙之乡——嘉荫县。嘉荫坐落在中俄界河黑龙江南岸，依山傍水、美丽清幽，长达250公里的江岸，绿树成荫、渔歌唱晚，如一幅静谧悠长的画卷。直到20世纪初期，一个重大的发现使这座边境小城走向了世界。

那是1900年，黑龙江江边的渔民惊奇地发现，一遇到江面涨大水，便会有一些大骨头化石被冲到岸边，但他们实在搞不清这到底是怎么回事。这些现象逐渐引起俄国考古学家的注意。1902年，俄国军官马纳金在黑龙江右岸一个叫白崖的山上发现了恐龙的残骸。1915～1917年，俄罗斯地质委员会派人到白崖进行专门的挖掘。1924年挖掘出的化石被组装成一具高4.5米、长8米的完整恐龙化石骨架，并定名为黑龙江满洲龙。这架化石至今仍陈列在圣彼得堡地质博物馆内。经考证，当时那个叫白崖的地方就是现在的嘉荫县恐龙山。这具恐龙化石是我国流落国外的第一具恐龙化石，人称“神州第一龙”。

游客朋友们，嘉荫恐龙国家地质公园不仅具有重大的保护价值、开发价值和科普教育价值，还具有极高的旅游观光价值。恐龙山临江而立，清晰地再现了恐龙灭绝之后掩埋的自然状态。有“白垩纪公园”之称的地质剖面，保存有丰富的晚白垩纪生物群落，充满了神秘色彩。

## 第八节　“大界湖”养生度假之旅

线路:哈尔滨—依兰县—七台河市—兴凯湖

**讲解重点**

依兰的文化历史、五国头城遗址、七台河煤城概况和发展状况及兴凯湖的历史、特产及自然风光。

**经典导游词**

游客朋友们:

大家好!欢迎大家参加“大界湖”养生度假之旅。我是您此行的导游,非常荣幸地在这几天当中能够为大家服务,下面向大家介绍一下这几天当中我们将要游览的城市和景点。

### 一、依兰县

依兰县,位于黑龙江省中部、松花江中游,县城坐落在牡丹江、倭肯河注入松花江的汇合处,三面环水。西与方正县、通河县、铁力市接壤;北与伊春市、汤原县、佳木斯市为邻;东与桦南县、勃利县毗连;南与林口县相接。全县总面积4658平方公里,全县共辖7镇、13乡,全县总人口36.4万人。

依兰县松花江北岸自然景观和南岸历史人文景观构成了全县旅游发展的格局。北岸的丹清河风景区是省级风景名胜区。景区内的巴兰河漂流被誉为“北方第一漂”;于2004年第五届依兰漂流节期间正式开放的徽钦二帝“坐井观天”园,已成为全省最具特色的历史人文景观之一。现已发现各个历史时期遗迹遗址71处。其中五国头城遗址、土城子遗址、靖边营遗址、四块石抗联遗址、桥南遗址、清真寺、慈云寺等7处为省级文物保护单位。

公元10世纪初,辽代游牧于松花江下游至黑龙江口的女真人,形成了五大部落国(剖阿里国、盆奴里国、奥里米国、越里笃国、越里吉国),其中越里吉国在今依兰县城北部,在五大部落国中居主导地位,为盟城,称五国头城。五国头城始建于辽代(公元1080年),金、元、明、清各代都沿用。由于时间久远,城墙毁坏过多,现城墙仅残存数段。史载北宋徽、钦二帝被金囚禁于此。

## 二、七台河市

游客朋友们,七台河市位于黑龙江省东部,处于佳木斯、牡丹江、鸡西、双鸭山等城市群的中心位置。七台河1958年开发建设,1983年晋升为省辖市,是一座因煤而生、缘煤而兴、以煤为主、多业并举的新兴工业城市。现辖桃山区、新兴区、茄子河区、勃利县和种畜场,辖区面积6223平方公里,人口90万。

七台河市物产丰富,现已探明金属、非金属矿藏30多种。其中,煤炭资源得天独厚,是全国三大保护性开采稀有煤田之一,煤种齐全、品质优良,是国家重要的煤炭生产基地、东北地区最大的焦煤生产基地和黑龙江唯一的无烟煤生产基地。随着煤炭深加工业的快速发展,七台河已经成为黑龙江唯一的煤炭循环经济试点市和国家循环经济试点市。

七台河市山川秀美,境内拥有倭肯河、挠力河两大水系,分布着24条河流和27座大、中、小型水库。市区自然环境优美,自然山水与人文景观和谐相融。桃山、仙洞山、万宝山呈“品”字形坐落在市区周边，万宝湖、桃山湖如两颗明珠镶嵌在市区的两端，在这“三山两湖”的映衬下，形成了“城在山水中、山水嵌城中”的独特山水园林风光，被评为省级“园林城市”，正在全力打造国家级园林城市。

七台河市人杰地灵。这里先后走出了世界大学生运动会短道速滑冠军张杰、冬奥会短道速滑冠军杨扬和王濛、舍己救人的大学生张华和魏巍笔下最可爱的人——井玉琢等一批模范人物。七台河不仅有被称为工业精粉的优质煤炭，还有驰名中外的“双叶”家具、被江泽民同志称为“中国一绝”的草笔、古朴凝重的勃利黑陶、野趣天成的橡木酒桶及畅销国内外的绿色食品。

作为全国短道速滑基地，七台河正在为中国冰上项目书写一个又一个辉煌。

七台河市发展迅猛。近几年，七台河市综合经济实力在全省的位次快速前移，多项主要指标位于全省前列，多次在全省地市经济发展考核中被评为优秀城市。按照“发展循环经济，建设龙江强市”的战略目标，确定了八年翻两番的“358”跳跃式发展规划，明确了东北焦化之都、民营经济富市、农业特产之乡、国家速滑基地和山水园林城市的发展定位。在不远的将来，一个繁荣富庶、民主法治、文明进步、和谐稳定的七台河市将展现在世人的面前。

## 三、兴凯湖

游客朋友们，兴凯湖，位于黑龙江省鸡西市东部，距鸡西市106 公里，是古代火山爆发后，因地势陷落积水而成的湖泊。兴凯湖原为我国内湖，1860 年《中俄北京条约》签订后，始成中俄界湖。

唐代称兴凯湖为湄沱湖，以盛产“湄沱之鲫”大白鱼驰名，又因湖形如“月琴”，金代还有“北琴海”之称，清代改称兴凯湖。兴凯湖由大、小两湖组成，中间被一道湖岗分开，湖岗上林木葱葱，十分秀美。小兴凯湖温柔恬静，鱼跃鸟飞、帆影点点；大兴凯湖烟波浩渺、天水一色、横无际涯，被誉为“北国绿宝石，东方夏威夷”。

兴凯湖(郑宇红摄)

兴凯湖盛产大白鱼，是鸡西市重要的旅游集合区。湖区沿岸分布着当壁镇景区、白泡子乡巧嫂农家游景区、新开流景区、泄洪闸景区、龙王庙景区、蜂蜜山景区和北大荒书法长廊景区。

夏季的兴凯湖是清凉惬意的世界，风平之日，湖波如镜、水天一色、清爽宜人。风起之时，烟波浩渺、巨浪滔天，形如大海。夏天，兴凯湖百里沙滩充满生机，游人如织，是养生、避暑、旅游的首选胜地。

秋天的兴凯湖是多彩的世界，湖岗层林尽染，秋色斑斓。经过一春一秋的繁衍，候鸟开始南迁，湖水与蓝天相接、芦苇与秋鸟共舞，渲染出“落霞与孤鹜齐飞，秋水共长天一色”的意境。

冬季的兴凯湖又是一个冰雪的世界，到处白雪茫茫、银装素裹。令人称奇的是数九隆冬，积雪映衬，如同人间仙境。

# 第三章

# 黑龙江重点旅游景点导游词

由于黑龙江省独特的区位优势，使得黑龙江的旅游资源极为丰富。这里的“八大”特色旅游资源，能够使您感受到黑龙江的美，凸显着自然、神奇、原始和广袤。特别是这里的冰雪、森林、界江、湖泊和人文历史，更凸显出黑龙江与其他省份的不同。本章将分别从访古游、冰雪风光游、民族风情游、地质奇观游等景点的不同侧面，介绍黑龙江独具特色的旅游景观。

哈尔滨冬景(王成摄)

# 第一节　访古游

## 讲解重点

本篇导游词通过对上京龙泉府、上京会宁府、瑷珲古城这三个景点的发展历史、起源、规模等进行重点描述和介绍。

## 经典导游词

### 一、上京龙泉府遗址

各位来宾，各位朋友：

大家好！欢迎您来到美丽的小城——牡丹江市。我是您此行的导游员，能为大家服务，我感到很荣幸。今天，我们参观的景点是位于渤海镇内，唐代的渤海国都城遗址——渤海国上京龙泉府遗址。

唐代渤海国的都城上京龙泉府遗址，位于牡丹江西南约80公里处的宁安市渤海镇。渤海国原来的都城位于现在的敦化敖东地区，那里四面环山、耕地狭小，不能适应渤海国的日益发展，于是，当时的渤海国王就派人四处寻找可以建立百年基业的风水宝地，最终选择了宁安地区。

上京城是渤海国五京之一，因位置偏北，故称上京。该遗址北距宁安城40公里，距东京城火车站仅4公里。是牡丹江市去镜泊湖的必经之路。1961年经国务院批准为国家级重点文物保护单位。

渤海国遗址(苗小苗摄)

渤海国是唐代以我国东北地区为主体建立的“海东盛国”，初称“震国”，后改称“渤海国”。公元755年，渤海国三世王大钦茂自中京敖东城迁至上京为国都，达160多年。它代表着渤海人创造的“海东盛国”的灿烂文明。经清末学者曹廷杰考定，这是最早上京宫城正门遗址，上京城分为内、外城和宫城(紫禁城)三部分。外城垣周长18公里，为土石间筑，残垣均高2米左右，有10座门、5条大街纵横排列，中央大街宽110米；内城周长4.5公里，为石墙，建在外城北部的中间；在内城北部正中建有宫城，周长2.5公里，玄武岩筑成，残垣均高3米以上。5座大殿中轴排列，并有回廊相连。宫城正南的午门，台基高近6米，其东西两边原为侧门。第二殿东侧有著名的八宝琉璃井。在宫城东侧有禁苑遗址，其南有一个面积近2万平方米的池塘，北侧原有两个东西相对的亭树，还保存着当年的础石。池塘东西两侧有人工堆砌的假山及一些楼台殿阁建筑的遗址。建筑材料多用石料和砖瓦，有宝相花纹砖、文字瓦、莲花瓦当、各种釉瓦等。另有10寺5桥、八宝琉璃井、点将台、驸马府、御花园等遗迹。为当年仅次于唐长安京城的东亚第二大都会。

渤海国共设“五京”。“上京”即为其都城。古城远处四面环

上京龙泉府遗址(王成摄)

山,近处三面濒临牡丹江。上京城建制和规模完全仿唐都长安城兴建,略呈长方形,且城中套城,距今已有千年。

上京龙泉府遗址在我国古代建筑史上有一定的地位,为我们展示了当时的强盛与辉煌,同时也为后人留下了许多有价值的文物。

好了,上京龙泉府遗址就讲解到这里,不知我的讲解大家是否满意,如有不足请大家多多包涵!最后,我祝大家身体健康,万事如意!

趣味小知识

**《中俄尼布楚条约》是怎样产生的**

公元1689年,雅克萨战争后,中俄双方在尼布楚进行谈判。清政府的首席代表索额图,沙俄政府代表戈洛文,经过一场艰难曲折的谈判,双方正式签订了《中俄尼布楚条约》。条约明确规定,从外兴安岭至格尔必齐河和额尔古纳河为中俄两国国界,从法律上肯定了黑龙江和乌苏里江流域的广大地区,都是中国的领土。

《中俄尼布楚条约》是中俄两国正式缔结的第一个议界条约,是平等条约。条约签订后,清政府在墨尔根、黑龙江设官兵驻防,在额尔古纳河、格尔必齐河和外兴安岭等边界地区设置卡伦，派兵轮番驻守，加强中俄东段边界的防御能力，从而遏制了沙俄对黑龙江流域的侵略，使东北边疆获得了170多年的安宁。

## 二、上京会宁府遗址

各位来宾，各位朋友：

大家好！欢迎您来到金城遗址——阿城游览观光。我是您此行的导游员，希望我的讲解能让您更多地了解这座有着近900年历史气息的古城，并祝愿您游览愉快！

上京会宁府遗址（苗小苗摄）

金上京会宁府遗址属全国重点文物保护单位，俗称白城，位于黑龙江省哈尔滨市阿城区城南2公里，张广才岭西麓大青山脚下，阿什河左岸，依山傍水。是女真族建立的金帝国的早期都城，历经金太祖、太宗、熙宗、海陵王四代皇帝，作为金王朝的政治、军事、经济、文化中心达38年之久。

金上京南北二城现有城门遗址28处，其中北城北垣1门、东垣1门、西垣1门、腰垣2门；南城南垣2门，除腰垣东侧门址处，均带有瓮城遗迹。这些瓮门多为转角形，是为了增强城门正面防御力量的重要设施。

现在所保留的遗址，是金世宗大定年间修复的遗迹。以南北二城墙和皇城内的建筑遗址保存比较好。南北二城均呈长方形，城墙周长11公里。金上京的城墙为夯土型建筑,墙表砌有青砖,但青砖已被当地居民拆毁殆尽。城墙至今仍高3~5米,个别地段高达7米,基阔在7~10米,残垣断壁处黑黄土相间的夯层痕迹和夯花依然清晰可辨。全城外垣平均每隔70~120米不等就有一处马面突出墙表,现有马面89个,环城原有马面总数约92个。其中北城北垣有11个;南城南垣有16个;二城西垣29个;东垣(包括南城北垣突出部分)24处有28个(其中有两处每处2个,有一处为3个),二城的5个突出角亦已经不存在,这样环城原有马面总数约92个。马面在古代作战时,主要起防御作用。金上京城的马面比较集中于南城的西垣和南垣,说明当时主要是为了防御皇城安全而设置的。另外,在金上京城外垣四壁之下,出土了大量的擂石和铁箭簇,说明金上京的守卫主要是用矢石进行防御。

南北二城的外垣周围和腰垣南侧均有护城壕遗迹,至今大部分地段仍深如沟壑。这里是在筑城取土的同时挖掘而成的,可能是引自上京西来的小河之水入壕,以利防守,在光绪年间,壕中尚有积水。据文献记载,金上京故城内的宫殿名称很多,建于金太宗时的有乾元殿、明德宫;建于金熙宗时的有庆元宫、敷德殿、宵衣殿(寝殿)、稽古殿(书殿)、重明殿、五云楼、祥曦殿等;建于海陵王时的有勤政殿、泰和殿、武德殿、永寿宫、永宁宫;建于金世宗复修后的有庆元宫、光兴宫、光德殿、皇武殿等。此外,还载有明德殿、时令殿、龙寿殿、奎文殿。此外还有术庙、社稷、孔庙、储庆寺等。

金上京城仿照北宋都城的规模建筑,城市布局与汴京(今开封)基本相同,规模宏伟、雄浑壮观,由毗连的南北二城和皇城组成。南城略大于北城,二城均为长方形,平面上一纵一横相互衔接,连为一体。二城整个外围周长为11公里。虽经近900年的风雨剥蚀和战争破坏,其夯土版筑的城垣残高仍达3~5米,颓垣基阔7~10米。城墙断面处,夯土层痕迹依然清晰可辨。在全城5

个城角上各构筑角楼一处，为城墙上的重点防御工事。城门9处，其中7处带有瓮城。城外及二城间的腰垣南侧，均有护城壕。皇城则建于南城偏西处，周长近2.5公里。自南向北有5重宫殿基址整齐地排列在皇城南北中轴线上，东西两侧还有回廊遗址。皇城南门两侧有两个高约7米的土阜，对峙而立，称为阙。两大土阜间又有两个小土阜，各高约3米。大小土阜间是皇城南门的3条通道，中为正门（午门），两侧为左右阙门。皇城布局规整、严谨。

**铜坐龙**（阿城旅游局提供）

据史书记载，太祖阿骨打称帝时，只设毡帐（称皇帝寨），晚年始筑宫殿。金太宗天会二年（1124）始建南城内的皇城，初名为会宁州。金太宗建为都城，升为会宁府。天眷元年（1138）八月，金熙宗以京师为上京，府曰会宁，开始有上京之称。皇统六年（1146）春，仿照北宋都城汴京的规模进行了一次大规模扩建，奠定了南北二城的雏形。贞元元年（1153）海陵王迁都于燕京，正隆二年（1157）削上京之号，并毁宫殿庙宇。金世宗大定十三年（1173）七月，又重新恢复了上京称号，成为金朝的陪都。大定二十一年（1181）金世宗复建上京城。两年后，又内外砌青砖。清初，此城砖石砌筑的城墙外表保存尚好，后“城之楼堞”为阿勒楚喀副都统拆运去建筑阿城（今县治），遂毁。

不知不觉，我们的参观即将结束，非常感谢您的支持和配合，希望我的讲解能给您留下一些印象，如有不足之处，还请各位多多包涵。最后，祝您旅途愉快，万事如意！

## 三、瑷珲古城

各位来宾,各位朋友:

大家好!俗话说:有缘千里来相会,欢迎各位远道而来的朋友们,我是您此行的导游员,今天随我一起前往地图的北端——黑河,参观游览《中俄瑷珲条约》的签约地瑷珲古城。

最早的瑷珲,建于明朝永乐年间。永乐皇帝为适应对元朝残余势力斗争的需要,在黑龙江左岸、乌苏里江与黑龙江汇合处的下游,即今天的俄罗斯境内维笑勒伊村一带,建起了瑷珲城。

瑷珲的名称源于附近的瑷珲河。瑷珲又有“艾辉”、“爱乎”、“艾虎”、“艾浒”等多种称谓,皆为达斡尔语音译。翻译成汉语,就是“可畏”的意思。

到了清朝,瑷珲成为第一任黑龙江将军萨布素的驻地。因地处江东,与内地的交往颇为不便。1685 年,清政府同意将黑龙江将军驻地由江左岸迁往江右岸,即今天瑷珲城的位置,重新建筑城寨,名称仍为瑷珲。这就是现在的瑷珲古城。

瑷珲城,内环崇岭、外襟大江,为当时黑龙江沿岸最大的城镇。据《盛京通志》记载,新建的瑷珲城的内外建筑情况是:“内城植松木为墙,中实以土,高一丈八尺,周围一千三十步,门四;西南北三面,植木为廓,南一门,西北各二门,东南临江,周围十里。”

贯穿外城的南北大街是瑷珲新城的商业区。对于这条大街,俄国人马克在《黑龙江游记》中有过生动的描述。他说:“我们走出要塞大门后,一条相当长而又宽阔的大街立刻展现在眼前。这条街与河岸平行延伸着,大街两旁有许多小巷和另外一些街道,几乎每栋房子临街的一面都是店铺。每个店铺都写有花花绿绿的汉文和满文招牌,而在木杆上还飘扬着用纸剪成的各种各样的图形,三角旗和龙,所有这些,都使市街显得十分奇特。”

新建的瑷珲城还同时建起了许多庙宇,如城隍庙、龙王庙、文庙、真武庙、关帝庙、大佛寺、魁星阁等。

### 趣味小典故

#### 9 位将军

瑷珲城人杰地灵，先后出过 9 位将军。关于这 9 位将军，还有一个动人的传说。相传始建瑷珲城时，有一位风水先生来到这里。看到这里山清水秀、江面笔直，艳阳下犹如宝镜熠熠放光，便告诉人们，瑷珲是块宝地，10 里大江要出 10 位将军。但是，要镇住这里的风水必须修座塔。人们照风水先生的意见办了，不料，在挖塔基时，突然从地下飞出一只蝴蝶。风水先生闻讯后，便连声感叹：风水破了，出不了 10 位将军了，只能出 9 位将军。

9 位将军的石碑就竖在城南的松林里。每座石碑的碑文都用汉、满两种文字刻成。遗憾的是，这些极有价值的文物，都在动乱年月人为地毁掉了，没有留下太多痕迹。

然而，最终毁坏瑷珲风水的不是那只蝴蝶，而是沙俄侵略者。

1900 年 8 月 3 日，沙俄侵略军从南、北、东三面夹攻瑷珲城，瑷珲军民在瑷珲副都统北路翼长凤翔的率领下，用鲜血和生命谱写出抗击沙俄的壮丽篇章，最后因寡不敌众，城池失陷。沙俄侵略者将这座 200 多年历史的古城，付之一炬，幸存的只有一座魁星阁。

据专家学者们考证，瑷珲魁星阁大约建于清光绪十八年至二十六年间，即公元 1892 ~ 1900 年。民国瑷珲县公署档案中的《中国地理大词典县邑调查表》对魁星阁是这样记述的：“城内东隅有魁星楼一座，高约三丈余，均为砖木砌成，上塑魁星像，登楼俯瞰城郭，历历在目。庚子之乱，全城尽被焚毁，惟（唯）此楼巍然独存，实可为古迹之一也。”

魁星阁历来就是人们登高远望的最佳去处。登上阁顶，极目远眺，古城全貌、10 里大江尽收眼底。然而，当看到江东大片沃土已不属于中华民族时，我们的心情可想而知。

1906 年春，黑龙江将军程德全派遣副都统姚富升接收瑷珲。姚富升到任后，遍访村民，赈济百姓，又赴海兰泡（今俄布拉戈维申斯克）与沙俄交涉，终于迫使俄军于 1907 年 5 月撤出瑷珲。

瑷珲收复后，姚富升亲率善后司旗各员进行勘察，在一片瓦砾上，重建瑷珲新城。

瑷珲新城东、南、西、北各有城门一座，南门外建一城隍庙，城内十字街中间建起钟楼一座，城内除衙署公所、城隍庙、文庙的学堂外，其余均为居民住宅。城东临江留马路街基，南北门外大街两旁均做交易区。

魁星阁也曾有过不准游人登高观赏的历史。1944 年伪满瑷珲守备队将魁星阁作为岗楼时，成为军事要地，游人当然是要避而远之的。

瑷珲魁星阁从始建至今，百余年间，历尽沧桑，命运多舛。1900 年，沙俄侵略者将古城瑷珲付之一炬，整个城市变为废墟，魁星阁却奇迹般地得以幸存。1945 年 8 月，苏联红军的炮火又正正当当地击中了它，致使阁顶塌陷。1950 年，当地居民又将伤痕累累的魁星阁拆毁，只剩下了长条基石。1975 年 6 月，动工修建瑷珲历史陈列馆时，才在原地竖起了“魁星楼遗址”的标牌。

鉴于魁星阁是中华民族珍贵的文化古迹，它不仅目睹了中华民族耻辱的一页，也记载了我国军民可歌可泣的英雄事迹。为此，原瑷珲县委、县政府于 1980 年作出复建魁星阁的决定，并得到黑龙江省委、省政府的积极支持。同年 7 月，复建工程正式动工。施工图纸是根据当时任嫩江县人民武装部部长的陶茂璞同志珍藏的一张瑷珲魁星阁的老照片绘制的。

复建工程历时 3 载。1983 年 7 月 16 日，中共黑河市委、市政府为落成的魁星阁举行典礼仪式。原黑龙江省省长陈雷同志为魁星阁题写了“魁星阁”三字匾额。一年之后,来自逊克的个体雕塑家王卫德为魁星阁雕塑了栩栩如生的魁星像,为魁星阁复建工程画上了一个句号。

复建后的魁星阁高 16 米,底边各为 8 米。建筑古朴浑厚,气势宏伟。2002 年下半年,由于魁星阁与瑷珲历史陈列馆新馆不协调,又进行了重新改建。

瑷珲古城的变迁史在时时警示后人:落后必然挨打,富强才能保国。

好了,各位游客,我们的游览即将结束,非常感谢各位几天来对我的工作给予的大力支持和配合,如有不当之处,请各位多多包涵。最后,祝您旅途愉快!

### 趣味小知识

#### 令国人饮恨的中俄《瑷珲条约》

正当英、法联合发动第二次鸦片战争,清政府惊慌失措之际,沙皇俄国以为强占黑龙江时机到了,便上演了以武力逼迫中国割让黑龙江以北和乌苏里江以东领土的丑剧。

公元 1858 年 5 月,俄国沙皇任命穆拉维约夫为全权代表,率领大批俄军从黑龙江上游顺流而下,直达瑷珲。5 月 17 日,时任黑龙江将军的奕山也从齐齐哈尔赶到瑷珲,在对方大兵压境的情况下,经过 6 天艰难的讨价还价,一向怯懦、胆小如鼠的奕山,被迫于 1858 年 5 月 28 日与穆拉维约夫签订了不平等的中俄《瑷珲条约》。

根据《瑷珲条约》,沙俄割去我国黑龙江以北,外兴安岭以南 60 多万平方公里的土地,包括原吉林省的全部海岸线及海参崴海口,划为中俄“共管”,实际上这只是沙俄正式吞并这一地区的过渡步骤。两年后签订的中俄《北京条约》,便正式将这一地区划归俄国。100多万平方公里的大好河山,就这样轻易沦丧了。它相当于今天中国全部领土面积的1/10还多。

## 第二节 冰雪风光游

### 讲解重点

冰雪是黑龙江省的特色旅游资源,也是黑龙江旅游文化风采的奇葩。本篇的讲解重点有:大海林双峰林场、亚布力滑雪场、吉华长寿山滑雪场、太阳岛雪博会、哈尔滨冰雕游园会、哈尔滨冰雪大世界、中国北极圣诞夜等。

### 经典导游词

### 一、中国第一雪乡——大海林双峰林场

中国第一雪乡——双峰林场,位于黑龙江省牡丹江海林市大海林林业局境内。这里有被称为黑龙江三巨臂的老秃顶子、大秃顶子和平顶山。其中老秃顶子海拔1686.9米,是黑龙江第一高峰,山顶积雪终年不化。

大海林双峰林场(王成摄)

雪乡,其实不是一个正式的称呼。它的学名叫双峰林场。是海林林业局下属的一个林场,从长汀往南走还有100多公里,藏在张广才岭深处。我们在地图上可以找到海林、找到长汀,但却找不到双峰林场。

由于受海洋性环境和大陆性季风的双重影响,加上这里海拔高,受山区小气候的影响,双丰林场夏季降雨充沛,冬季降雪早,雪期长,是我国降雪最大的地区。

每年10月初便开始下雪,积雪随物具形,千姿百态,形成了一座天然的雪雕城。这里的雪雪质细腻、晶莹剔透,积雪期长达6个月,雪深可达2米。中国"第一雪乡"因此而得名。

双峰居民大多是林场工人即小火车司机。由于受山区小气候影响,这里冬雪漫林间,皑皑白雪在风的作用下,形成千姿百态的雪蘑菇。当你来到雪乡就如同进入一个神奇的童话世界,雪景、雪情、雪韵吸引了无数游人。这里的居民有挂灯笼的习惯,一盏盏的红灯笼在太阳照射及白雪的映衬下显得格外通红透亮,给人一种幸福喜庆的气氛。

双峰人热情好客。遇到外地人到此观光,当地的老百姓会热情地把客人带到自己家中,吃天然绿色食品、住东北小火炕、乘狗拉爬犁。闻着雪后的山野气息,那淳朴厚重的乡土人情浓得让你化也化不开。

趣味小知识

### 八女投江的故事

“八女投江”，是指中国共产党领导的东北抗日联军8名女官兵英勇抗击日本侵略军，与日军血战到底而决不屈服，最后集体投江殉国的英勇事迹。

1938年夏天，日本关东军纠集伪蒙、伪满军，在松花江下游展开了“三江大讨伐”。东北抗联第4、5军为摆脱困境决定向西转移，遭到日军多次围追堵截，牺牲了很多抗联战士。10月，东北抗日联军第5军第1师的一支百余人的队伍被乌斯浑河挡住了去路。队伍中有第5军妇女团的8名女战士，她们是：冷云（原名郑志民）、胡秀兰、杨贵珍、郭桂琴、黄贵清、李凤善、王惠民、安顺福。抗联队伍经过几日的奔袭，战士们又饿又累，师长决定在岸边休息一夜明天早晨过河。10月的北方天气已经非常寒冷，部队在河畔露营后，燃起了几堆篝火取暖。日伪特务葛海禄发现了江边有篝火闪动，向日本守备队报告有抗联战士在江边休息。后半夜，日军熊本大佐集合了1000多日军与伪军将抗联战士包围。拂晓时，抗联战士们发现了日军，急忙向外冲。冷云比较冷静，命令7名女战士卧倒，敌人没有发现她们，继续向我大部队逼近，此时情况十分危急。在此生死关头冷云果断地组织女战士殿后，从背后袭击敌人，吸引日军火力，掩护大部队突围。敌人一下子慌了神，以为中了埋伏，慌忙抽出部分兵力向她们还击。我军大部队乘机突出了日军的包围圈。冲出去的同志最后听到她们齐声喊：“快往外冲啊！保住手中枪，抗战到底！”日军在得知她们只有8名女兵时变得更加猖狂，边打边狂叫：“乖乖投降吧！皇军不会亏待妇女！”当大部队发现还有8名女战士没有冲出日军的包围后，多次组织抗联战士回来营救，因日军火力强大未能成功。被包围的8名女战士投出了最后一颗手榴弹,趁敌人卧倒的机会,毁掉枪支,挽臂涉入了冰冷的乌斯浑河中……写下"八女投江"的壮丽篇章。8名女战士为中华民族的解放献出了她们年轻的生命,她们中最大的25岁,最小的只有13岁。

"八女投江"体现了中华儿女为民族解放事业敢于与日军血战到底的英雄气概。东北抗联第2路军总指挥周保中得知"八女投江"后,当即题写了"乌斯河畔牡丹江岸将来应有烈女标芳"。新中国成立后,中国共产党以"八女投江"为题材拍摄了一部电影《中华儿女》,女英雄们的高尚气节强烈地感染了千千万万的中国人民。1986年9月7日,为纪念8名女烈士,建立了一座巨型"八女投江纪念碑"。全国政协副主席康克清亲笔题词:"八女英灵永垂不朽"。

八女投江雕塑(苗小苗摄)

## 二、中国第一雪场——亚布力滑雪场

1996年,第三届亚洲冬季运动会使亚布力声名鹊起,并逐步发展成为中国最大、设施最先进、条件最优越的以雪上运动为特色的休闲度假胜地。在这里,17条各具特色的滑雪道和各项娱乐设施，令人激动和兴奋。梦境般的亚布力阳光度假村成为吸引每个人的夺目焦点！

2009年，作为举世瞩目的《第九届中国企业家论坛亚布力年会》会址、第24届世界大学生冬季运动会雪上项目的承办地，亚布力再度聚焦世界目光。

亚布力滑雪场（孙家驹摄）

不同于其他的运动项目，要建立最好的滑雪场，首先就要有最适宜建立滑雪场的自然环境。位于黑龙江的亚布力给予了阳光度假村得天独厚的一流自然条件，亚布力纬度较高，东临太平洋，又位于地球上最大的陆地——欧亚大陆的东部，因此，形成了独特的中温带大陆性季风气候。年平均气温2℃～10℃，积雪期为120天左右。

曾作为皇帝和满清贵族狩猎场的亚布力，拥有不言而喻的迷人风景。而其同时拥有的长时间的积雪期，使得亚布力具备了建立一个滑雪胜地的所有硬件条件。在此基础上新濠中国度假村（控股）有限公司一期耗资10亿美元，并聘请世界顶级度假村规划大师在亚布力打造世界顶级目的地型四季休闲度假村——亚布力阳光度假村。

亚布力滑雪场拥有10多条天然雪道，配有法国进口先进高速电暖吊厢式缆车，全长2400米，只需6分多钟到达峰顶，长约1800米高山雪道，能为滑雪者提供国内顶级的滑雪体验。从只有1000米长，最大坡度15°、最小坡度8°的初级雪道，到1812米长，最大坡度32°、最小坡度6°的“勇敢者之路”;还有长达2810米,最大坡度18°、最小坡度3°的“幸福雪道”。

1. 世界第一不锈钢滑道

这条时空隧道设在三锅盔上,起点在海拔999.8米的山顶,由不锈钢滑道和硬塑棚顶构成。它宛如一条长龙,沿着山坡向下延伸,全长2680米,落差570米,有48个弯道。您可以乘坐一辆可以控制速度的旱地雪橇,顺势而下,最高时速80公里/小时,穿过这条隧道,体会那种超越时空,势不可当的冲击感、征服感和成就感。此时就体会到了“驾驶时空,追风降龙”的感觉。穿过这条“降龙48弯时空隧道”的同时,还会受到深刻的启迪:它就像漫长曲折的人生之路,一切靠自己把握,一切靠自己驾驭!

2. 另类夜场滑雪

相较于平时的白日滑雪,夜场滑雪别有一番风味。入夜后滑雪场的景色在夜灯的照耀下不再是单纯的银色世界,而灯光在白雪的反射下显得格外的清亮。夜场的滑雪人在宁静的夜色中,享受滑雪时飞一样的体验。

## 三、距哈尔滨最近的吉华长寿山滑雪场

哈尔滨吉华滑雪场位于宾县的宾西国家森林公园,距哈尔滨46公里,是黑龙江省5S级旅游滑雪场。雪场四面环山,地理位置优越,冬季雪量大、雪质好,雪期长达150天。

吉华长寿山滑雪场计划开发初、中、高级雪道及儿童雪道、U型槽、猫跳等各类雪道15条,现已开放8条,总长度30公里。其中最长雪道长2300米,初级雪道宽度为100米,是初滑者的最佳滑雪场地。雪场拥有压雪机2台,造雪机12台,进口雪具、雪服10 000余套,缆车3部、拖牵9条,可同时接待5000人滑雪,日接

待能力达 10 000 人次。

融雪服、雪具出租及餐饮、住宿、会议、康乐为一体的吉华会所，是亚洲最大的单体滑雪服务中心，建筑面积 19 700 平方米，可同时容纳 2000 人就餐，拥有套房、标准房、经济房近 300 间。雪场还开设了滑雪学校，有 80 名滑雪教练为游客提供服务。

在滑雪之乡黑龙江，除著名的亚布力滑雪场外，还有滑雪场新贵——吉华长寿山滑雪场。虽说吉华长寿山滑雪场是新贵，可要把它的硬件设施一一列举出来，无论专业滑手还是业余滑手都会竞折腰的。

除专业的滑雪道之外，一家老小在这里还能找到其他的乐趣。如，雪地摩托、冰爬犁、冰球、雪地足球、篝火宴、冰壶球、雪上飞碟、攀冰、雪原穿越、冰堡住宿等独具特色的娱雪项目。

## 四、太阳岛雪博会

太阳岛雪博会，是全国雪雕艺术的发源地和龙头，是哈尔滨冰雪节的重要组成部分，也是哈尔滨冰雪旅游的最大亮点。由于每年雪博会的展出周期长(60 ~ 70 天)、质量高、内容新、规模大、趣味强，所以号称“世界上最大的冰雪狂欢嘉年华”。自太阳岛首届雪博会到现在，累计已接待游人 490 万人次。

太阳岛雪雕(王成摄)

太阳岛风景名胜区，位于哈尔滨市松北区，是国内唯一一个位于城市中心的江漫滩湿地草原型沿江生态区。太阳岛幅员辽阔，总面积 88 平方公里，规划面积 38 平方公里，保护区面积 50 平方公里。它以郊野风光、欧陆风情、冰雪艺术、北方民俗为特色，年接待游人300万人次。先后获得联合国友好理事会授予的“生态示范岛屿”，国家旅游局授予的“国家5A级旅游景区”，国家建设部授予的“中国人居环境范例奖”等殊荣，是哈尔滨首张城市名片。

为了扩大太阳岛雪博会的国际影响，打造国际化冰雪旅游品牌，从第18届开始，太阳岛雪博会组委会就与世界上著名冰雪旅游国家的代表城市联合办节，先后与日本旭川、加拿大蒙特利尔进行了合作，并取得空前成功。各城市联合办节以突出展示各国风土人情、标志性建筑、异域文化为设计思路，如，以“风情法兰西·相约哈尔滨”为主题。就是以法国巴黎的古典建筑、雕塑、冰雪雕刻作品为主要内容，以融合中法文化内涵为特点，全力打造一个融观赏性、艺术性、趣味性、参与性为一体的冰雪盛会。

冬季的太阳岛是一个冰晶雪洁、玉树银花、浪漫梦幻的童话世界，被誉为“都市雪乡”；一年一度的太阳岛雪博会以巧夺天工的冰雪艺术、精美绝伦的冰雪景观、丰富多彩的文化活动、奇特刺激的娱乐项目吸引了大量的中外游客，使游人陶醉于纵情赏雪、戏雪、踏雪、沐雪的无穷乐趣之中，圆人们一个如醉如痴的冰雪梦。欢迎大家在这个冬季到美丽的太阳岛来看雪，太阳岛的冰哥雪妹们在恭候您的到来！

## 五、哈尔滨冰雕游园会

冰雕塑，即冰雕，是造型艺术——雕塑中的一种，是冰灯游园会中大量运用的造型之一。

雕塑，是雕、刻、塑三种制作方法的总称，是用黏土等可塑材料或者金属、石、木等可雕可刻的材料制作出的各种实体形象，也就是以各种可雕、可刻、可塑材料创造出的各种三维或二维的空间形象实体。它讲究光影的变化，也就是靠形体起伏所产生的不同阴影来感染观众。起伏变化是它的艺术语言。冰雕，是以冰为

哈尔滨冰雕游园会(王成摄)

材料,用大铲、扁铲、尖刀、槽刀、月牙刀、棱锥、麻板等工具创造出的造型艺术,易于加工,便于修改。冰雕与其他材质的雕塑一样,讲究工具使用、表面处理、刀痕刻迹,但由于其材质无色、透明,具有折射光线的作用,故此雕刻出的形象立体感不强,形象不够鲜明。为了弥补这一缺陷,造型时采用石雕和木雕手法,强调体面关系,突出形体基本特征,力求轮廓鲜明,在此基础上,精雕细刻,强调细部,或者实行两面雕刻,使线条互相交叉,雕痕纵横交错,在光线反射作用下,尤显玲珑剔透,从而取得远视、近视俱佳的观赏效果。

冰雕同其他材料的雕塑一样,也分圆雕、浮雕和透雕三种。

1. 圆雕

圆雕,又称立体造像,指不附着在任何背景上,完全独立地可以四面欣赏的冰雕。它把实体的前后左右等各方面都雕出来,从四周看都像真的一样。如,第十四届冰灯游园会在文坛集锦景区里雕的一个小女孩跪在欧式灯柱前面对着蜡烛和圣诞树沉思的冰雕,便是根据丹麦著名童话大师安徒生的《卖火柴的小女孩》设计的一组圆雕,从哪个角度都可欣赏。圆雕是冰灯会中数量最多的一种冰雕。

2. 浮雕

浮雕,即浅雕凸雕。在实体表面上雕刻出具有背景的形象,也就是在平面上雕出凸起的形象，是介于圆雕和绘画之间的雕塑艺术。冰灯游园会中的冰建筑和某些圆雕的基座都常常运用浮雕手法。如，冰屏上浮雕着欢跳的小鹿和飞翔的大雁（第六届冰灯游园会）、圆雕龙的基座上浮雕着云朵或翻卷的浪花，使其犹如腾云架雾或戏水扬波一般。

3. 透雕

镂空浮雕的背景，就是透雕。它介于圆雕与浮雕之间，空间感很强。第十三届冰灯游园会南门前导区两侧立的公鸡、蟠桃透雕冰屏，全长 20 米长。第十四届冰灯游园会西门冰屏透雕的是飞天。几位仙女姿态优美，长绦飘拂，状若凌空飞舞。

## 六、哈尔滨冰雪大世界

哈尔滨冰雪大世界始创于 1999 年底，是由哈尔滨市政府为迎接千年庆典神州世纪游活动，充分发挥哈尔滨的冰雪时空优势，进一步运用大手笔、架构大格局，而隆重推出的规模空前的超大型冰雪艺术精品工程，是哈尔滨国际冰雪节的龙头品牌。哈尔滨冰雪大世界，向世人展示了北方名城哈尔滨冰雪文化和冰雪旅游的独特魅力。

冰雪大世界坐落在美丽的松花江畔、太阳岛风景区景观大道对面。每年举行，汇天下冰雪艺术之精华、融世界冰雪游乐于一园，集思想性、艺术性、观赏性、参与性、娱乐性于一体，场面恢弘壮阔、造型大气磅礴、景致优美绝伦，被誉为恢弘壮阔的“冰雪史诗画卷”。

冰雪大世界占地 282 万平方米。目前正在建设以冰雪大世界四季乐园为龙头的旅游度假区，将以生态自然风光建设为主线，开发建设国际标准的高尔夫球场、水上乐园、体育娱乐设施及欧陆风情景观。

冰雪大世界在主体立意上、景观设计上、活动项目上、规划布局及灯光运用上都着重体现突破和创新，融吃、看、玩、游、购、娱于一园的经典之作，被誉为“世界冰雪迪斯尼乐园”。用冰雪的形式来表现和弘扬民族精神和祖国改革开放以来取得的伟大成就。创意鲜明、构思巧妙，主题内容年年创新。在这里，您将观赏到世界上最高、最美、最雄伟、最具魅力的冰晶奇观，体验到雪地摩托、卡丁车、攀冰岩、滑雪、自由雪雕等近70项丰富多彩的冰雪文化娱乐活动带来的无穷乐趣，融入变幻多姿、璀璨壮观的夜晚灯饰美景中。整个园区，琼楼玉宇金碧辉煌，千桥百转曲径通幽。步入其间，令人目不暇接、流连忘返，恍若畅游仙境一般。

## 七、中国北极圣诞夜

在地图上，位于祖国最北端的旅游景点——北极村，是黑龙江省最北部，黑龙江上游的右岸。因地处北纬53°28′，故被称为中国的“北极”。每年夏至前后，这里会出现“白夜”现象。晚上要到11:00天才暗下来，刚过两个多小时，天又亮了。在冬天，上午9:00才能看到太阳，下午3:00天又黑了。黑夜长达18个小时以上。这里还多次出现过北极光的奇景。北极村的冬季长达8个月之久，最低气温达-52℃，江水结冰1米多厚。

北极纪念碑石（郑宇红摄）

每年的12月25日，是基督教徒纪念耶稣诞生的日子，称为圣诞节。圣诞节在19世纪由国外传教士引入中国。圣诞节几乎已家喻户晓。在距北极村20

余公里的圣诞村，由英国工程设计院设计，占地面积100.06公顷，建筑面积7.65万平方米的北极圣诞村，实现了中国极地风光与西方圣诞文化的融合，是充满欧洲风情的主要旅游景区。每年12月21日开园，21日当天，将有来自全国各地的10对新人在圣诞世界举行婚礼，接受来自芬兰等北欧国度的圣诞老人的祝福。

那是一个充满异域风情的美丽童话世界。圣诞夜，来自芬兰的圣诞老人将在这里向每位游客派发礼物。以一棵高14米的大圣诞树为中心的圣诞广场，将成为欢乐的海洋。

还有圣诞游乐园、圣诞邮局、圣诞户外冰雪娱乐世界，开发了驯鹿雪橇、雪地摩托、破冰捕鱼、冰雕雪塑、滑冰、滑雪、冬泳，冰爬犁、冰车、气垫圈、冰尜、圣诞树、雪房子等体验性强的冬季特色旅游产品，开展冰车竞速赛、冰壶对抗赛、冰尜竞时赛等冰雪娱乐活动，并在北极圣诞村筹建业余滑雪场。北极圣诞园将让游客们参与其中，让游客充分体验极地的冰雪圣诞乐趣。

中国最北之家(郑宇红摄)

来吧朋友！来北极村畅快地体验这冰雪世界带给您的心旷神怡！来吧朋友！相信这一天会成为您生命中最难忘的一天！北极驴友之家在北极村邀您一同体验！

### 趣味小知识

**中国最北之家**

中国最北之家,位于黑龙江边、北极村最北部,是居住在中国纬度最北的一户人家。其居住房屋为"木搭楞"式的小木屋,面南背北。房屋东侧悬挂美国加州中国书画院院长杨墨纯的题字:"中国最北之家"。屋前有菜园和花圃,院内大门朝东。居住房屋3间,屋内有火炕和床,可供14个人居住,住房西侧和北侧新建木搭楞房一栋。庭院面积约200平方米。"中国最北之家"现已成为北极村的一个特色景点,住最北之家,品尝地道的农家饭,几乎成了每个游客在北极村的必游项目。

## 第三节　民族风情游

### 讲解重点

本篇导游词主要通过内容翔实的导游讲解,让游客能够了解黑龙江省内的蒙古族、赫哲族、鄂伦春等少数民族的风情和民俗。

经典导游词

## 一、杜蒙蒙古族风情游

杜尔伯特蒙古族自治县，位于黑龙江省齐齐哈尔市。在这片水肥草美的大平原腹地，野草岁岁枯荣，民族生生不息。在4000多年以前，这里就吸引了逐水草而居的北方少数民族。1956年这里建立杜尔伯特蒙古族自治县以后，多年来该县一直本着开发与保护并重的发展原则，使这里的原始地貌得以较好地保存。如今，坦荡如砥的大草原、碧波万顷的芦苇荡、波光粼粼的湖泊群、千姿百态的天然次生林、古朴淳厚的蒙古族风情，构成了这里独特的旅游资源。杜尔伯特蒙古族自治县充分发挥自己的优势，在挖掘古朴的民族风情，保护人文古迹的同时，根据旅游资源的类型和特点，分别建立了连环湖国际水禽狩猎场、寿山旅游度假村、石人沟旅游度假村、松林公园等一批景点，形成了集自然风光、民族风情、人文历史于一体的独具特色的旅游观光度假区。百灵鸟歌唱着美好的生活，萨日朗给您醉人的甘甜，杜尔伯特31万公顷天然草原以田园牧歌式的情调，伴你重返大自然。

蒙古包（赵曦摄）

趣味小知识

**蒙古族的饮食**

蒙古民族饮食讲究,品种多样。传统饮食以奶食、肉食为主,粮食为辅。现在牧民饮食中蔬菜和水果所占的比例已经大幅增加。牧区中奶食、肉食和粮食差不多,三分天下;半农半牧区以粮为主,肉乳为辅;农业区中肉乳所占的比例相对要少得多。蒙古族传统饮食离不开肉和奶。肉以牛、羊肉为主,喜将新鲜带骨肉一起煮熟后用手拿着吃,俗称"手把肉",或将新鲜肉切成条,风干后慢慢食用。在长期的游牧生活中,蒙古族创造了一套制作和保存奶食品的方法。鲜牛奶经发酵、蒸、煮、晒等工序后,可制成黄油、奶油、奶酒、奶干、奶皮等。这些食品既有营养又有不同的味道。蒙古人还爱吃携带方便、耐饿的炒米,奶茶是他们终日离不了的饮料。

## 二、同江街津口赫哲族风情游

提起赫哲族,大家就会不约而同地想到同江。同江市,是赫哲族的发祥地和主要聚居地。在党的富民政策指引下,生活在这里的赫哲人已经告别了穿鱼皮衣、住地窝棚的时代。如今,在这里保留下来的,是赫哲族古老的民俗民风和民族文化。

从贯穿祖国南北的大动脉同三公路的零起点——三江口,沿江而下45公里处,就到了有着小江南美誉的同江市街津口赫哲族乡。该乡三面环山,一面临水,林木茂盛、鲜花绽放;在黑龙江上渔歌唱晚、在街津山里鸟鸣阵阵,看到的到处是青山绿水的美景,感受到的是古朴神秘的赫哲风情。

走进街津口赫哲族乡,给人印象最深的就是鱼,家家户户的

赫哲族舞蹈（王成摄）

住房东侧都有一个鱼篓子，赫哲人称之为“塌古通”。这里面放的是鱼坯子，腌的是鱼子、鱼块，还有一缸缸用锅炒干的独特的鱼制食品。渔村里家家户户屋前房后的木板围墙上，挂满了一块块闪光的绞丝网。这里是鱼的世界，鱼不仅仅是用来吃的菜肴，更成为与赫哲人生活息息相关的特殊“朋友”。赫哲人过去穿的是鱼皮、吃的是鱼肉、住的是鱼皮围成的撮罗（窝棚），直到现在人们仍旧爱吃“生鱼”，并用它来招待客人。

街津口赫哲族乡处在北温带。这里冬季寒冷而漫长，在冬季人们穿上暖和的鱼皮或各种兽皮做成的衣服，来到冰上凿窟窿、下铃铛网，进行冬钓。这平常的生活场景往往是画家、摄影家们眼中最美的景象。

街津口赫哲族乡的南侧，有一处国家 AAA 级旅游景点——赫哲族民族文化村。进入该村，首先映入眼帘的是楹联：“青山环抱藏万古之瑰宝　地比江南独显渔猎风情”。门前的赫哲族青年男女穿着民族盛装跳起欢迎舞蹈，走进木建筑的赫哲族展览馆内，看到的是陈列着赫哲族鱼皮服装和丰富的渔猎资源，院内有一座棕红色的《山魂》雕塑。这座雕塑作品也是赫哲族发展史的一个形象说明。它再现了赫哲族的狩猎文化，领略到赫哲人勤劳勇敢的精神面貌。猎熊、神偶群、狗拉爬犁、鳇鱼雕塑等一系列具有赫哲风情的旅游景点都展现了赫哲人许久以来的质朴民风和极具特色的民族风情。文化村将自然环境与民族文化融为一体，成功复活了赫哲族历史。

赫哲族人民还有着属于自己的传统节日——“乌日贡”大会。这是集赫哲民间文化、体育项目为一体的赫哲族人民的节日盛会。“乌日贡”，赫哲语是“喜庆吉日”之意。在遥远的年代里，赫哲族先民为祈求出猎吉祥、狩猎丰收，一般在每年的“三月三”、“九月九”举行隆重的萨满鹿神舞，赫哲语叫“温吉尼”，用这种原始宗教仪式为山民消灾祈福。

夜幕降临，走进赫哲族的家中，与渔民围拢在熊熊篝火旁，烤塔拉哈，吃杀生鱼，喝上一杯自酿的美酒，听上一首悠扬的口弦琴乐，跳上一曲欢快的民族舞蹈，赫哲人的淳朴民风会陶醉每一位游人，也让每一位游客远离城市的喧嚣，充分体验渔家乐的温馨。

岁月流转、沧海桑田，如今的街津口有 6 个行政村、9 个自然村屯，全乡总人口 3000 多人。其中，赫哲族占全乡人口的 20% 。丰富的旅游资源吸引着国内外游客驻足游览，同时也促进着街津口赫哲族乡的旅游服务日臻完善。目前，在全乡有各类餐饮住宿场所百余家，仅“渔家乐”家庭旅馆就有 50 余家，床位总量达到 2000 多张，保证了旅游高峰期间的游客餐饮住宿需要。

### 趣味小典故

#### 三江口传说

很早的时候，黑龙江里的黑龙和松花江里的黄龙，曾是一对冤家。它们各霸一条江，又都想把自己的地盘儿往对方那边扩展，这就经常引起一些纠葛和争斗。它们一个从西北往东南，一个从西南往东北不断地蚕食，终于在一个叫“拉哈苏苏”的地方，两条龙撕破了脸皮，把相隔的荒原田野一股脑儿地吞进肚里，来了个面对面的针尖对麦芒。

两条龙在水里一见面就吵。开始是你往我这边挤挤，接着是我往你那蹭蹭，双方吵架不断，各自虾兵蟹将的争斗更是家常便饭。一来二去，吵得越来越凶，打得也是越来越厉害。不是今天黄龙堵截黑龙江水，发水淹了北岸的草场、森林，就是明天黑龙绞断松花江水，吞没南岸的田野村庄。最后干脆各自使出看家的本事，打得是昏天黑地，倒海翻江。也不管江南江北，地上还是天上，生灵万物都遭了大殃。一天，到下界巡察的值日星官把这事报告了玉皇大帝。玉皇大帝非常生气，遂下旨让就近的东海龙王前去调停，说如有不从，就地正法。领了旨，东海龙王就由水路来到了两条江汇流的地方。老龙王叫住了打成一团的黑龙和黄龙，先是听了听黑龙和黄龙各自的陈述，随后说："你俩争强斗勇，弄的生灵涂炭，于情于理都极不应当！这样吧，既然你们辖管的两条大江相融合流向东，那么二位都退让三分，和睦相处，共同让你们统辖的万物生灵享受你们的恩泽，也使你们二位世代得到他们的供奉，这岂不是一桩美事。"老龙王一席话，黑龙黄龙也觉得有理。可有件事儿还是争执不下，那就是喜爱松花江的黄龙非要把两江合流到东海口这段叫松花江；黑龙则坚持把这段叫做黑龙江。东海龙王听了哈哈大笑。"二位莫争，我看叫什么江都无关紧要。让我说，不叫你松花江，也不叫他黑龙江，既是你们合流入海，就把它叫做混同江，这块儿就叫三江口，你们看如何啊？"玉皇大帝的差官把话都说到这份儿上了，还有啥话可说，黑龙和黄龙互相看了看，又看了一眼捋着胡须的东海老龙王，两双手紧紧地握在了一起。从此，有了三江口这个地名。黑龙江和松花江两江的流水，在混同江里是一半黑一半黄，多少年来都一直相安无事、浩浩荡荡地流向远方。

同江三江口(佳木斯旅游局提供)

趣味小典故

**鳇鱼名字的由来**

乾隆年间,剽悍的赫哲族人捕获了一条古怪的大鱼,当时,谁都没见过这么大的鱼,感到非常惊奇。按照当时的惯例,凡是民间珍稀的物品都要送到京城献给皇帝,所以这条“大怪物”就被当地的渔民从黑龙江,经历了千辛万苦,在没有现代交通工具的情况下,送到了京城。当时的文武百官谁也叫不出这条大鱼的名字,谁也没见过它,只能根据检验的结果,认为这鱼肉不仅无毒,而且是上等的美味,于是御膳房赶紧做一盘美味的大鱼肉,请乾隆皇帝品尝,乾隆皇帝品尝一口,顿时龙颜大悦,并赋诗一首。旁有大臣称赞并请皇上给大鱼赐名。这时乾隆想了想说,这条大鱼是目前发现的淡水鱼中最大的鱼,可称作鱼王,从今儿起,把它作为皇家贡品,每年要进贡,为皇家作贡品的大鱼王就叫鳇鱼吧。这就是鳇鱼名字的来历,从那时起这个故事一直流传至今。

## 三、大兴安岭十八站鄂伦春自治乡风情游

“高高的兴安岭,一片大森林,大森林里住着勇敢的鄂伦春,一呀一匹烈马、一呀一杆枪,獐狍野鹿满山遍野,打也打不尽……”这首人们耳熟能详的歌曲,形象地描绘出了鄂伦春人的狩猎生活。

有句鄂伦春谚语叫:“男人不怕山高,女人不怕活细。”走进塔河县十八站鄂伦春民族乡,自然会领略到鄂伦春人的勇敢和细腻。

“鄂伦春”的意思,是“住在山岭上的人”和“使用驯鹿的人”,鄂伦春人自古以来就生活在大兴安岭的深山密林之中。新中国成立前他们以狩猎、捕鱼和自然采摘为主。1950 年后,开始陆续下山定居,从事农耕生活。

鄂伦春人(王成摄)

如今,在我国境内的鄂伦春族仅有 8000 多人,大兴安岭现在分布着 3000 多人。正因为人少,所以鄂伦春族更显得有些神秘,而鄂伦春族的起源,至今还是个谜。

十八站鄂伦春民族乡,是生活在大兴安岭的鄂伦春族,于 1953 年 9 月下山定居时,由政府出资建设的居所。民族乡定居时有 546 口人,一些老人至今还保留着鄂伦春族古老的生活习俗。

图腾,是鄂伦春人的求神宝物。他们信奉多神萨满教。进入民族乡的民族展厅,山神“白那查”非常引人注目,据说他是鄂伦春人最敬畏的神之一。萨满教崇拜大自然,相信万物有灵,日、月、风、雷、山、水都成了他们崇拜的对象。传说,从前有个叫基才其的鄂伦春猎户,因为祖父、岳母和妻子被恶魔害死了,他放声大哭,没想到哭声惊动了到天池沐浴的白衣仙姑。仙姑用天池的仙水把他的亲人全都救活了……这个故事诠释了鄂伦春人崇尚自

然，向往幸福和光明的心愿。

过去，鄂伦春人主要居住在大兴安岭海拔500～1500米之间的高寒山区。莽莽兴安岭，栖息着鹿、狍、野猪、熊等野生动物，纵横交错的河流，生长着各种鱼类，为鄂伦春人提供了丰富的衣食资源。狩猎、捕鱼主要是鄂伦春男人的事情，他们用铁叉叉细鳞鱼、哲罗鱼、大马哈鱼等，捕获的鱼放上野葱、柳蒿芽炖着吃，味道相当鲜美。

狩猎由男人负责，采集则多由妇女承担，同时鄂伦春族的妇女也很擅长制作皮毛制品和桦皮制品。对于在不同季节打猎所得的兽皮，她们按其性能和部位，缝制成适宜在不同季节穿用的服装；她们将蒸煮后的桦皮，制成饭盒、针线盒、桦皮船等用品，再刻上美丽的花纹，这样就完成了一件最能反映狩猎文化特色的手工制品。

在鄂伦春民族乡，游人可以住进“仙人柱”，品尝野味，也可坐上桦皮船，在呼玛河上漂流，或骑马射箭、河边垂钓。傍晚，熊熊的篝火旁，鄂伦春族姑娘们的轻歌曼舞令人击节赞叹。游人可以和鄂伦春族同胞一起狂欢，祈祝美好的未来。

鄂伦春人一杆枪、一匹马、一条猎犬、一副渔叉的游猎生活虽然已经结束，但他们独特的生活方式和传统习俗，仍然让我流连忘返。

## 第四节　地质奇观游

### 讲解重点

五大连池火山地质公园作为黑龙江省的AAAAA级景区，是集火山景观、温泉疗养、休闲旅游为一体的旅游度假休闲景区，也是本篇的讲解重点。

## 一、五大连池火山地貌游

五大连池火山国家地质公园，位于黑龙江省五大连池市，主要地质遗迹类型为火山地质地貌。面积 10.08 万公顷，1980 年，经黑龙江省人民政府批准建立自然保护区；1996 年，晋升为国家级自然保护区，主要保护对象为火山遗迹。2001 年 3 月，黑龙江五大连池地质景观自然公园被国土资源部授予国家地质公园称号。现为我省国家级重点风景名胜区和 AAAAA 级景区。

五大连池火山地貌（高山摄）

五大连池火山是我国著名的年轻火山群之一。其中 2 座火山形成于 1719 ~ 1721 年，距今仅有 200 多年。区内共分布有 14 座因火山喷发而形成的火山锥体和 800 多平方公里的熔岩台地及 5 个串珠状火山堰塞湖——五大连池。在火山喷溢而形成的玄武岩地上，遗留有极其丰富的微地貌景观，造型各异的熔岩流、火山喷气锥、喷气碟，典型的绳状熔岩、翻花状熔岩及各种美学价值极高的象形熔岩、火山弹、浮石、熔岩隧道等，是名副其实的“火山博物馆”。

五大连池保护区火山资源丰富、完整、集中、典型，火山地质现象齐全、地质景观多样、地貌类型奇特，是一座天然的火山博物馆，具有极高的科研价值和保护意义。此外，保护区内蕴藏有丰富的矿泉水，其类型多、成分复杂，可与国外一些名牌矿泉水媲美，并对许多疾病有医疗作用。同时保护区内景观奇特、风景优美，因而也是旅游和疗养的胜地。

老黑山山势高耸、植被葱郁，相对高差达166米，是14座火山中最高的一座。山的东、北两侧有盘山道可达山顶，山顶有漏斗状火山口，直径350米，深达140米。火山口周围有人行步道，俯视火山口底令人望而生畏。山上东北角有火山熔洞，洞内熔岩倒挂，景致千姿百态。

五大连池（郑宇红摄）

火烧山规模较老黑山小，植被很少。烧焦的火山口把整个大山劈为两半，裂缝狰狞、状态怪异，山坡中随处可见大小不一的火山弹。老黑山和火烧山的四周为熔岩台地，总面积达65平方公里。当年喷出的熔岩沿白河向南流去，形成了婉蜒10公里长的石龙。石龙景象举世罕见，远看像大海汹涌的波涛，近视则怪石嶙峋、千态万姿，形态生动奇特，如熊、如虎、如蛇、如绳、如巨蟒。奇特的熔岩暗道、熔岩空洞中，有奇特的熔岩钟，如角锥、如棘刺、如刀刃，或如薄板，贴附在洞穴的四壁，蔚为奇观。

五大连池火山群是我国第一个火山群自然保护区。这里将建成一座面积广阔、山水相映、风光奇异的火山公园和疗养胜地。药泉山、焦得布山、火烧山和尾山附近都有矿泉。目前在药泉山下已兴建了50多所疗养院，每年可接待数千名患者在此疗养。

趣味小典故

**五大连池的传说**

据说很早很早以前，天宫里侍候王母娘娘的五位仙女，经常到天河里沐浴戏水。天长地久，仙女们在天河玩腻了，便带着天河里的圣水偷偷地来到人间，在这14架火山之间点化出5个池子，并常常下来洗浴。5位善良的仙女，在人间看到老百姓受尽疾病的折磨，非常同情，便偷来了王母娘娘的仙药，撒进附近的山泉。于是，泉水便成了可以治疗百病的神泉圣水。北饮泉和南饮泉，传说都是当年仙女撒药的仙泉。

五大连池温泊（苗小苗摄）

## 二、牡丹江火山口国家森林公园

牡丹江火山口国家森林公园，位于黑龙江省宁安市境内，距市中心92公里，东南毗临镜泊湖国家风景名胜区，东靠唐代渤海国遗址。森林蓄积量100万立方米，景区面积8965公顷。其中，水面417公顷，是一个以湖光山色为主的自然风光旅游胜地，是集森林生态环境、森林保健功能、自然景观、人文景观于一体的生态公园。

距今1万年前，火山喷发形成了7个直径大小不等的火山口及岩浆流淌形成的地下熔洞群。在原生裸地上形成的阔叶红松林，是森林演替的顶极群落，俗称“地下森林”，在国内外享有很高的知名度。公园内的小北湖，同镜泊湖一样都是典型的高山偃塞湖。

公园内不仅名胜景点多、自然景观奇特，而且动植物门类齐全，已被国家列为珍稀保护动物的鸟类有15种，占全省总数的70%；兽类10种，占全省总数的27%。已被列为世界濒临保护鸟类红皮书的中华秋沙鸭，全国仅200只，小北湖就占40只。在小北湖生长的荷花，被专家确定为黑龙江红莲，距今已有1.35亿年，被称为“生物界的活化石”。

## 三、双鸭山七星峰国家地质公园

七星峰别名“七星砬子”，由7个突兀的陡峭山峰组成，位于黑龙江省东部，属完达山脉那丹哈达岭西北走向支岭下部，处于集贤县、桦南县和双鸭山市交界处，是三江平原最高峰。

七星峰国家地质公园，距牡佳（牡丹江—佳木斯）线1.5公里，距俄罗斯边贸绥芬河口岸222.77公里，距俄罗斯边贸同江口岸226公里，距黑龙江省会哈尔滨市341公里，全部由水泥高等级公路贯穿。该公园距桦南林业局局址东北59公里，属于桦南林业局施业区。公园面积260公顷。1998年实施天然林保护工程后，已规划为禁伐区。

园内森林茂密，森林覆盖率为83%，有林地面积12.764公顷，水源充足、森林茂密，物种极为丰富，植被类型是以杨、桦、柞、曲柳等为主的乔混交林。林下草本植物种类繁多，是野生动物栖息的最佳环境。开发森林公园是以合理利用公园天然优质针阔叶原始森林等自然旅游资源为核心，以保护生态环境与旅游资源为基础，充分发挥公园区位交通优势、旅游客源市场优势和社会大力发展旅游业的环境政策优势，综合运用旅游学、生态学、风景学、森林学、经济学等理论，统筹研究公园旅游开发建设与环境保护各项内容，将七星峰省级森林公园建设成为集科学考察、缅怀先烈、爱国主义教育、观光、探险、登山、避暑、狩猎、滑雪、娱乐、度假为一体的旅游风景区，同时建设成为具有全省乃至全国影响力的森林生态旅游胜地。

七星峰国家地质公园旅游适游期为180天，从5月漫山达子香（兴安杜鹃）花开伊始，可踏青郊游，洗去冬天的尘封；夏季可纳凉避暑、登山探险，沐浴在大森林中；秋高气爽，硕果累累，可进山采集野菜、野果等，感受丰收的喜悦、欣赏五花山色。5～10月，月月有好景，各季景不同。

## 第五节　田园风光游

### 讲解重点

本篇通过对伏尔加庄园、齐齐哈尔扎龙湿地、大庆杜蒙当奈湿地、肇东二站莲花湖湿地、哈尔滨金河湾湿地植物园和白鱼泡湿地公园等景点导游词的讲解，使游客在景点欣赏中对黑龙江省田园风光的美景能够有更深的印象。

伏尔加庄园（郑宇红摄）

## 一、伏尔加庄园游

伏尔加庄园，位于哈市香坊区成高子镇阿什河畔哈成路16公里处，占地面积60多万平方米，是一个以俄罗斯文化为主题的园林，完完全全充实着异域风情的庄园。

庄园风景秀丽。蜿蜒曲折的阿什河流过庄园，水连水、桥连桥，一派优美的田园风光，环境清幽、鸟语花香，在湖水里，时常可以看到一对对的鸳鸯、一群群的小野鸭在悠然戏水。这里蕴涵着淳朴的自然气息，还是一个天然的大氧吧。让您不出国门却可以领略到俄罗斯风光。

当您置身水边，看着微波起伏，连绵不绝，建筑物倒映水中清晰可见，此时虚无之感油然而生。水，自然之母、生命之源，在伏尔加庄园您能感觉到水和园林、水和建筑的完美结合，或许这时只有静静地坐下，让探求的思维停滞几分钟，看着这如画般的美景，才能领悟到自然和建筑的完美融合。

在庄园里，您可以品尝俄罗斯美味，欣赏俄罗斯人表演的原汁原味的俄罗斯歌舞。这里复建了圣·尼古拉教堂作为建筑艺术馆，复建了“米尼阿久尔餐厅”并建设了20多座经典的俄式建筑，形成了独一无二的建筑群。1899年，沙皇俄国在哈尔滨秦家岗建立了中东铁路局的管理机构，并决定修建一座俄罗斯东正教堂。教堂建设工程由著名工程师雷特维夫主持，著名画家古尔希奇文克则完成了圣母像及教堂内部的大量壁画。教堂内部的圣物、圣像及大钟都是从莫斯科运来的，耗资巨大。圣·尼古拉教堂全部采用木构架井干式构成。教堂内部围成巨大的穹顶空间，外部则运用俄罗斯民间木结构帐篷顶的传统形式。一个洋葱头形穹顶矗立在八角形帐篷顶端，中间与变细加长了的鼓座相联结。“文革”期间，1966年8月23日，红卫兵开始拆除圣·尼古拉教堂，但因教堂结构牢固，红卫兵不得不动用各种工具及消防车、卷扬机，直到8月24日早晨才将教堂彻底拆毁，教堂内的文物也多被毁坏或散失。2006年7月,圣·尼古拉教堂复建工程在哈尔滨市香坊区阿什河畔开工,尼古拉艺术馆以圣·尼古拉教堂为原形,按1∶1的比例完全还原。复建后的教堂作为尼古拉艺术馆,成为伏尔加庄园的标志性建筑。

## 二、齐齐哈尔扎龙湿地游

扎龙自然保护区,位于齐齐哈尔市中心城区东南方向35公里处,乘车从市区出发大约需要50分钟即可到达。

保护区是我国最大的以鹤类等大型水禽为主体的珍稀鸟类和湿地生态类型国家级自然保护区,是观赏国家一级保护鸟类——丹顶鹤的最佳地。登上观鹤楼可一览40余种珍稀鸟类的自由生息,乘着小舟可以划进水草深处,欣赏清润的湿地风光。

齐齐哈尔扎龙湿地(王成摄)

扎龙国家级自然保护区是亚洲第一、世界第四的芦苇湿地,总面积21万公顷,被列入"世界重要湿地名录",是国家AAAA级旅游景区。保护区河流漫溢、苇草丛生,湖泡星罗棋布,是水禽等鸟类栖息繁衍的天然乐园,鸟类多达260余种。其中,水禽120多种,尤以鹤类著称。世界上现有鹤类15种,我国有野生鹤9种,扎龙有野生鹤6种,再加上人工驯养的鹤8种,在扎龙就可见到14种鹤。全世界丹顶鹤不足2000只,扎龙就有400多只,是驰名中外的"鹤乡"。丹顶鹤是保护区的标志鸟。游客可以欣赏到百鹤齐飞的壮观场面,是写鹤、画鹤、唱鹤、摄鹤、研究鹤的最佳场所。湿地观鹤已成为著名的旅游品牌。

## 三、大庆杜蒙珰奈湿地游

珰奈湿地，位于大庆市杜尔伯特蒙古族自治县烟筒屯镇境内，由于地势低平，小兴安岭流下来的乌裕尔河和双阳河在这里滞留成湖，演变为大片湿地，总面积达3万多公顷。湿地周围水际生态系统交错替代形成的半湿润半干燥环境，最具代表性的景观是大片草原和芦苇沼泽，在数万公顷浩浩芦苇荡中，苇林如海、水网如织，景象壮美，是黑龙江西部地区极具特色的旅游资源。

杜蒙珰奈湿地（赵曦摄）

## 四、二站莲花湖湿地游

各位游客朋友们，大家好！欢迎大家来到二站莲花湖景区游览观光。莲花湖，原名莲华泡，位于肇源县城东20公里的二站镇莲花泡村。它是松花江改道后留下的一个新月湖，占地120余公顷。据史料记载，在公元19世纪前，莲花于每年七八月份准时在碧波荡漾的湖中盛开，进入19世纪后，莲花开放变得时断时续。据科研部门分析，主要是生态环境遭受破坏的结果。近年来，肇源县委、县政府采取了一系列的抢救措施保护莲花湖，改善湖区生态环境，一度沉寂了33年的莲花湖，于1986年7月，满湖莲花重新怒放，并且连续开了十几年，每年都有近10万名游客来这里观赏北国的“莲花仙子”。

说到莲花仙子，当地人必然想到双榆树。这就是一直被视为

莲花湖(周显东摄)

神树的双榆。它与莲花湖遥遥相对,间隔2公里。这两棵榆树,在路的两旁,一东一西。东者体态魁梧,酷似武夫模样;在西者婀娜多姿,酷似温柔女子,人称一雄一雌。说也奇怪,雄树始终不结子,雌树则年年挂满榆钱。据说,在很早以前,天庭中有镇中、镇南、镇北、镇东、镇西五大天王。其中的镇中天王与莲花仙子相爱。王母娘娘发现后大怒,令人剥下二人的衣服,将他们打下凡尘。于是二人变成了这两株赤身的哑树。两树之间的古道,据说是王母娘娘用头簪在他们之间画下的,目的是让车马行人在其间日夜往来,以防止两人暗中接近。也许真的是这个原因,这两株老榆树千百年来一直孤零零地站在那里,没有繁衍出它们的后代。它们身后的莲花湖,传说是莲花仙子被打下凡尘时,为了遮挡羞辱而随手摘下的莲花散落于湖中,才使湖中莲花盛开。

当然这只是传说而已。但是清康熙帝来此观赏祈祷倒是事实。据清朝《扈从东巡日录》载:“康熙二十一年(1682)三月二十六日,乙亥,冒雨登舟,溯松花江顺流而下。”“风急浪涌,江流有声,断岸颓崖,悉生怪树。”并面对焚香的百姓赋诗一首:“人间悲欢几时有,眼前孤立哑木头。可怜仙子无衣锦,香案虔心把何求?”虽然传说无从考证,但1996年秋,二站镇莲花村许多村民在双榆树下挖出了不少的古币和铜镜,其中有两块铜镜上刻着裸体女像和古榆、白云、玉冕,做工精细,形象逼真,由此推断,古榆下是一位很有地位的显贵之墓。这就更使莲花湖充满了浪漫和传奇的色彩。

## 五、哈尔滨金河湾湿地植物园

金河湾湿地植物园,总面积1.8平方公里,地势起伏、水陆相间、丛林草地交错、江河湖泊相连、自然生态水岸,一岛、两滩、三岗、四园、五池、六洲的岛中岛、水中水是其特有景观,可享受特色野浴、野娱、野游、野餐。景区内设有接待服务设施。“金河湾湿地植物园”、“大套子狩猎岛”、“阳明滩”、“一湖三岛”的开发,是市委实施“北跃”战略和“北国水城”建设的初步成果。

金河湾湿地(王成摄)

金河湾湿地植物园通过清滩造岛、加固滩岸、改良土壤、引水入滩、恢复植被等手段进行开发建设,主体工程已完工。园中种植了杨树、柳树、落叶松、桑树、山丁子和山里红等万余株灌木、乔木,以及莲花、塔头等多种花草。随着原生湿地生态得到恢复,野鸡、野鸭、江鸥、喜鹊等难得一见的野生动物也被吸引而来。工程全部完工后,将形成河谷森林、花果山、树林草地、绿洲、沙滩、湖泊小溪、湿地风光,水生、陆生的奇花异草和四季变化的色彩美景,给人们亲近自然提供戏水、亲水的空间。

哈尔滨市将利用3年时间,对位于松花江哈尔滨段的阳明滩岛、大套子滩岛、荷岛滩岛等江心岛进行综合整治,届时在松花江上将形成包括3岛1湖、金河湾湿地植物园在内的面积近40平方公里的“中央湿地公园”。这将是利用人工手段,在松花江哈尔滨段内恢复的面积最大的河漫滩湿地和生态廊道，在全国沿江城市中也是首屈一指的。随着对衰退湿地生态环境的修复，松花江哈尔滨段滩地的资源功能、环境功能、生态功能都将得到充分的发挥，与此同时，松花江风景区将得到提档升级，形成既有现代气息又有自然原始风貌的秀美景观。

## 六、白鱼泡湿地公园

哈尔滨白鱼泡湿地公园，位于道外区巨源镇白鱼屯北部500米处，距市区25公里，规划面积10万平方米。白鱼泡地势低洼，由周边坡耕地雨水汇集而成。泡内呈现湿地地貌，常年积水，丰水期水深可达3米，水源除夏季雨水汇集外，区域内有自喷式泉眼，冬季不冻。泡内植物资源丰富，有芦苇、荷花、香蒲、水稻等，同时栖息着野鸭和各种鸟类。水中曾盛产白鱼，“白鱼泡”由此而得名。夏季气候清新爽朗、温度适宜，是人们融入自然、认识自然、回归自然、陶冶情操、消除疲劳、愉悦心情的最佳环境和场所。

**白鱼泡湿地公园**（王成摄）

湿地公园为游客开辟了芦苇荡游湖、野生垂钓、观鸟赏花、农家采摘、水上野营、林中住宿等游乐项目，来到白鱼泡，可让游客真正体会到蓝天、碧水、绿苇，鱼鸟同游、与鱼同乐的人间乐趣。

# 第六节　寻根祭祖游

**讲解重点**

2008年央视一套黄金时段的开年大戏——《闯关东》，曾在全国轰动一时。本篇导游词重点讲解的是北魏祭祖之旅、北大荒知青游、闯关东寻根游，让游客对黑龙江的寻根祭祖游有更深印象。

## 一、北魏祭祖之旅

在大兴安岭北部的山区，有一座山叫做嘎仙山。在嘎仙山南侧25米的悬崖上，赫然一个三角形的洞口。这便是著名的“鲜卑石室”——嘎仙洞。这里曾有过古老的辉煌，承载着深邃、厚重的历史文化积淀。

1500多年前，北魏太武帝派遣中书侍郎李敞到拓跋鲜卑祖居地——“鲜卑石室”祭祖，留下了石刻祝文。这个石刻祝文随即被人们认为是“鲜卑石室”的“身份证”。该祝文于1980年被发现，通高70厘米，宽120厘米，共19行，12个整行，每行12～16字不等，余为半行，为抬头别行与题名。汉字魏书，隶意浓重、古朴矫健，全文共201字。每一个到嘎仙洞观光的游客，都能亲眼见到这块千年石刻。

嘎仙洞是我国一级保护文物。洞内宏伟宽阔、石壁光滑、穹顶浑圆、曲径通幽。石洞南北长92米，东西宽27~28米，高20余米的穹顶更是浑然天成，洞内由下而上宛如“长蛇”似地向山顶延伸。洞顶又分出4个小洞，洞洞怪状奇形，洞内吐薄雾、山洞绕白云，烟树云海、气象万千，集雄、奇、险、秀、幽、奥诸景观形象于一身。登上嘎仙洞，顿给人以幽秘的仙境之感。

在政府的开发下，如今这里已经被开辟为嘎仙洞森林公园。一年四季，前来嘎仙洞观光的国内外游人络绎不绝。在众多游人中，有专家、学者、政要，也有诗人、作家、艺术家和各行各业的人。不少作家、诗人、专家和学者在游览了嘎仙洞后都留下了许多精美的诗歌和游记。如，诗歌《嘎仙洞碑》、诗集《嘎仙洞交响曲》等。

嘎仙洞正以它厚重的历史、神秘的面孔、神圣的光芒，吸引着四方游客，展示着中华民族文化的博大精深。

据考证，商末周初，东胡族主部南迁后，一部分余部退居“大鲜卑山”，即现在的大兴安岭北部，自称“托跋氏”。史书中曾将“托跋氏”写成“拓跋氏”。由于“拓跋氏”起源于“大鲜卑山”，因此也被称为“拓跋鲜卑”或“鲜卑拓跋部”。经过不断地发展和迁徙，至公元386年，鲜卑族的拓跋珪称王，建立魏国，史称“北魏”。北魏建国后，经过太祖拓跋珪、太宗拓跋嗣两代人30多年的经营，到世祖太武帝拓跋焘时，国势已经非常强盛，太武帝经过十多年的征战，先后消灭了16国中的夏、北燕等割据势力，到太延五年(439)，北魏消灭北凉，使北方长期的分裂割据局面复归统一，南北朝对峙局面正式形成。北魏统一北方，是中国历史上的一次民族大融合，同时为社会经济的发展创造了较为安定的环境。

不难看出，由鲜卑族建立的北魏王朝，为我国的经济和文化发展作出了很大的贡献。鲜卑族的历史也强烈地吸引着历代政治家、历史学家和考古学家进行不断地探索。他们苦苦寻找被鲜卑族称为“大鲜卑山”的地方，呕心沥血地探寻着《魏书》中记载的“鲜卑石室”。但是鲜卑族好像跟他们开了个玩笑似的，经过几代人的寻找,“大鲜卑山”和“鲜卑石室”依然无从考证。

鲜卑族的发源地——“大鲜卑山”和“鲜卑石室”,成了千古之谜。

“大鲜卑山”到底在哪?“鲜卑石室”到底存在不存在?为了充分挖掘鲜卑族的历史,证实史书的记录准确无误,历代政治学家、历史学家和考古学家进行了不懈的努力。

然而,寻找古迹的线索却非常少,只有《魏书》的“序记”记述了拓跋鲜卑族的发源地:“国有大鲜卑山,因以为号……”另外,《魏书》中还记载了北魏太武帝拓跋焘曾派中书侍郎李敞,到祖先的居住地“鲜卑石室”祭祖并刻下碑文。虽然人们都知道“大鲜卑山”在大兴安岭范围内,但是具体在哪里?仅靠这一点点历史记录远远不够。因此,寻找拓跋鲜卑的祖居地——“鲜卑石室”更是难上加难。

直到 1979 年,考古者米文平听人说“嘎仙洞”的形状很像史书中记载的“鲜卑石室”,就马上赶到嘎仙洞进行实地考察。但是,米文平初探“嘎仙洞”时,并未在洞内发现石刻祝文。米文平随即又对“嘎仙洞”的历史和传说进行了反复论证。一年后的 1980 年 7 月 30 日,就在米文平第四次深入“嘎仙洞”实地考察时,在洞内西侧距离洞口 15 米的花岗岩石壁上,发现了北魏太平真君四年(443)李敞祭祖时的石刻祝文。它隐藏在斑驳的苔藓底下,经过 1500 余个寒暑,终于重现于世。铁一般的事实证明了“嘎仙洞”就是拓跋鲜卑的祖居地“鲜卑石室”。

“鲜卑石室”的发现,引起巨大轰动。1980 年 10 月,新华社报道了这一重大发现,并以 8 种外国语向全世界发布了这一消息。我国权威考古学家和历史学家著文肯定:“这是东北西部地区迄今发现最早的一份石刻。它证实了拓跋鲜卑的起源地——大鲜卑山之所在,也证实了拓跋鲜卑南迁大泽、建都平城的过程,是非常有历史价值的。”

趣味小知识

### 满族的起源

满族的历史源远流长,1972年,中国考古队在毗邻俄罗斯的兴凯湖地区考古发现,在6800多年前的新石器时代,满族的先民肃慎人就生活在这里。他们以渔猎为主,建立了规模较大的渔村,形成了父系群体,创制了石斧、石凿、骨制渔具等劳动工具。考古中还发现了骨雕鹰头“海东青”、马鹿角雕制的图腾“鱼神”、夹砂陶器等文物。

汉代至三国,满族先世肃慎人又称挹娄人。南北朝时,称勿吉人。勿吉,为女真语“窝集”之音转,是“森林”的意思。隋唐时期,满族先世又称靺鞨。至宋辽时期称女真,辽代将女真分为两部,开原(今辽宁开原)以南称“熟女真”,开原以北称“生女真”。公元12世纪初,生女真的完颜部崛起,其首领阿骨打统一女真一些部落后,于1115年称帝,国号大金,定都上京(今黑龙江省阿城)。12世纪中国北方蒙古族兴起,建立了幅员辽阔的元朝,统一了中国。女真人从此置于元朝统治之下。

元亡明兴,女真人分为建州女真、海西女真、野人女真三大部。努尔哈赤的祖先就属建州女真。据《清太祖实录》载:“各部蜂起,皆称王争长,互相残杀,甚至骨肉相残,强凌弱,众暴寡。各部纷争,仇杀无止。”因此,统一女真各部不仅仅是女真社会经济发展的强烈要求,更是女真民族发展的强烈要求。正是在这种形势下,建州女真首领努尔哈赤开始了民族统一大业,并吸收大量汉族和蒙古族,组成了满族共同体,完成了从部落到国家的建设。1616年,官拜明建州左卫督司的爱新觉罗·努尔哈赤起兵统一女真各部落,建立后金政权。1636年,皇太极将国号改为“清”,改“女真”为“满洲”。1644年入关灭明,建立了新领地的清朝。辛亥革命推翻清朝后，改满洲为“满族”。满族及其先民为我国多民族国家的统一和祖国历史的发展作出了卓越贡献。

## 二、北大荒知青游

黑龙江垦区是我国现代农业发展的旗帜，近年来农垦总局党委充分认识了发展旅游产业的重要性，在建好中华大粮仓的同时，大力发展旅游业，确定了做强、做大旅游产业的发展战略。打出了“北大荒知青游”，“北大荒绿色生态游”，“北大荒现代农业观光游”三大独具魅力的金色品牌。他们整合了旅游资源，成立了“北大荒国际旅行社”，并成功举办了“首届北大荒知青旅游文化节”。

北大荒书法长廊（苗小苗摄）

自1966年起到1976年止，有54万城市知青投身北大荒的开发建设。他们分布于黑龙江各市县，给北大荒带来了知识和文明。全国黄土地、红土地、黑土地的知青共有3000万人。他们的影响力超过1亿人，并正值“有情、有闲、有钱、有健”的四有时期，是回访龙江的主力军。开展全国性的知青互访、互游、文化交流活动，是难得的历史机遇。北大荒国旅牢牢地抓住了这一情感资源，在全国范围内掀起知青游的热潮，再现了当年的“轰轰烈烈”，继之而来的是大批知青旅游专列，为龙江旅游业的发展注入了新的人文内涵。

黑龙江省旅游业的发展正在实现由单纯注重旅游市场开发，向更加注重旅游整体形象和品牌转变；由单纯注重常规开发资源，向更加注重挖掘旅游产品的文化内涵转变；由粗放市场开发向市场细分转变;“北大荒知青游”是一个很好的转变,是特定时期、特定文化、特定人群的特定品牌。

“你们常回北大荒吗?”这句话已成为知青见面的问候语,一种时尚,一股潮流,呈现出了蔚为壮观的人文景象。据不完全统计,截至目前,已有数万知青荣归故里。在太阳岛上、中央大街、松花江畔、兴凯湖畔、俄罗斯口岸,各个农场、连队、乡村到处都能见到他们——北大荒知青的身影。“北大荒知青游”,这一旅游的品牌是黑龙江人文旅游的特色。北大荒知青遍布黑龙江省12市,63个县,不论是农垦还是地方,都能纳入龙江旅游发展的大格局之中。龙江打出“北大荒知青游”的品牌,吸引全国黄土地、黑土地、红土地的知青共同参与,将这一品牌做大、做强,必将对黑龙江省旅游业的发展起到很好的推动作用。

## 三、闯关东寻根游

闯关东,是指中国近代史上华北地区农民向东北三省移民的运动。2008年央视一套黄金时段的开年大戏——《闯关东》,是由山东电影电视剧制作中心与大连电视台投资近3000万联合拍摄的。讲述的是从清末到“九·一八”事变爆发前,一户山东人家为生活所迫离乡背井闯关东的故事。以主人公朱开山复杂、坎坷的一生为线索,其中穿插了朱开山三个性格、命运不同的儿子在闯关东路上遇到的种种磨难和考验。

闯关东,作为一种社会习俗而被广泛接受。山海关城东门,界定着关外和中原大地,从清朝到民国数百年间,背井离乡的山东人开始兴起了闯关东。19世纪,黄河下游连年遭灾,清政府却依旧禁关。破产农民不顾禁令,成千上万地冒着被惩罚的危险,“闯”入东北。此为“闯关东”的来历。至1840年东北人口突破300万人,比100年前猛增了七八倍,全国人口达到4亿多。清末,沙俄侵略东北。清于1860年在东北局部驰禁放荒;1897年全部开禁;1910年,东北总人口增至1800万。民国年间(1912—

1949)，“闯关东”洪流澎湃，新中国前夕近4000万人（数据来自《中国人口地理》，张善余）。民国38年间，山东人闯关东数量达到平均每年48万人之多，总数超过1830万，留住的山东人达到792万之多，“可以算得是人类有史以来最大的人口移动之一”、“近代史上空前的大举”。因此，现在东北土著居民的先祖大多是来自山东等省份——黄河下游地区的。

闯关东，清入关实行民族等级与隔离制度，严禁汉人进入满洲“龙兴之地”垦殖——颁布禁关令。顺治曾告诫满洲贵族末路退往关东。满人倾族入关，东北人口剧减，借口“祖宗肇迹兴王之所”保护“参山珠河之利”，长期对东北实行封禁政策。顺治开始，满境分段修千余公里“柳条边”篱笆墙——满洲长城（柳条边墙、柳墙、柳城、条子边），康熙中期竣工。从山海关经开原、新宾至凤城南的柳条边，曰“老边”；自开原东北至今吉林市北，曰“新边”（《辞海》）。故，在民间有“边里人”、“边外人”的说法。

19世纪中叶，虚掩的山海关大门敞开，流民潮涌，汹涌澎湃。人是文化、信息的载体。人的流动实际上就是文化的流动。“闯关东”浪潮叠起，意味着中原文化向关东地区大规模挺进，文化交流也进入了一个新阶段。如果说“闭关”时代的文化交流，表现为中原文化对满洲固有文化的“侵蚀”受到“封禁”的人为干扰，那么，在开放的历史条件下，中原文化迅速在关东地区扩散，“喧宾夺主”了。“对绝大多数的山东移民来说，东三省无非是山东省的扩大”。

山东村、河北村等在关东的“复制”，实际上就是中原文化的平面移植，加上人数占绝对优势，他们有充分理由保持齐鲁文化或燕赵文化，所谓“聚族而居，其语言风俗一如旧贯”即是。他们可以不必改变自己，削足适履，去适应当地的社会风俗、宗教信仰，使用当地的语言文字等，从某种意义上说，这同样是文化上的保守主义。赵中孚在论及“闯关东”的意义时说过这样一段话：“社会意义上，东三省基本上是华北农业社会的扩大，二者之间容有地理距离，但却没有明显的文化差别。华北与东三省之间，无论在语言、宗教信仰、风俗习惯、家族制度、伦理观念、经济行为各方面都大同小异。最主要的是东三省移垦社会成员，没有自别于文化母体的意念。”

趣味小知识

**东北二十怪**

随着时代的变迁，以黑龙江为主的众多东北地区，尤其是东北农村地区，曾经出现过“东北十大怪”、“东北三大怪”等诸多的民俗特点。总结起来，主要有“二十”怪：窗户纸糊在外，草坯房子篱笆寨，用土打墙墙不倒，烟囱安在山墙外，大姑娘叼个旱烟袋，骡马驮子驮大载，小伙跳墙狗不咬，大缸小坛渍白菜，养活孩子吊起来，说话满嘴苣麻菜，媳妇穿错公公鞋，幔帐挂在炕沿外，欻嘎拉哈决胜败，反穿皮袄毛朝外，索勒杆子戳门外，马拉爬犁比车快，两口子睡觉头朝外，狐狸皮帽子头上戴，冬包豆包讲鬼怪，先摆四个压桌菜。

## 第七节 宗教文化游

讲解重点

本篇导游词主要介绍的是黑龙江省的原始宗教——萨满教、东北三省的四大著名佛教寺院之一——极乐寺、犹太教在黑龙江的兴衰、基督教在黑龙江的兴起、哈尔滨道外的清真寺、齐齐哈尔的卜奎清真寺、我国唯一开放的东正教堂——圣母守护教堂、黑龙江最古老的寺院——兴隆寺、黑龙江道教香火最旺的寺院——海云观、东北最大的教堂——圣·索菲亚教堂这些讲解介绍，既有知识性、文化性又不乏趣味性，使其有一定的深度和广度，会让游客对黑龙江的宗教文化、精美的宗教建筑、博大精深和神秘的多宗教城市有更深刻的印象。

## 一、哈尔滨极乐寺

极乐寺坐落在哈尔滨市南岗区东大直街尽头，是老哈尔滨龙脉之所在，建于民国十二年(1923)，占地面积 57 000 平方米。极乐寺是东北三省的四大著名佛教寺院之一，与长春般若寺、沈阳慈恩寺、营口楞严寺齐名。它既是佛教徒参谒朝拜的北方佛教圣地，也是中外游人观赏浏览的名胜所在，已被列为全国重点开放寺庙和省级重点文物保护单位，现在由静波法师住持。

极乐寺(苗小苗摄)

极乐寺是由北方名僧天台宗第四十三代宗传弟子倓虚法师创办的寺庙。整体设计、布局和建筑结构，均保留了我国寺院建筑的风格和特点。寺院坐北面南，临街。极乐寺的牌匾题字出自清末著名实业家张謇，进入山门，首先见到的是钟楼二楼。庙庭内，横向分主院、东跨院、西跨院三部分。主院建筑 1800 余平方米，分四重大殿：一为天王殿，正中供弥勒佛，东西有四大天王；二为大雄宝殿，是全寺最大的殿，供释迦牟尼；三为三圣殿；四为藏经楼。天王殿前方左右为钟鼓楼。院内两侧尚有配殿。该寺为黑龙江最大的近代佛教寺院建筑。东院内建有著名的七级浮屠塔。每年农历四月初八、十八、二十八的庆佛日，极乐寺都要举行盛大的庙会，熙熙攘攘，热闹非凡。今天，北方名刹极乐寺在发展对外交往活动中分外引人注目。

关于极乐寺大雄宝殿前的一对石狮子，据说是唐代流传下来的，清末被置于北京一家亲王府内，日积月累修炼成精，经常在夜间跑出来到油坊偷吃，一次被油坊伙计发现，用枪打伤了雄狮子的背部，至今仍有痕迹，为了镇住这对成精的石狮子，亲王府决定把他们捐到"佛门"，看守大门，又怕把他们放到门口再跑出去偷油，所以把他们放在大雄宝殿前面。

## 二、哈尔滨是个多宗教的城市

徜徉在哈尔滨市的大街小巷中，可以看到佛教、道教、伊斯兰教风格不同的各种教堂和庙宇，有东正教拜占庭式建筑风格的圣·索菲亚大教堂，有红砖绿顶的天主教堂，简约朴实的基督教堂，也有阿拉伯建筑风格的清真寺，还有典型中国传统建筑特色的佛教圣地——极乐寺和儒学殿堂文庙。

所有这些，共同组成了哈尔滨市独特的宗教景观。在哈尔滨的历史上，大约经历过三次大的移民与文化交融大潮：清代时期，遣成大批中原移民；俄国及欧洲国家人民的大量迁移，带来了西方欧洲文化；山东等地的移民迁到哈尔滨，又带来了中国传统的孔孟文化。

哈尔滨真正成为一个城市的历史并不久远。自金代以来，人们在这里的活动日渐频繁。清朝中叶以后，逐渐形成了一个依山傍水的村落。19 世纪末期《中俄密约》签订后，沙俄取得了在中国东北修筑铁路的特权，公元 1898 年，哈尔滨成为修筑中东铁路的中心。铁路的修筑改变了哈尔滨的命运。公元 1905 年 12 月，哈尔滨成为商埠，日、美、英、法、德等国商人纷纷到哈经商牟利，使哈尔滨逐渐成为国际性城市。与中国许多城市发展轨迹不同，哈尔滨是一座从来没有建过城墙的城市，它对所有移民都是敞开怀抱，持欢迎的态度。各地方、各民族的人民，还有俄国人、乌克兰人、犹太人等侨民纷纷来到这里定居，使哈尔滨成为一个典型的移民城市。据记载，1916 年哈尔滨人口是 9 万多，其中外国侨民就占 4 万多人。当时的哈尔滨人，除一部分是满族后裔外，还有修筑中东铁路的民工及逃荒来自山东和河北等关内的移民。他们长途迁徙来到这块富饶的黑土地，与大量涌入的外国移民共同杂居。外国移民来到哈尔滨后，在带来先进的生产技术和欧洲文明的同时，也把他们各自国家的生活习俗、人生观念及宗教传到了哈尔滨。

哈尔滨民族的多样性，既造就了文化上的多样性，也形成了多种多样的宗教信仰。哈尔滨市的历史上，不仅有佛教、伊斯兰教、基督教三大世界性宗教的传播，也有中国的民族宗教道教、犹太人的民族宗教犹太教等宗教的流传，还遗存着古老的萨满教的习俗。

### 三、原始宗教——萨满教

萨满教，是我国古代北方民族普遍信仰的一种原始宗教，产生于原始母系氏族社会的繁荣时期。古代北方民族或部落，如，肃慎、勿吉、靺鞨、女真、匈奴、契丹等；近代北方民族，如满族、蒙古、赫哲、鄂温克、哈萨克等，也都信奉萨满教或保留一些萨满教的某些遗俗。萨满教原始信仰行为的传布区域相当广阔，囊括了北亚、中北欧及北美的广袤地区。

满族在漫长的历史时期内信仰和继承着与通古斯人的古老多神信仰一致的萨满教。“萨满”一词，最早出现在南宋历史文献《三朝北盟会编》中。它是女真语，意指巫师一类的人。

满族萨满被称为神与人之间的联系人。他可以将人的祈求、愿望转达给神，也可以将神的意旨传达给人。他们有跑火池和上刀梯等特殊本领。人们相信他们具有神灵附体的能力，也就能够医治百病、驱邪祈福和预测占卜，所以在社会上很受尊敬。萨满企图以各种精神方式掌握超级生命形态的秘密和能力，获取这些秘密和神灵奇力是萨满的一种生命实践内容。萨满跳神的服饰、用具虽大致相同，但依部族不同也有所区别。萨满神帽上的装饰有鸟类、兽类、鱼类，穿彩色神衣，用手鼓、腰铃、神刀及其他乐器。萨满不但要表演各种动作，还会唱满语的萨满祝辞。这就更使萨满具有了神秘色彩。

萨满教徒（康丽摄）

满族萨满平时与族内普通人一样。他们的服务是不取报酬的，也没有超越他人的权限。他们可以结婚生子。萨满死后，所用的神器、佩饰、服装等随葬。新萨满要经过挑选、培训（满语学乌云），最后才能确定。

在萨满举行宗教活动的仪式上，所用的法器很多，如，神案、腰铃、铜镜、抓鼓、鼓鞭等。在法器上都刻绘有各种神的图案，尤其是在神案上和抓鼓上，古时候都刻绘有色彩丰富的神灵面具。这些满族面具，无论是艺术价值、学术价值、民俗价值、文化价值都是弥足珍贵的。由于满族萨满面具是宗教用品，一般只由萨满传世珍藏，外人很难见到。

萨满教是满族长期以来形成的文化现象，在其中保留了许多满族特有的民族文化。萨满教信仰在解放以后随着科学文化的普及，人们越来越相信科学，很快淡化下来。萨满教作为一种民族文化的特殊载体，在今天已成为学者们研究的对象。

趣味小知识

**萨满教为什么会消亡**

萨满教文化发轫并繁荣于母系氏族社会，是一种以氏族为本位的原始自然宗教文化形态。到原始社会后期，其观念日趋成熟、仪式日臻完备。作为北方远古人类氏族社会萌发的原始宗教，萨满教建立在一种平等互助，协助氏族认知世界，共同认识自然、改造自然的基础之上。它是不同民族、氏族部落无须传经布道而共同产生的思想意识，由于对外在事物的不同观点、不同诠释，造成了对其崇拜事物的不同阐释、不同教义。而这种不同，又是不可能在广袤而荒僻的北方得以统一的，同时，萨满教没有固定庙宇的祭祀形式。基于这些原因，使萨满教自产生之日起就存在着诸多影响其发展的不利因素，预示着其必将被时代淘汰的命运。

随着新型产业的兴起和发展，世界上一些民族进入以农业为主或者出现城镇的封建社会后，由于经济基础的变化，在平等互助基础上建立起来的萨满教已经不能适应需要，佛教、伊斯兰教的传入加速了萨满教的消亡。

新中国成立后，随着科学文化水平的不断提高，萨满教的一些祭祀形式和医病方式被看做巫术和迷信，并受到制止。

当然，萨满教作为一种人文现象和民俗，仍然值得我们研究和保护。

## 四、犹太教在黑龙江的兴衰

在哈尔滨城市奠基之初，这座城市的历史还与犹太人有着密切联系。由于中东铁路的兴建，许多犹太人逐渐从俄国和东欧来到中国东北。俄国十月革命及希特勒在欧洲的排犹运动，也使大批犹太人来到哈尔滨避难。1922 年，犹太人移民哈尔滨达到鼎盛时期，约有 1 万余人。据 1926 年统计，哈犹太工商企业 489 所，在外国人企业总资本中，商业占 31.6%、工业占 46.5%。直到“二战”结束后，哈尔滨犹太人才陆续离开。

犹太教堂（王成摄）

对于犹太人来说，犹太教不仅是他们的宗教信仰，也是他们生活的精神支柱。犹太教将散居于世界各地的犹太人紧密联系在一起，成为犹太民族内在的强大凝聚力。一般情况下，某地只要有 10 个犹太人，就要组成一个小规模的犹太教家庭祈祷所——密依。随着来哈尔滨犹太人的不断增多，到 1903 年，哈尔滨犹太教祈祷所在沙曼街成立，不久又产生了第一届哈尔滨犹太教公会，并开始筹资修建犹太总会堂（中心教堂容纳 500 人）。该会堂于 1907 年正式建成验收，属犹太建筑风格，建筑精美。后来又陆续修建了犹太教新教堂等诸多宗教建筑。

原居哈尔滨的犹太人及其子女们，虽然后来侨居于世界各地，但都与哈尔滨有着千丝万缕的感情。近年来，许多犹太人或他们的后代纷纷来到哈尔滨“寻根”和扫墓。2006 年，接任沙龙任以色列总理的奥尔默特的祖父母去世后就葬在哈尔滨。2004 年 6 月 25 日，时任以色列副总理的奥尔默特曾来哈扫墓。现任以中友好协会会长、哈尔滨犹太人特迪·考夫曼说：“现在，我们分散到世界各地，但在我们的心中，依然时时涌动着关于哈尔滨的回忆。因为每一个人都把哈尔滨看做是四海漂泊的犹太人的故乡。”

## 五、基督教在黑龙江的兴起

基督教，是以新旧约全书为圣经，信仰人类有原罪，相信耶稣为神子并被钉十字架从而洗清人类原罪、拯救人类的一神论宗教。基督教发源于犹太教，与佛教、伊斯兰教并称世界三大宗教，估计现在全球共有15亿～21亿人信仰基督教，占世界总人口的25%～30%。最早期的基督教只有一个教会，但在基督教的历史进程中却分化为许多派别，主要有天主教（中文也可译为公教、罗马公教）、东正教、新教（中文又常称为基督教）三大派别，以及其他一些影响较小的派别。中文的“基督教”一词，有时被用于专指基督新教，这似乎是中文的特有现象。

南岗大直街教堂（郑宇红摄）

第二次鸦片战争后，清朝被迫同意各国传教士可前往东北地区租买田地建立教堂，自由传教。最早来黑龙江地区活动的传教士，均系英国长老会系统，分属苏格兰和爱尔兰两个教会。1886年，苏格兰长老会派遣医师和牧师一同来双城，通过治病传教，设立福音堂和礼拜堂。这是黑龙江地区最早的基督教堂。

此外，哈尔滨市还有几处比较著名的基督教堂。南岗大直街教堂建于1912年，建筑风格是哥特式，简朴而少雕饰。教堂面积227平方米，可容纳700余人。暗红的楼壁显得色调凝重，翠绿的屋顶与墙壁构成鲜明的色差，从而减少了原有的重抑之感。

哈路利亚教堂坐落在哈尔滨市香坊区，是目前我省规模最大、设备功能最齐全、最现代化的教堂，可容纳3000人的礼拜，为哥特式建筑风格。

## 六、哈尔滨道外清真寺

哈尔滨道外清真寺，原为哈尔滨市清真东寺；始建于清光绪二十三年（1897）。在1933～1935年间又进行了几次复修，尤其是1935年重新扩建后，占地面积达到了12 040平方米。大殿面积为425平方米，是具有阿拉伯风格的建筑，现为哈尔滨市一类保护建筑。大殿两侧建有沐浴室、休息室、讲堂、会议室，办公室等约400平方米。1995年冬亚会在哈尔滨市举办时，为了接待中亚、西亚一些穆斯林国家的运动员和代表，又重新修建了男女沐浴室和女大殿约500平方米，为冬亚会的举办、接待穆斯林国家的大批运动员发挥了作用。

全世界信仰伊斯兰教的人口超10亿，而穆斯林国家就有50多个。哈尔滨市道外区清真寺每年都接待大量来自不同国家的穆斯林。

哈尔滨市作为历史文化名城，为了扩大对外开放，加强和世界各国穆斯林的友好往来，哈尔滨道外清真寺将发挥不可替代的作用。

## 七、齐齐哈尔卜奎清真寺

卜奎清真寺，是省内规模最大、历史最久，具有中华民族特色的伊斯兰教清代建筑，已被列为省级文物保护单位。其坐落在繁华商业区——卜奎大街一条深巷里（“卜奎”为齐齐哈尔旧称，因齐齐哈尔又名卜奎，故名），始建于清康熙二十三年（1684），早于卜奎建城7年，故有“先有清真寺，后有卜奎城”之说。总占地面积6400平方米，建筑面积2000多平方米，是1684年的旧城内保存较为完整的建筑。从初建时的几间草房，经过多次修缮、扩建，形成了目前这座省内规模最大、历史最久，具有中华民族特色的伊斯兰宗教建筑。

卜奎清真寺(满大庆摄)

该寺分为东寺、西寺两部分。东寺创建于公元康熙二十三年(1684)，初始只是几间草房。在此基础上，嘉庆年间重修大殿。咸丰元年(1851)、光绪十九年(1893)，又先后进行了两次维修、重建和扩建才形成现在的规模。西寺建于咸丰二年(1852)，原为4间草房，光绪二十年(1894)翻建。西寺建成后，东、西两寺相连，合称清真寺，共占地6400平方米，建筑面积2000平方米。

卜奎清真寺是一座宫殿式砖木结构的精美建筑。主体建筑由大殿、拜殿、窑殿、拱廊组成。附属建筑有寺门、对厅、讲经堂、教长室、沐浴室、殡葬室等。东寺大殿374平方米，西寺大殿173平方米，两个大殿可容纳450人朝拜。其中东寺大殿(礼拜殿)颇为壮观。大殿前有宽阔的庑廊，飞檐彩椽，椽枋木下数重龙爪菊似的斗拱，配以6奶朱红大柱，使整个大殿显得庄严肃穆。大殿南北山墙各有两个圆形大窗，檐式窗楣突出墙表，两旁砖雕的流苏飘洒逼真。山墙两端是砖雕的饰件，有盛开的莲花、腾起的游龙、典雅的几案、剔透的宫灯……窑殿为出檐的方形塔式建筑。它正面的砖雕匾额上镌刻着柳体的“天房捷境”4个金字。窑殿为通体砖雕，每面有9个圆形砖雕，上面刻着真主的赞名。塔尖铜制1.8米高的镀金宝顶金光闪耀、灿烂夺目。刹座是丰满的仰莲,刹顶是象征伊斯兰教的高约 40 厘米的新月。

卜奎清真寺创建以来历经沧桑,新中国成立前及“文革”期间,几遭磨难,西寺被占做他用,东寺也陈旧不堪。1997 年后,在寺管会的努力及社会各界的支持下,按照党的宗教政策收回了房产;重建了 210 平方米的宽敞、明亮的沐浴室;将闲置的房屋装修成 150 平方米的暖殿;美化了寺内环境等。如今,古老的卜奎清真寺已焕发出新的活力。每值伊斯兰教的“尔代节”,众多的穆斯林同胞云集于此,按照民族宗教习惯欢度自己的传统节日。此外,改革开放以来,卜奎清真寺还接待了美国、西德、瑞士、意大利、新西兰、西班牙、牙买加、澳大利亚、英国、加拿大、日本、瑞典、约旦、埃及等 20 多个国家及港、澳、台地区旅游者数万人。

卜奎清真寺是黑龙江省清真寺中规模最大、保存较完整的寺院之一,对研究宗教历史和建筑艺术具有重要价值,为省级重点文物保护单位。

## 八、我国唯一开放的东正教堂——圣母守护教堂

位于果戈理大街与士课街交界处的阿列克谢耶夫教堂,与圣·索菲亚教堂一样,也是一座东正教教堂,也有东正教堂标志性的“洋葱头”穹顶。但不论是整体建筑规模,还是“洋葱头”穹顶,都比索菲亚教堂小很多,外墙装饰也简洁得多,然,透空的塔楼、暗红色的砖墙,还是让整个建筑显得大气而脱俗。

从建筑学上说,圣·索菲亚教堂和这座阿列克谢耶夫教堂都是“拜占庭式”的东正教堂。其主要特点,除教堂顶部的“洋葱头”之外,还有一个重要特征:若是从上面俯视,整个教堂平面就像个十字架。

令人不解的是,建于 1926 年的这座东正教教堂如今却被改为天主教堂——“圣母无染原罪天主教堂”。大概是因为东正教在中国已经没有教会了吧。

阿列克谢耶夫教堂(郑宇红摄)

接着到东大直街看另外两座教堂。圣母守护教堂,是典型的拜占庭式建筑风格,但却没有“洋葱头”,而是半圆形的穹顶。

东正教圣母守护堂是中国目前唯一开放的东正教堂,位于哈尔滨市南岗区东大直街,1930 年建成,1936 年开始宗教活动。教堂为砖石结构,分两层,由钟楼、大厅组成,大厅分里外两间,里间为圣所,设置宝座、祭台等,外间为祈祷场所。至今这里还存有 1899 年在莫斯科浇铸的重达 2600 公斤的大钟。它是罗马式的建筑,也是希腊东正教教堂的基本样式。由俄国著名建筑师吉达诺夫设计。当时因为这个教堂由在哈尔滨的乌克兰信徒管理,故名乌克兰教堂。1984 年政府重新修缮开放。

圣所处于教堂的最高处,是为一堂之内的至圣宝地。天门两侧,各设一张坡形小桌;迎门居中处是一张方型高桌,上敷紫缎,称之为宝座。上置《福音经》及其他圣物。宝座正中处是七星宝灯照耀圣龛,龛内供圣体。宝座左右两侧,耸立着高大的十字架,正面墙上,绘有巨幅接受天使祝福的主复活像,整个圣所覆盖在窑拱式的天花板之下。天花板原由 36 块陶质反响材料镶嵌而成,故由此发出的声音可折射至全教堂的各个角落。

每逢宗教节日或信徒婚丧嫁娶之日,教徒照例都来教堂举办圣事。信奉东正教的国际友人来哈,都要到此教堂礼拜。

圣母守护教堂旁边就是尼埃拉依教堂。这座教堂不算很大是一座带有北欧风格的哥特式建筑，建于 1914 年，是德国侨民的基督教堂。教堂虽然不大，但建筑极有特色，外立面十分简洁，没有繁缛的装饰和雕塑，红色的墙体上只有寥寥几道白色，那是门拱和窗台，加上几片绿色的小斜坡，让整个建筑呈现出一种强烈的几何感。

## 九、黑龙江最古老的寺院——兴隆寺

兴隆寺，又名南大庙。在牡丹江宁安县渤海镇西南，建于康熙初年，是一组清代寺院建筑，旧址为渤海时期寺庙。渤海政权灭亡之后，寺毁刹灭，但大石佛等犹存，故称石佛寺。今存马殿、关帝殿、天王殿、大雄宝殿、三圣殿等五殿。原有禅堂、配殿、钟鼓二楼，今皆不存。

兴隆寺建筑规模宏伟，清初，在中央大街东侧的一座寺庙遗址上重新建寺，称为“兴隆寺”，俗称“南大庙”。寺庙四周用玄武岩石筑起围墙，庭院中有 300 多年树龄的古榆，树高叶茂。后又新植钻天杨、垂柳等。庭院荫郁苍翠，绿草如茵，缀以砂石小径，显得格外幽雅。

兴隆寺的五殿庙宅，原是金代建立的石佛寺，元明时损坏，清初天聪元年在旧址重新修建。五殿均为木制斗拱结构，朱栏回廊、雕梁画栋。镶嵌在屋檐上的琉璃瓦，在阳光照耀下金碧辉煌。

目前，这里已经成为黑龙江省渤海博物馆。在五重殿内分展着解放以来出土的历史文物及元、明、清数百年间的青花瓷器和 1975 年 4 月出土的“舍利函”。

兴隆寺是一座历史悠久的古老寺院，距今已有 1200 余年的历史。这座寺院始建于唐代渤海国三代王大钦茂（737—793）时期，是上京城内规模最大的一座寺院。占地约 0.7 公顷，其大宏宝殿 3 间，高 3 米余，殿内供奉伽兰祖师、文殊、普肾、观音、四大天王、十八罗汉神像。明正德元年（1506）重修，1945 年平毁。金代和清代都在原址重建，金代名谓“石佛寺”,清代叫“兴隆寺”。

兴隆寺是一座独具特色的寺院。在这里不仅能看到清代古建筑群的全貌,还能幸运地目睹寺内三大国宝:唐代渤海国时期遗存下来的大型石雕艺术品——石佛造像、石灯幢、石龟,还能看到其他具有历史研究价值的珍贵文物。

兴隆寺(王成摄)

兴隆寺外院西边有一排高大的石碑。其中有乾隆皇帝为其老师立的石碑、清朝抗俄将领萨布素为其父亲立的石碑,碑文都是满、汉文字对照,是很有价值的碑刻。最南边的,是1924年立的《创修宁安县志碑记》。它是考察现代地方史的宝贵资料。石碑下面的龟趺,也都是清代的遗存,它们的造型浑圆,与乌龟十分相像,但这座上面没有石碑的龟趺,却是龙首龟身,造型棱角突出,与清代龟趺明显不同。它是渤海时期的石雕,是珍贵的渤海文物。它身上的石碑早已丢失,至今未发现。

## 十、黑龙江道教香火最旺的道观——海云观

黑龙江省内规模最大,历史最悠久的道观,就是海云观。海云观位于阿城市东54公里山河镇境内的松峰山上。

海云观始建于金代,后被毁。元灭金后,松峰山道观一度衰落。清嘉庆二十八年(1823)河北道士王教参带领徒弟云游到松峰山修道并创建海云观,从此海云观东北闻名,香火盛极。具有800余年历史的太虚洞仅距海云观70米。太虚洞是国家级文物

保护单位,在《中国道教大辞典》上早有记载,可见其珍贵价值。现在的海云观,是 1984 年利用原庙基础,按旧制修复的,而且还将继续规划、扩建。海云观坐落于山青水秀、鸟语花香的"龙江第一秀"松峰山上。山因观而幽,观因山而秀,使之成为黑龙江著名的旅游度假胜地。

**海云观**(黑龙江省旅游局提供)

在松峰山中间,有一突起的高峰,直挺挺地矗立着,像是用大块岩石层层叠砌而成的一座几十米高的烟囱,故称"烟囱峰"。烟囱峰是松峰山第一高峰,海拔 627 米,巍峨险峻、四壁陡峭,极难攀登,令游人咂舌叹奇!在松峰山北端,有南北突起的两个小峰,其状似双乳,故称"南乳峰"和"北乳峰",合称"双乳峰"。因此在金代,松峰山就由此得名——"金源双乳峰"。"不绝泉"是龙江一处绝妙之景,在山腰处,水从石缝中冒出来,清清涂涂,经年不息,不绝之意当取于此。泉水清流,饮之甘甜、清凉、爽神。从"不绝泉"往下走约 150 米,有两座并列突起的小山峰,高约三四十米。两峰中间自然断裂一条缝,宽约 2 米余,抬首仰望,天成一线,这就是松峰山又一大奇景"一线天"。两峰以右峰略险陡,在半峰处凿有 30 级台阶助人登顶。石阶有点奥妙,脚踏石阶,能发出清脆的击缸声。此现象可能是石峰内有空洞所致。峰顶有一块几平方米的坦石，平滑光亮。站在坦石上北望，烟囱峰、狮吼峰、北峰尽收眼底。两峰上各长有几棵苍翠的百年古松，挺拔粗壮，四周长满了核桃树。每到金秋时节，来此一趟，可见遍地散落的核桃。此外，山梨、山丁子、山葡萄、松子、橡子、栗子及党参、当归、五味子等各种名贵药材也随处可见。

松峰山文物古迹很多，自然景观秀美，历代龙江名人无不一睹为快。东北抗联老战士，原黑龙江省省长、著名书法家陈雷同志于1988年重游抗日根据地龙江名胜时，感慨万千，挥毫拨墨，书有“松峰胜景”四个雄浑刚劲的大字，后被刻为石碑立于景区门内，既为景观增辉，又蕴涵着爱国主义精神。

海云观经过维修后，于1995年8月12日重新开光，从此，海云观再次走上发展的良性轨道。目前，众道徒刻苦修行，立志为振兴黑龙江的道教文化贡献力量。

## 十一、东北最大的教堂——圣·索菲亚教堂

圣·索菲亚教堂，是远东地区最大的东正教堂，始建于1907年3月，是沙俄东西伯利亚第四步兵师修建的随军教堂。同年，由俄国茶商伊费赤斯嘉科夫出资，在随军教堂基础上重新修建的一座全木结构教堂。4年后，人们又在木墙外部砌一层砖墙，从而形成砖木结构式教堂。1923年9月27日，圣·索菲亚教堂第二次重建，历时9年，于1932年11月25日落成。建成后的圣·索菲亚教堂深受拜占庭式建筑风格影响，富丽堂皇、典雅超俗、宏伟壮观。教堂通高53.25米，建筑面积721平方米，可容纳2000人。1996年11月，经国务院批准，圣·索菲亚教堂被列为第四批全国重点保护文物。1997年，哈尔滨市人民政府对教堂按原设计进行了全面整修，辟建广场7000平方米，光大了这一重点保护建筑的艺术风貌。

该教堂是由俄国建筑师克亚西科夫主持设计。样体为砖石结构，建筑平面呈希腊十字式布置。该教堂基本属于拜占庭风

圣·索菲亚教堂（王成摄）

格，主穹顶、钟楼又有俄罗斯传统的“帐篷顶”、“洋葱头”造型。圣·索菲亚教堂气势恢弘，精美绝伦。教堂的墙体全部采用清水红砖，上冠巨大饱满的“洋葱头”穹顶，统率着四翼大小不同的帐篷顶，形成主从式布局。四个楼层之间有楼梯相连，前后左右有4个门出入。正门顶部为钟楼，7座铜铸的乐钟恰好是7个音符，巍峨壮美的圣·索菲亚教堂，一方面构成了哈尔滨独具异国情调的人文景观和城市风情；另一方面，它又是沙俄入侵东北的历史见证和研究哈尔滨市近代历史的重要珍迹。圣·索菲亚教堂位于哈尔滨市区内，是远东地区最大的东正教堂。

## 第八节 文物古迹游

### 讲解重点

本篇导游词对文庙的清代建筑风格、百年老街——中央大街的沧桑历史和现在的繁荣、依兰五国头城遗址等做重点介绍。通过通俗的语言带领游客赏景、审美，并将丰富的历史、文化、建筑等相关知识融入其中，使全篇导游词富有文化性、知识性和趣味性。

## 一、哈尔滨文庙

哈尔滨文庙，是东北地区最大的一座孔庙，位于哈尔滨市南岗区东大直街，始建于1926年，落成于1929年。现占地2.3万平方米，建筑面积5674平方米，是黑龙江现存最完整的仿古建筑。结构为南北向三进院落，属典型的清代建筑风格。

文庙正门（苗小苗摄）

哈尔滨素以其欧陆风情闻名于世，从城市建筑伊始，便受到较多西方文化的熏染，而这种外来文化的移植是被动的、强加的。城市更多地反映出西方文化的痕迹，中国传统文化的影响却无迹可寻。1922年中国政府收回中东铁路被侵占的中国主权，1926年成立哈尔滨特别市，但哈尔滨实际上分别由奉系军阀、吉林军阀和黑龙江军阀控制。这些军阀都尊崇孔孟之道，痛感城市过于洋化，缺乏民族特色，于是先后兴建了普育中学（今哈尔滨第三中学）、极乐寺和文庙等中国式建筑群，力图为哈尔滨这座充满异国情调的城市增添一丝中国传统文化的气息。

哈尔滨文庙即是在此背景下修建的。它始建于1926年10月。当时张学良将军积极支持文庙的修建，并撰写了碑文，希望借文庙的修建弘扬民族文化,激发人民的爱国热忱。因而文庙的规模、形制浩大,甚至超越了文庙本身的规格等级,可见崇尚孔孟之道的人们对于弘扬国威具有多么高的热情。

文庙位于文庙街25号。这条街即以文庙而得名。占地6公顷余,规模与吉林文庙相仿,同为东北地区规模较大的文庙建筑群。哈尔滨文庙分为三进院落:第一进院落包括东西牌楼、照壁、泮池、棂星门、东西配殿及居于中轴线上的大成门;第二进院落以居中的大成殿为主体建筑,是整个文庙的中心,主轴线两侧为东西配殿及石碑;第三进院落以崇圣祠为主景建筑,辅以配殿。三重院落之间以黄瓦红墙的围墙相隔,各有两个脚门相通。建筑群以黄瓦朱墙围合,最北端另有两个侧门。在现代建筑的包围之下,绿荫丛中蓦地透出一角飞檐,不禁令人欣喜不已。

今天参观的人们可以从东牌楼进入文庙,到达第一进院落。文庙并没有正门,而只有照壁。这里还有一个传说,相传每个地方修建文庙只设照壁而不修正门,只有当地有人中了状元,由状元将壁推倒,方可修建文庙正门。有趣的是,哈尔滨修建文庙已是民国年间,早已废除帝制,再也不可能有什么人中状元了,而文庙的照壁也将永远屹立在那里了。

## 二、黑龙江第一条步行街——中央大街

中央大街,北起江畔的防洪纪念塔广场,南接新阳广场,长1400米,路宽11米,人行道宽2~6米,是哈尔滨最有“洋味”的大街,也是亚洲最长的步行街。那些没有去过莫斯科、巴黎、罗马、希腊的人,尽可在这条街上领略这些城市建筑的特色。

说是洋街,当然要有一段“洋的历史”。1898年哈尔滨开始大规模进行铁路修筑和城市建设,来自关内及邻省的劳工大量涌入哈尔滨。原沿江地段是古河道,尽是荒凉低洼的草甸子,晴天尘土飞扬,雨天泥泞不堪,运送铁路器材的马车在泥泞中开出

中央大街经纬街入口(苗小苗摄)

一条土道,这便是中央大街的雏形。中东铁路工程局将沿江荒地拨给散居哈尔滨的中国人,至 1900 年即形成“中国大街”,意为中国人住的大街。由于埠头区的建立,这里俄人的铺子也多了起来,牌匾多用俄文。他们经营杂货修表等,所以虽称“中国大街”但两侧多为欧式建筑,商业也多为外国人经营,犹如外国城市一般。1924 年 5 月,由俄国工程师科姆特拉肖克设计监工,中国大街铺上了方石,顿时显得华贵起来,当时中国大街上的外国商店、药店、饭店、旅店、酒吧、舞厅不计其数。其中,道里秋林分公司、马迭尔旅馆在整个远东地区也是颇有名气的。在这条哈尔滨最时髦的街上,俄国的毛皮、英国的呢绒、法国的香水、德国的药品、日本的棉布、美国的洋油、瑞士的钟表、古巴的砂糖、印度的麻袋及各国干鲜果品均有出售,不亚于一个国际商品博览会。1928 年 7 月,中国

中央大街教育书店(王成摄)

大街正式改称“中央大街”，现在的中央大街，仍保持原光滑的方块花岗石铺砌的路面。街道两侧商业、饮食服务网点近 200 家，形成了门类齐全，服务较为完备的商服中心。特别是近年来，各商家纷纷重新装饰门面，贴金镶银、张灯结彩，把中央大街装扮得更加富丽堂皇，成为哈尔滨最著名、最具特色的商业一条街。1997 年，哈尔滨市政府把中央大街确定为步行街，进一步增加了它的魅力。

## 三、依兰五国头城遗址

南宋建炎三年(1129)七月，北宋两位皇帝徽宗赵佶、钦宗赵桓被金人放逐到五国头城。

五国头城，位于三江重镇依兰县城附近，距松花江南岸百丈之遥(330 余米)。公元 10 世纪，居住在依兰以下松花江和黑龙江沿岸的女真人形成五国部。其中越里吉(今依兰)部的驻地为五国部盟城，称五国头城。

城里有一方圆数顷的土围，围高齐胸，开有栅门。土围中间有一“四合院”，四周建房，中有天井。这便是徽、钦二帝的驻地，亦即后人所说的“坐井观天”之处。院外是一片连在一起的简陋房屋，一半地上、一半地下，堆土为墙，茅草苫顶。如果站在屋外，人比屋高，进入室内，往下走几级梯台，才能直起身来。这是供随从大臣和宗室人员住的。

**“坐井观天”遗址**(黑龙江省旅游局提供)

南宋绍兴五年(1135)四月二十一日，徽宗卒于五国城，年 54

岁。南宋绍兴三十一年(1161)五月十九日钦宗也卒于五国城,年51岁。

徽、钦二帝已经死了八百多年了,他们有可能被后人遗忘,但“坐井观天”这个成语却家喻户晓,妇孺皆知。

## 第九节　岛屿园林游

**讲解重点**

“明媚的夏日里,天空多么晴朗……”20世纪80年代,随着郑绪岚一曲《太阳岛上》,让众多海内外宾朋纷至沓来,使太阳岛以其美丽而独特的自然景观和良好的生态环境而声名远扬,成为人们心驰神往的著名风景区。一个岛屿就是一处景点,本篇导游词对黑龙江的岛屿和园林予以重点讲解,以使游客记忆犹深。

### 一、太阳岛

太阳岛风景名胜区,位于哈尔滨市松北区,是国内唯一一个位于城市中心的江漫滩湿地草原型沿江生态区。太阳岛幅员辽阔,总面积88平方公里,规划面积38平方公里,保护区面积50平方公里。它以郊野风光、欧陆风情、冰雪艺术、北方民俗为特色,年接待游人300万人次,先后获得联合国友好理事会授予的“生态示范岛屿”、国家旅游局授予的“国家AAAAA级旅游景区”、国家建设部授予的“中国人居环境范例奖”等殊荣,是哈尔滨首张城市名片。

太阳岛太阳石（于毅摄）

关于太阳岛名字的起源，有以下说法：太阳岛是从满语鳊花鱼的音译演变而来，满语对鳊花鱼有三种叫法：一说普通鳊花，称“海花”；二说黑鳊花，称“法卢”；三说圆鳊花，称为“太宜安”，与“太阳”十分相似，即太阳岛的“太阳”是“鳊花鱼”之意。还有一说，岛内坡岗全是洁净的细沙，阳光下格外炽热，故称太阳岛。

太阳岛最美的时节是夏天，每至夏日，岛上白沙碧水、绿野繁花，气候凉爽宜人，是消夏避暑的理想场所。据史料记载，太阳岛作为旅游避暑胜地，是19世纪末随着中东铁路的兴建而被开发利用的，当时曾一度成为欧洲侨民避暑度假的场所。每逢假日，他们携带家眷，在此“野餐、野游、野浴”。这些充满异国情调的生活习俗，一时间作为一种时尚，成为太阳岛特有的一种文化现象。这就是太阳岛“三野”风情的由来。

趣味小数字

### 东北方言中的数字趣闻

东北方言的拟态词，很多带有数字，如，形容喝醉酒、脑子不清醒，叫“五迷三道”；

形容气急败坏,叫"气得五拉嚎疯";
形容办事不稳重,叫"毛愣三光";
形容专业不精或职务不高不低,叫"二八棍子";
形容听话不认真,叫"听三不听四";
形容爱说谎,叫"一屁仨谎儿";
形容女人绯闻,多叫"扯仨拽俩";
形容一路畅通无阻,叫"一溜胡同";
形容物体内部有凸起,叫"支棱八翘";
形容不明事理,叫"四六不懂";
形容犹犹豫豫,叫"二意思思";
形容语言尖酸,叫"三期嘎呀话";
形容心不在焉,叫"二溜八蛋"。

## 二、黑瞎子岛

黑瞎子岛,又名抚远三角洲,因早年常有狗熊出没而得名,俄语称大乌苏里岛,位于中俄边界抚远县境内的黑龙江与乌苏里江交汇处,面积约327平方公里,是香港的1/3、澳门的12倍、珍宝岛的500倍,是世界上两国界河中最大的岛屿。全岛由黑瞎子岛、银龙岛、明月岛3个岛系的93个岛屿和沙洲组成。全岛平均海拔40米,地势平坦,溪流纵横。2008年10月14日回归我国的171平方公里面积属于原始状态,是个三面环水、自成体系、全封闭的岛屿,扼守着黑龙江、乌苏里江航道的咽喉,地理位置十分重要;也是江里生海里长的大马哈鱼从鞑靼海峡洄游故乡的必经之路。现在,我国有关部门正在这里进行勘测和设计工作,不远的将来,游客朋友们再来抚远,一定要到黑瞎子岛上参观一番。

黑瞎子岛旅游开发规划已列入国家振兴东北老工业基地之沿边开放带建设规划中,拟建设以"中俄两国成功和平解决边界"纪念碑广场为主体的"和平·友谊"主题公园,为世界树立"永久典范”。岛上一条垂直的国界线，形成了“一岛两国”的政治地理景观。

黑瞎子岛（王梅林摄）

## 三、明月岛

明月岛，原名泗水岛、万善寺，位于齐齐哈尔市西北，距市区2公里，现为国家AAAA级风景名胜区。明月岛是嫩江上的一座秀丽小岛。它被江水四面环抱，南北长3.3公里，东西宽2.9公里，总面积7.66平方公里。岛上绿树成荫、花草丛生、碧水金沙、古木参天，自然景色十分优美，宛如倒映在嫩江中的一轮明月。

早在20世纪初，岛上就有了人烟。人们在岛上从事打鱼、垦荒、放牧，并建造了一座龙王庙，成立了万善会。由于嫩江洪水频繁，老百姓处于水深火热之中。1925年，当时黑龙江省督军兼省政府主席、军阀万福麟假借抚恤百姓之苦，“敬奉江神”，下令在岛上修建庙宇，由安达火磨老板王善人组织，借万善会名义筹集捐款。由吉林人吕玄彩召集能工巧匠并主持兴建了一组四座对称、呈菱形布局的古典建筑群，有玉皇阁、向阳阁、三清阁、三星阁等建筑，统称忠灵古院或万善寺。

明月岛风景区成立于1981年，是一处生态与休闲、淳朴与时尚、现代文明与历史文化交汇融合的旅游景区。

明月岛(黑龙江省旅游局提供)

## 四、晨星岛

晨星岛,是佳木斯市城北松花江中的沙丘岛,由大小10个岛屿组成,东西长6公里、南北长3公里,总面积11.25平方公里,是松花江流域最大的江心全岛。

晨星岛树木丛生,长有白杨、松树、榆树、山丁子、山里红、山树、小叶樟和柳树等,尤以柳树为多,故俗称“柳树岛”。岛上栖息着山鸡、水鸭等飞禽20多种,还有野兔等小动物。每年6~8月,全岛绿荫覆盖、花儿飘香、鸟儿啁啾、幽雅静谧,具有质朴、粗犷的原野风光特色。冬季,这里可滑冰、滑雪,赏江上捕鱼,还可观赏琼枝玉叶般的树挂。

晨星岛(佳木斯旅游局提供)

## 五、珍宝岛

珍宝岛之所以神秘，是因为珍宝岛自卫反击战结束后，中苏两国由政治对抗演变成军事对抗，双方在数千公里的边境线上陈兵数百万，长期对峙达 10 多年。而珍宝岛作为中苏关系的晴雨表，每有重大国际、国内事件发生，这里都呈一触即发的态势。因此，珍宝岛作为军事禁区和敏感区，一直笼罩在铁幕中。直到苏联解体、两国成为战略伙伴关系后，经军方同意，才准许部分游人登岛观览。

珍宝岛的地势南高北低，丰水期整个岛屿浸泡在水中，即使是正常水位情况下，也只有岛东南角的一小块地可供居住。由此，我们可以想象得出，在长达 30 多年的守岛生活中，边防战士们有多么辛苦。

**珍宝岛**（黑龙江省旅游局提供）

一批批守岛战士身在宝岛，心系祖国，他们克服了重重困难，在岛上修建了“北京路”、“金水桥”、“南京路”、“上海路”，以表达自己视死保卫珍宝岛的决心。

大家请看，这个石块砌的半地下低矮平房是守岛战士们的第一代营房；这个炮楼式的二层水泥建筑是第二代营房；这栋二层砖泥结构的楼房，一层是第三代营房，楼上是改建后的第四代营房，现为“珍宝岛战役纪念馆”；这栋漂亮的三层楼房是 2002 年修建的第五代营房，这里面设施完备，大大改善了守岛战士的生活条件。我们可以从不同年代建造的营房,看出我们伟大祖国日益强盛的发展历程。

如今,当年那场战争的硝烟早已散尽,只有那棵经历战争洗礼而枝叶依然茂盛的"英雄树",还顽强地生长在战斗英雄杨林牺牲的地方,树身上炮弹炸裂的疤痕至今仍依稀可见。

游客朋友们,如今,珍宝岛的很多秘密已经公开,但是能够登上珍宝岛参观游览,亲身体验当年的硝烟,相信此行一定会给您留下终生难忘的印象。

## 六、哈尔滨兆麟公园

哈尔滨市兆麟公园,坐落在繁华的市中心地带,与美丽的松花江隔道相望,与商业大厦接壤相邻。哈尔滨兆麟公园是以著名抗日联军将领李兆麟将军命名的园林风景区。一年一度的哈尔滨冰灯游园会在这里举行。

兆麟公园(王成摄)

兆麟公园始建于1906年,历史悠久,占地面积8.4公顷,北起外环路,南至森林街,西邻尚志大街,东靠兆麟小学。

公园经历了四个发展时期,初建命名为"董事会公园";后改为"特别市公园";新中国成立后称为"道里公园"。1946年3月9日,李兆麟将军安葬在此,并经黑龙江省政府命名为"兆麟公园"。由于哈尔滨市独特的气候条件,使得兆麟公园形成了冬夏完全不同的两种自然风光。夏季,这里景色宜人,绿树成荫、芳草菲菲、白花盛开争奇斗艳、清香扑鼻、沁人心脾。别具一格的园中园“北苑”、“映月园”、“小南岛”、“丁香园”各具特色，煞是迷人。那环山银河，轻舟荡漾，亭桥映柳，鸟语花香，令人心旷神怡。那42米高的“高空览车”可一览公园全貌，纵观哈尔滨的风采。“碰碰车”、“美人鱼”、“太空飞车”带给您惊险、刺激。那猴欢鸟鸣、鲤鱼跳跃、孔雀开屏令人其乐无穷。冷饮快餐、美味佳肴、周到的服务、热情的接待，使您度过每一个愉快的节假日。

冬季，这里是冰的世界、灯的海洋。驰名中外的冰灯游园会，就在这里举行。每当夜幕降临，园内冰灯五光十色，集声、光、动于一体，逼真奇特，聚天下美景，拢大地灵秀，观今古奇观，一个神奇莫测的冰雪世界在您眼前展现，令人称奇叫绝。

勤劳、智慧的人们利用得天独厚的冰雪自然优势，利用现代科学技术和冰雪造园相结合，经过独具匠心的雕琢，制造出玲珑剔透、形态万千的冰雪艺术品。阳光下晶莹如玉、月光下万紫千红，是立体的图画、彩色的诗篇、凝固的音乐，令人陶然欲醉、流连忘返。每年慕名而来的上百万中外游客宛若步入仙境，尽情地领略北国冰雪艺术的神奇和瑰丽。

如今的兆麟公园，已成为著名的哈尔滨冰灯游园会举办之地。是目前世界上形成时间最早、规模最大并已成为地方传统项目的大型室外露天冰灯艺术展。1963年以来，兆麟公园已成功举办了24届这样的游园会，累计接待中外游客2546万人次。

在兆麟公园举办的一年一届的冰灯游园会，每年从1月5日开始，一直延续到2月末。在占地6万多平方米的场地上，展出千余个景点。在艺术家和能工巧匠手下，天然冰变成了一件件灵气活现的精美艺术品，变成了冰奇灯巧、玉砌银镶的冰的世界、灯的海洋。冰灯艺术年年有新变化，被人们称为“永不重复的童话”。从1985年开始，在冰灯游园会期间举办的每年一度的哈尔滨冰雪节上，游客不仅可以参加冰灯游园会，观赏各种冰雕艺术，而且还可参加松花江冰上世界的体育活动，坐冰帆、打冰猴、溜冰、观看冬泳比赛和冰上婚礼、参加冰雪节文艺晚会等活动。

经过30多年的发展，冰灯会已成为一种社会文化现象。

## 七、齐齐哈尔龙沙公园

龙沙公园，坐落于齐齐哈尔市区中心，建于1907年，是中国清政府出资营造的第一座公园，也是东北地区最大的综合性公园。该园占地面积64公顷。其中水域面积20公顷。

齐齐哈尔龙沙公园（满大庆摄）

龙沙公园是清政府营造最早的公园，在中国近代园林史上占有重要地位，具有里程碑的作用。相关资料表明，当时黑龙江巡抚程德全提议，由张朝墉设计和监工建造，名为“仓西公园”，面积约2公顷，用官银2万两。当时，在公园东北角建有“象鼻亭”，至今仍保存在原址。1908年周树模巡抚在公园南“凿沟引水、覆篑土为山，加楼其巅”，初名“未雨亭”，后改“望江楼”。1917年更名为“龙沙公园”，沿用至今。

“龙沙”，泛指塞外之地。唐代诗人李白有“将军分虎竹，战士卧龙沙”之句，龙沙公园由此而得名。龙沙公园内设5个游览区：文化游览区，有藏书楼、望江楼、关帝庙、寿公祠、澄江阁等建筑。劳动湖游览区，湖中有岛，岛中有湖。曲桥、拱桥逶迤贯通，亭台楼榭点缀其间。动物展出区，有丹顶鹤、东北虎、非洲狮、金钱豹、棕熊、驼鹿等上百种禽兽。游艺娱乐区，有电动宇宙飞船、升降式飞机和大型综合娱乐厅等。花卉观赏区，有花卉 140 多种。文化游览区的望江楼、寿公祠尤为壮观。望江楼，坐落于园内劳动湖东岸的假山上，是一座古典园林式楼阁。它以精美别致的造型成为龙沙公园的代表建筑，是整个公园的游览中心。登上望江楼，凭栏西望，劳动湖畔垂柳摇曳，湖面碧波荡漾。向东南望，青松、古榆、枝叶繁茂，满园郁郁葱葱。楼下东侧，宽阔平坦的林荫道路直通花池，间落花池和立体坛中的花卉，争芳斗妍、多彩多姿。寿山祠，是 1926 年为纪念民族英雄寿山将军而建，是龙沙公园的园中之园。近年新修建的胜龙山上的天远阁更为壮观，堪称齐齐哈尔最高点。爬上胜龙山，登上天远阁，一览望江楼、关帝庙、寿公祠、澄江阁、藏书楼等古建筑。极目远眺，市内风光尽收眼底，城廓新貌，跑车如蚁、人头攒动，令人赞叹。西望劳动湖，水从嫩江来，湖水碧绿清澈、波光闪闪。湖中有岛，岛中有湖，跨水而建的彩虹式拱桥、幽深的曲桥、飘洒的玉带桥及亭、台、楼、榭点缀其间。每年冬季，龙沙公园举办“龙沙冰景游览会”，增添了一大景观。齐齐哈尔的冰雕作品，在国内外享有盛名，被视为鹤城奇葩，吸引了国外百万游人前来观光。龙沙公园已列入《中国名胜词典》，成为齐市周边闻名的游览胜地和娱乐憩息的上佳之地！

## 八、哈尔滨斯大林公园

斯大林公园，建于 1953 年，原名江畔公园。公园位于市区松花江南岸，东起松花江铁路大桥，西至九站公园，全长 1750 延米，是顺堤傍水建成的带状开放式公园，与驰名中外的太阳岛风景区隔江相望，占地面积 10.5 万平方米。它以仿造俄罗斯古典式建筑风格和遍布全园五颜六色的五色草花坛及分布在绿地之间的天鹅展翅、三少年、起步、跳水、舞剑等 16 组艺术雕塑而名扬海内外。

斯大林公园(王成摄)

沿江堤修筑的东西长1公里,南北宽50米的规则式公园,吸收了欧洲园林风格并加以完善提高,具有和北方人一样质朴、粗犷的特色,在全国众多的公园中独树一帜、别具风采。园内的花坛、雕像、草坪、座椅、圆灯、栏杆和俄罗斯古典玩具式的建筑,新颖别致,构成了童话般的美妙世界。

20世纪50年代以前,这里是铁路专用线和航运码头。1953年建成由草坪、花坛、树木、雕塑、俄罗斯古典玩具式建筑、罗马回廊、座椅、园灯、护栏及哈尔滨市人民防洪纪念塔等组成的顺堤傍水、别具一格的带状开放式江畔公园。夏季,园内绿草茵茵,一排排高大的乔木为游人送去片片阴凉,万紫千红的鲜花向游人竞相开放;宽阔清澈的松花江上微风拂拂,小船轻悠荡漾;烈日炎炎的沙滩上,五彩缤纷的帐篷争奇斗艳;江水中,嬉水的人们欢声笑语,热闹异常。冬季,公园银装素裹、冰雪奇丽,观赏树挂,乘冰帆、雪橇,令人心旷神怡。

整个景区以"防洪纪念塔"为中心,因俄罗斯古典式建筑风格而闻名。同时,"防洪纪念塔"也是哈尔滨的象征,是为纪念哈尔滨人民战胜两次特大洪水而建立的。

园内的各种艺术雕塑、俄罗斯古典玩具式建筑,造型新颖别致,还建有体育馆、青年宫、浴场、江上俱乐部等体育文化娱乐场所。隆冬时节,公园银装素裹、玉树琼枝,一派北国风光,是观赏

斯大林公园俄式建筑(苗小苗摄)

树桂,开展冰帆、冰橇、滑冰和冬泳等活动的场所,集观赏、购物、娱乐于一体。在这里,可以观赏色彩鲜明的大地艺术造型作品,可购买特色旅游商品和俄罗斯商品,可施展才华自由创作冰雕、雪塑,可乘坐巨型冰滑梯由堤上直接滑进江上景区。

## 九、哈尔滨北方森林动物园

哈尔滨北方森林动物园,位于黑龙江省哈尔滨市阿城东南部的鸽子洞地区,紧临301国道,距哈尔滨市区43公里,交通便利。处于北纬45°31′,东经126°51′,年均气温3.6℃,年平均降雨量532.3毫米。冬季降雪一般为20天,年均无霜期143天。于2004年9月28日正式对外开放。

哈尔滨北方森林动物园占地848公顷,动物展区面积400多公顷,园区山峦叠嶂、湖水泛舟,现代典雅的动物展馆、赏心悦目的园林景观、设施齐备的服务场所,处处彰显自然景观与人文园林的巧妙衔接。园中共建有猛禽、鸟语林、猴山、灵长类馆、中型猛兽馆、极地动物馆等20多个现代化动物馆舍及狮、虎、鹿、熊、狼、非洲动物5个大型散放区。散放区独特的隔离方式,拉近了人与动物的距离。这里共展出动物300种5万余头/只,有世界极珍稀动物白虎、白狮、北极熊、非洲猎豹等;国家一级保护动物东北虎、亚洲象、白唇鹿、丹顶鹤等;从非洲引进的20种近300头/只羚角类动物形成了壮观的非洲动物散放区。全国一级的动物明

动物园(王成摄)

星,每天在大型动物表演场为游客演出。神秘的野猪林、童话般的儿童动物村,齐全的物种、庞大的种群,尽显动物王国的神奇。

公园区域属低山丘陵区,平均海拔250米,山峰浑圆、谷地平坦、植被丰富、生态环境优良,90%以上是天然次生林,加上人工园林,主要树种有落叶松、樟子松、红松等。该地区有候鸟、留鸟、野兔、狼、鼬、狐等20多种野生鸟兽,地表水和地下水资源丰富,水质良好,而且,常年阳光充足、空气新鲜,无噪声,非常适宜多类动物的生长和繁殖。

园区纵深3.5公里,从正门区开始有大型停车场,狮虎景观性标志雕塑,餐饮综合楼、商服楼、办公楼和电瓶车广场,景观大道两旁是史前动物化石及动物仿真雕塑,沿着园路可依次观赏到大型猛禽区、大型鸟语林、鸟和雉鸡馆、猴山、金丝猴馆、灵长馆、河马馆、大象馆、娱乐中心、维修中心、动物医院、动物繁育基地、图腾柱、水禽湖、犀牛馆、攀岩动物区、天鹅湖、长颈鹿馆、鹿散放区、非洲动物散放区、极地动物馆、东北特色园、白桦林景观、熊猫馆、狮虎馆及散放区、儿童动物村、大型动物表演馆、野猪林、熊山、狼散放区、中型猛兽馆等。

## 十、东北虎林园

东北虎林园,是哈尔滨市独具特色的国家级旅游景区,坐落在松北区,与太阳岛毗邻。景区占地面积144万平方米,拥有各种不同年龄的纯种东北虎800余只，是一个融饲养、繁育、科研、保护、野化训练及观赏为一体的综合性企业，是哈尔滨市独具特色的标志性旅游景点。

东北虎（黑龙江省旅游局提供）

东北虎林园是世界上最大的东北虎饲养和繁育基地、国家东北虎种源繁育基地、国家级陆生野生动物疫源疫病监测站，是融保护、科研、饲养、繁育、旅游为一体的综合性企业，旅游已经成为保护和科研的经济基础，保护和科研更为旅游的发展提供了强有力的资源保障。

东北虎林园是旅游、休闲的理想之地。自1996年对外开放以来，东北虎林园以其自然的野趣和迷人的魅力，吸引了众多的海内外游客慕名而至，每年接待游客数量超过30多万人次；成功地接待了胡锦涛、吴邦国、李长春、王兆国等国家重要领导人和国内外重要来宾数千人次。

虎是长期自然进化、演变的产物，是大自然留给人类的宝贵遗产。虎分为东北虎、华南虎、孟加拉虎、印度虎、苏门达腊虎、爪洼虎、里海虎和巴里虎8个亚种。其中爪洼虎、里海虎和巴里虎已经灭绝。它们在地球上永远地消失了，永远也不可能再恢复和被创造出来。

东北虎作为国际上最著名的濒危物种，在20世纪70年代被列入世界保护物种白皮书。同时，被国际濒危动（植）物种贸易公约（CITES）列为附录I物种。在这期间，我国公布了《中华人民共和国野生动物保护法》,东北虎被列为国家一级保护动物。

东北虎生存的环境还在不断恶化,如果不采取有力措施进行挽救,东北虎便真的会在这个世界上消失了。1986 年在国家林业部的支持下,在黑龙江省的横道河子饲养场建立了“中国横道河子猫科动物饲养繁育中心”。

为了对濒危的东北虎进行更好地保护和更进一步地科学研究,1996 年成立了黑龙江东北虎林园,开发利用东北虎的旅游观赏价值,用“以虎养虎”的方式支持东北虎的保护、科研和野化训练工作。

## 第十节　历史名人游

### 讲解重点

本篇导游词翔实地介绍了渤海国的一代明主大钦茂、大金国的创建者完颜阿骨打、一代枭雄金兀术、饮恨塞外的徽、钦二帝、黑龙江第一任巡抚程德全、打响中国抗日第一枪的马占山、抗日民族英雄杨靖宇、中国著名近代女作家萧红、剿匪英雄杨子荣、中国石油工人的骄傲——铁人王进喜等历史名人,使游客在游览过程中进一步加深对黑龙江历史名人的印象。

## 一、渤海国的一代明主——大钦茂

唐开元二十五年(737)，渤海国第二代王——大武艺去世，渤海政务由大钦茂主持。开元二十六年(738)，唐遣内侍段守简使渤海国，册封大钦茂为渤海郡王、左骁卫大将军、忽汗州都督，正式确认大钦茂继位为渤海国第三代王。渤海国进入全盛时期。

大钦茂即位时，渤海经两代开拓，已经是个地域辽阔、人口众多、族类复杂的地区。当时人心思定，倾慕华风、向往内地。大钦茂顺应时势，一改武力征伐为"文治"，实行大赦。遣使朝唐，请写《汉书》、《三国志》、《晋书》、《十六国春秋》、《唐礼》等汉文化典籍，唐玄宗许之。大钦茂从这些典籍中吸取治国之道，并将其作为管理渤海国和教育民众的思想依据，大钦茂时渤海已使用汉字，中原习俗已深深浸濡到渤海社会的许多方面。儒家思想已在渤海社会占据统治地位。

引入汉文化典籍的同时，大钦茂还实施中原的典章制度，仿效唐制，建立"三省、六部、一台、七寺、一院、一监、一局"的政治机构。以上京龙泉府为中心，设立五京(上京龙泉府、中京显德府、东京龙原府、西京鸭绿府、南京南海府)，建立府、州、县建制。

大钦茂重视经济发展，在政权机构中，设置信部，相当于唐朝的工部，司掌山泽田林、百工营造诸事；设置大农寺，相当于唐朝的司农寺，主管谷物仓储积聚；设置司藏寺，相当于唐朝的太府寺，分管财货保管交易等。渤海普遍使用铁器，提高了社会生产力。生产的发展，促进了商业的繁荣。当时渤海同中原、日本积极开展经济贸易。山东半岛曾一度成为中原与渤海市易的繁华之地。

大钦茂事唐恭谨，恪守臣礼，政局稳定，政绩斐然，受到唐朝的赞赏。天宝元年(742)，加授特进太子詹事、太子宾客。代宗宝应元年(762)，唐下诏以渤海为国，进封大钦茂为渤海国王，加检校太尉。大历元年(766)，又拜大钦茂为司空兼太尉，位列三公。

大钦茂卒于793年，在位57年。这半个多世纪是渤海国发展史上的一个重要时期。渤海国作为唐朝的“国中之国”、“国中之州”，除同唐及五代后梁、后唐中央政权、中原地区保持良好关系外，还积极发展同日本的经济、文化交流。

## 二、大金国的创建者——完颜阿骨打

在我国古代的东北地区，生活着一个以渔猎、畜牧为生的民族——女真族。辽代，女真为辽朝统治。辽代中后期，以完颜部为代表的女真族逐渐崛起，势力日益强大。后在其首领完颜阿骨打的领导下，奋起反抗并推翻辽王朝的残酷统治，建立了大金政权。

完颜阿骨打（苗小苗摄）

金太祖，完颜阿骨打（1068—1123），又名完颜旻，金国的创建者。

他从小酷爱骑射，力大过人，且为人豁达大度，颇具组织和领导才能，23岁时已开始披挂上阵，指挥大军，显示出了卓越的政治和军事才华。辽天庆三年（1113），接替兄长乌雅束为部落联盟长，开始“力农积谷，练兵牧马”，扩充军队，增强女真的军事实力。翌年，被辽授予节度使，逐步统一邻近部落，势力渐盛，同时，建城堡、修器械，准备用兵于辽。

辽天庆四年（1114）九月，阿骨打率部揭竿而起，开始反辽民族战争。由于这场战争是对辽民族奴役与压迫的反抗，所以得到了各族人民的拥护及宋朝的支持。为加强军事力量，规定以300户为一谋克，10谋克为一猛安，使部落联盟组织更加军事化，多次以少胜多、以弱胜强，大败辽军。不到一年时间，就占领了辽王朝在东北黑吉辽地区的许多重要城镇和据点。天庆五年（1115）正月初一，阿骨打在会宁（今黑龙江阿城）称帝，国号大金。

阿骨打为何取国号为“金”呢？相传，阿骨打议国号时曾说：“辽以镔铁为号，取其坚也，镔铁虽坚亦有坏时，唯金长久不坏。”

阿骨打即位后，内修制度、外整军队，积极准备灭亡辽国。同年九月，攻占黄龙府城（今吉林农安）。十二月，以2万兵大败辽70万军于护步答冈。次年攻下辽西地区。金天辅四年（1120），攻陷辽上京临潢府（今内蒙古巴林左旗南）。金天辅六年（1122），取辽中京（今内蒙古宁城西）。同年底，攻陷燕京（今北京）。金天辅七年（1123）八月，在北返金上京会宁府（今黑龙江省阿城市）途中病死，年五十六岁。金太宗即位后，尊他为武元皇帝，庙号太祖。

阿骨打一生驰骋于疆场，完成了建国与灭辽两件大事，为女真的统一与发展建立了不朽的功勋。在金政权建立后，他还对女真以氏族血缘关系为基础的部落联盟组织进行了改革，清除了同姓通婚等落后习俗。在对辽征战的同时，重视发展生产。还命令完颜希尹“仿汉人楷字，因契丹字制度，合本国语”，创制了女真文字，使女真人结束了刻木记事的落后状态。对女真政治、经济、文化的发展起到了极大的促进作用。

## 三、一代枭雄——金兀术

一部《岳飞传》不仅使爱国名将岳飞的名字家喻户晓，也使他的死对头金兀术妇孺皆知。金兀术何许人也？金兀术是民间习称，意指“金国的兀术”，或“金人兀术”。其实他并不姓金。金兀术乃是金朝开国皇帝完颜阿骨打的第四子，正式姓名为完颜宗弼，史籍中他以此名传世。金朝立国，干了两件大事，一是灭契丹；二是灭北宋。

完颜宗弼（？—1148），金朝名将，开国功臣。本名斡啜，又作兀术、斡出、晃斡出。女真族曾先后臣服于高丽、渤海、契丹，终于公元12世纪初叶建立了自己的强大王朝，先后战胜辽、宋两个大国，入主中原100余年。灭掉别的国家，扩张自己的版图，建立疆域辽阔的王朝，为本民族开拓尽可能大的生存空间，这就是一般所说的民族英雄之所为。汉击匈奴，唐征突厥，都是如此。从女真人的立场看，完颜氏父子是他们的民族英雄。没有完颜阿骨打，女真人不可能摆脱异族附庸的地位，取代辽朝成为北方强国。没有完颜兀术，金朝不可能以压倒的优势横扫宋军，将汉人政权逐出中原。

完颜宗弼为人豪荡、胆略过人，猿臂善射、善于用兵，也是一位极为难得的军事统帅与重要宰执。战场上，他身先士卒、用兵神速，连连大破宋朝名将宗泽、韩世忠，平定中原，追击宋朝皇帝赵构，迫使宋朝上表称臣，确立了金朝不可撼动的大国地位。在朝中开国元老或死或叛、政局不稳之时，他独撑危局，使王朝顺利渡过难关。金朝的第五位君王、以“小尧舜”美名著称于史的金世宗对他赞誉有加，称“危难之中，扭转乾坤者，乃宗弼一人也！”

## 四、饮恨塞外的——徽、钦二帝

徽宗赵佶、钦宗赵桓都是宋朝皇帝。他们是如何成为囚徒，饮恨塞外，客死他乡的，这需要从头说起。

公元960年，一代雄主——宋太祖赵匡胤建立了大宋朝。公元1100年，第七代皇帝哲宗赵煦去世，当时国无太子，由其十一弟赵佶继承皇位，这就是宋徽宗。

宋徽宗政治上昏庸无道，对内任用蔡京、童贯等一批奸佞之徒，经济上横征暴敛，生活上荒淫腐败，闹得天怒人怨，农民起义此起彼伏，历史上最著名的有江南方腊起义，山东宋江梁山泊起义；对外软弱无能，当金兵大举南下之际，由于军事上毫无准备，致使金兵长驱直入，渡过黄河，直逼京师。大敌当前，平日骄奢淫逸的宋徽宗惊慌失措，一筹莫展，一心只想离京逃难。赵佶匆忙传位于皇太子赵桓,即宋钦宗。自为太上皇,仓皇逃往亳州避难。

宋钦宗即位后,仍然是一个无所作为的腐败昏君,在敌军压境,徽宗出走,军民惶恐的危机时刻,听信投降派的主张,丧权辱国,赔款、割地、求和。金兵退后,大臣屡屡劝谏:金人亡宋之心不死,早晚必将南征,应早做防卫准备。宋钦宗认为金人得了实惠便不会再来,亲迎太上皇宋徽宗回朝,重新过起依红偎翠、花天酒地的宫廷荒淫生活,并将主战派逐一罢黜。还为自己定下"靖康"年号,自以为天下太平了。

靖康元年(1126)八月,金兵再次南下,十二月兵围首都汴梁。宋钦宗虽递上投降书,表示愿割黄河以北领土,但仍不能满足金人的欲望,终于在靖康二年(1127)正月初十,徽、钦二帝及太后、皇后、太子、公主、妃嫔及诸王眷属3000余人一同被俘,北宋至此灭亡。同年四月初,金兵押解徽、钦二帝及相关被俘人员北上。几经辗转,南宋建炎三年(1129),徽、钦二帝被放逐到黑龙江依兰县城郊的五国城。

徽、钦二帝被囚五国城后,徽宗于南宋绍兴五年(1135)四月二十一日去世,年54岁。钦宗于南宋绍兴三十一年(1161)五月十九日去世,年51岁,分别结束了他们奇耻大辱的一生。

抗金名将岳飞在他脍炙人口的《满江红》中所写"靖康耻,犹未雪",指的就是这段历史故事。现今,在黑龙江省依兰县城边,距松花江南岸2公里之遥,有一慈云寺,幽静的寺院外,立有石碑一通,上书:北宋徽钦二帝于五国城幽禁地址。

## 五、黑龙江第一任巡抚——程德全

程德全(1860—1930),重庆云阳人,字纯如,号雪楼。光绪十年(1884)廪生,自幼随父程大观读书,于光绪十四年(1888)入国子监肄业。光绪二十年(1894)中日甲午战争爆发,应黑龙江将军依克唐阿之召到九连城军营,值寿山亦在营中任步兵统领,因抱负相同,遂与订交。二人相交甚厚。次年,经保奏程德全以知县任职,发派安徽。

光绪二十六年(1900)初,寿山出任黑龙江将军,程德全随其移驻齐齐哈尔,任将军府文案兼银元局总理。同年七月,沙俄入侵我国东北,时任黑龙江将军寿山奋起抗敌,但寡不敌众,最后自杀壮烈殉国。程德全在危难之际与敌巧妙周旋,大胆交涉。尤其令人称道的是,他为保全城内人民生命财产安全,置生死于度外,挺身挡住俄军炮口,使俄官颇为所动,令停止轰击,于危难中拯救了齐齐哈尔。

光绪二十九年(1903)末,慈禧太后在北京召见,擢升其为署理齐齐哈尔副都统,光绪三十一年(1905),任其署理黑龙江将军。清廷对程德全的超级任用,打破了立朝200余年在东北行旗制任旗员的定制。至光绪三十三年(1907),东北改设行省,清廷又任程为黑龙江巡抚。

程德全在秉政期间,黑龙江地区残败不堪、百废待兴。他根据客观形势的发展变化,在承继以前行之有效举措的同时,不断地革新政治、发展经济、兴办教育,以务实果敢的精神,励精图治,维护全省的稳定并促进其发展,为人称道。宣统元年(1909)调任江苏巡抚。

宣统三年(1911)武昌起义爆发,程德全电请清政府立宪,后与立宪派在苏州宣布独立。程德全被推为江苏军政府都督,后任江苏都督。南京临时革命政府成立后,孙中山任临时大总统,程德全任内务总长。南京临时政府结束后,袁世凯复令其任江苏都督。在民国初年的政治激流中,斡旋于袁世凯与革命党人之间。至民国二年(1913)称病退出政界,寓居上海、苏州。晚年皈依佛门,闭门诵经。民国十五年(1926)受戒于常州天宁寺,法名寂照。民国十九年(1930)病逝于上海,享年70岁。

## 六、打响中国抗日第一枪的——马占山

马占山,清光绪十一年(1885)十一月卅日生于今吉林省公主

岭市一个农民家庭。贫苦农民,行伍出身。早年,参加了清政府组建的地方武装民团。民国成立时,投奔吴俊升,成为奉军中的一员战将,从连长、营长、骑兵团长、旅长、师长升到军长。“九一八”事变爆发后,辽吉沦陷,日军开始夺取黑龙江。在危难时刻,张学良于1931年10月10日电请南京国民政府任命马占山为黑龙江省代主席兼军事总指挥。马占山就任后,发表宣言,决心抗战,并加强了嫩江桥的防务。

1931年11月4日,在黑龙江省嫩江桥面,东北军爱国将领马占山率领中国军队,向发动进攻的日本侵略者奋起反击,打响了武装抗日斗争的第一枪,揭开了中国武装抗日的序幕。

11月4日凌晨,日军在飞机、大炮和装甲车掩护下,出动4000多人,向嫩江桥发起进攻。中国军队在嫩江桥及其附近的大兴地区,与日军展开了一场场殊死拼杀。马占山将军一面调兵遣将,一面亲临前线指挥。这次战斗,日军共损失兵力1000余人,是“九一八”事变以来首次受到的重挫。中国军队也付出了沉重代价,伤亡600余人。下午3:00,敌军集中兵力,密集进攻。我军严守军令,等候敌军到百米处,奋起反击。趁混乱之际,我军全线冲入敌军展开白刃战。敌人飞机、大炮均无计可施,敌军溃败后撤,又遭到在江岸芦苇荡内埋伏的我军堵截,迫使敌军有的陷入泥沼、有的跳入江中。敌人增派的援兵也在桥上被我骑兵冲断,一股回撤,一股被迫逃往我左翼阵地,被我军歼灭,遗留400多具尸体。从11月4日~6日,日伪军对江桥进行了大规模强攻,江桥守军浴血抵抗,打退了敌人多次进攻。由于连日作战,伤亡较重,我军乘夜撤退至三间房坚守。这时,日军提出要马占山下野、撤退齐齐哈尔驻军等无理要求,同时调兵遣将,准备新的进攻。马占山对于日军的无理要求置之不理。于是,日军于12日又开始了新的进攻。至18日,终因连日苦战、兵力不足,我军被迫放弃三间房阵地,向齐齐哈尔退却,19日,在杨家屯全歼追敌多门联队400余人,马占山率部有计划地退守克山、拜泉、海伦。

江桥抗击日军的消息在全国传开以后，国内外爱国人士和全国各地学生纷纷通电、汇款支持马占山。一时间，江桥战役和马占山的名字在全国叫响。社会各界通过不同方式向黑龙江抗日前线将士发出慰问电。当时，上海有一家福昌烟草公司还专门生产出了“马占山将军牌”香烟，并在报纸上刊登广告说“愿人人都学马将军”。马占山将军牌香烟上市之后，上海人争先购买，一时间，出现了马占山将军牌香烟供不应求的局面，一些不吸烟的人也买回几包留作纪念。

江桥抗战是抗击日本侵略军的典范。东北爱国军警纷纷建立抗日武装，在不到半年的时间内，义勇军总数便达到30余万人。江桥抗战点燃了抗日的烽火。

为纪念中国人民抗日战争暨反法西斯战争胜利60周年，2005年8月15日，在齐齐哈尔市建筑了“和平广场”。广场建有大型江桥抗战纪念雕塑，群雕中间策马挥枪的指挥官便是爱国抗战将领马占山将军，群雕上镌刻了马占山将军亲笔题写的“还我河山”四字。

## 七、抗日民族英雄——杨靖宇

杨靖宇，原名马尚德，1905年生于河南省确山县李湾村人。1926年加入中国共产主义青年团，1927年5月加入中国共产党。大革命失败后，中国共产党在“八七”会议上决定发动秋收起义。杨靖宇紧密配合中央红军，发动了刘店秋收起义，成立了确山农民革命军，杨靖宇任总指挥。

1929年春，中共中央调杨靖宇到东北工作。1931年“九一八”事变后，杨靖宇来到哈尔滨任中共哈尔滨市委书记、兼满洲省委军委代理书记。1932年秋被派往南满，组建中国工农红军第三十二军南满游击队，任政治委员，创建了以磐石红石砬子为中心的游击根据地。1933年9月，任东北人民革命军第一军第一独立师师长兼政治委员。1934年4月，联合17支抗日武装成立抗日联合军总指挥部，任总指挥。后任东北抗日联军第一军军长兼政治委员、东北抗日联军第一路军总司令兼政治委员。率部长期转战东南满大地，威震东北，配合了全国的抗日战争。中共六届六中全会曾致电向以杨靖宇为代表的东北抗日武装表示慰问，赞之为“冰天雪地里与敌周旋7年多的不怕困苦艰难奋斗之模范”。

**杨靖宇**（东北烈士馆提供）

1940年，在东南满地区秋冬季反“讨伐”作战中，杨靖宇与魏拯民等指挥部队化整为零、分散游击。自己率警卫旅转战于濛江一带，最后只身与敌周旋5昼夜。2月23日下午，杨靖宇来到濛江县保安村三道崴子山上，不幸被特务发现，大批敌人包围上来。敌人喊叫着让他投降，回答敌人的只是一串串的子弹。日军见活捉不成，便凶猛地向杨靖宇射击。拼杀中，杨靖宇左腕被子弹射中。他忍着剧痛坚持与敌人战斗，但终因寡不敌众，敌人的子弹射中了他的胸膛，杨靖宇壮烈牺牲，年仅35岁。

杨靖宇牺牲后，日本关东军的官兵们无法理解他在深山中多日不进食物还能坚持战斗，残忍地剖开了他的腹部，发现他的胃中没有一粒粮食，只有枯草、树皮和棉花。杨靖宇顽强不屈的精神，在日本朝野上下和侵略军中引起极大的震动。

## 八、中国著名近代女作家——萧红

“没有风格的作家——等于没有命中的箭。”

——(俄)维亚席姆朗斯基

萧红，在中国现代文学史上，虽然算不上是一位“大”作家，但却是一位风格独具的作家。她本名张迺莹，1911 年 6 月 2 日出生于黑龙江省呼兰县的一个地主家庭里。幼年丧母，父亲张廷举是一个冷酷的官僚，只有祖父张维祯给她疼爱和温暖，并成了她的第一位启蒙教师。1920 年，在祖父的支持下，得以进入本县南关小学读书。1925 年，又进入本县第一女子高小读书。这一年，她参加了本校支持“五卅”受难工人的募捐义演，在一出名叫《傲霜枝》的话剧中，饰演一个抗拒包办婚姻的姑娘。

萧红(王成摄)

1927 年，离开故乡呼兰县，进入哈尔滨市东省特别区立第一女子中学读书，在此期间，她对美术和文学发生了浓厚的兴趣。1928 年 11 月，参加了反对日本帝国主义者修建吉敦铁路的示威游行。1930 年，祖父去世，在家中失去了唯一的保护人。父亲在继母的调唆之下，为萧红订下了一门亲事，并与第一女中的校长串通一气，取消了萧红在该校的学籍，被迫返回家中。

1930 年，为了抗拒包办婚姻及家族的迫害，毅然离家出走，先从呼兰县逃到哈尔滨，再从哈尔滨逃至北京，开始了漂泊流浪的生活。1931 年，家中为她包办的那个未婚夫追至北京，在此人的诱骗下，萧红与他同居，并于1932年回到哈尔滨，住在道外正阳十六道街的东兴顺旅馆里。欠下了600多元的食宿费之后，那个人借口回家取钱，从此一去不返，把即将临盆的萧红遗弃在旅馆里。旅馆老板为了挽回经济损失，准备把萧红卖到附近的妓院里去。在如此危急的情况下，萧红得到了萧军、舒群等人的帮助。在松花江发大水的一片混乱中，萧军将萧红接出东兴顺旅馆，送往市立第一医院，生下了一个女孩。由于萧红产后病重，经济困难，萧军遂将女孩送给了他人。萧红逃出这家旅馆后，与萧军同居，先住在道里十一道街一座白俄开设的欧罗巴旅馆里，继而迁至道里尚志街25号大院的一间小房内，开始了贫穷但是相依为命的生活。

1933年，在东北进步作家的带动和影响下，萧红开始从事文学创作活动，陆续在《大同报》的“大同俱乐部”及“夜哨”副刊上发表短篇小说、散文和诗，如，短篇小说《弃儿》，《两个青蛙》、《小黑狗》、《哑人》、《夜风》、《叶子》，散文《腿上的绷带》、《太太与西瓜》，诗《八月天》等。从创作技巧方面看，由于萧红还是一位十分年轻的初学写作者，这些作品在性格的塑造上，在情节的安排上，都流露出了作者在艺术上非常幼稚的地方，但是，从作家着眼的题材上，却可看出她的创作态度是十分严肃的，由于接受的是左翼作家的影响，她一开始创作，就把目光投向了广大被奴役、被剥削的劳动人民。在《王阿嫂的死》里，她写了一对雇农夫妻的遭遇。在《看风筝》里，她又写了一个穷苦老雇工的遭遇。她深深地同情劳动人民遭受的苦难，也兴奋地看到了他们的觉醒和斗争。在《夜风》里，她就写了牧童长青和他的妈妈，被地主逼迫得走投无路，不得不起来参加暴动的故事。这位年仅22岁的初学写作的女作家，在其作品里表现出了她对社会问题的关注和对劳苦大众的同情。1934年10月，萧红将自己的5篇短篇小说（《王阿嫂的死》、《广告副手》、《小黑狗》、《看风筝》、《夜风》），与萧军的6篇短篇小说合编成小说集《跋涉》，在舒群等友人的帮助下，自费由哈尔滨五画印刷社出版。

1934年6月,由于受到日本帝国主义势力的威协,萧红与萧军离开哈尔滨,经大连至青岛,住在观象山下观象一路1号的一座两层小楼房里,与舒群为邻。9月,在这里,写完了长篇小说《生死场》。

大家熟知的《呼兰河传》是作者在阅历了人生之后写的一本童年回忆录。她在这部长篇小说中,不仅以朴实细腻的笔法描绘了自己的童年生活,而且也真实生动地勾勒出故乡人民的生活场景。她用素描的手法,朴素地描绘出东北农村那种富有地方色彩的风俗画。她鞭挞了那些愚昧保守但又自得其乐的农民身上的弱点,歌颂他们之中那些勇敢善良、追求幸福的人们。除此之外,她还毫不留情地描绘了我国农村由于长期受到封建主义思想的统治而造成的种种弊病:盲目地反对革新和大多数人的甘愿当看客,以及喜欢虐待违反传统习惯的人与事,非常轻视做人的基本权利而可笑地敬鬼神。她一方面描绘出这种令人窒息的生活,另一方面又留恋自己记忆中的童年,对儿时的生活流露出一种牧歌式的情调。这是一本具有独特思想风格与艺术风格的作品,是一部散文化的小说,正像茅盾先生在《萧红的小说·呼兰河传》一文里所说的那样:"也许有人会觉得《呼兰河传》不是一本小说。他们也许会这样说:'没有贯串全书的线索,故事和人物都是零零碎碎,都是片段的,不是整个的有机体。'也许又有人觉得《呼兰河传》好像是自传,却又不完全像自传。但是我却觉得正因其不完全像自传,所以更好、更有意义。而且我们不也可以说:要点不在于《呼兰河传》不像是一部严格意义的小说,而在于它于这'不像'之外,还有些别的东西——一些比'像'一部小说更为'诱人'的东西:它是一篇叙事诗,一幅多彩的风土画,一串凄婉的歌谣。"

这部具有独特艺术风格的长篇小说,是萧红作品中最成功的篇章,也是对她思想、创作的一个总结。

1941年12月8日,太平洋战争爆发,日军占领了香港和九龙。重病的萧红,身陷九龙。先后躲避在香港联合道7号周鲸文家、雪厂街恩豪酒店、斯丹利街时代书店宿舍等地方。12月25日,香港总督宣布向日军投降。在一片混乱之中,萧红又先后被送入养和医院、一所法国病院和圣士提凡女校改成的临时医院。不堪颠沛流离之苦的女作家,终于于1942年1月22日,在最后这所临时医院里逝世,时年只有31岁。

萧红,这位自传型、抒情型的女作家,一直沿着反封建的思想道路前进。她用自己那些具有独特风格的优美散文及散文化的小说,丰富了我国现代文坛的花苑,成为中国新文学史上一位有风格的杰出女作家。

萧红故居,位于哈尔滨市呼兰区城文化路29号,距哈尔滨28公里,占地面积7125平方米。1984年,政府投资修复萧红故居并辟为萧红纪念馆;1986年定为省级文物保护单位。这里已成为国内外专家学者和广大文学爱好者旅游的文化胜地。

## 九、剿匪英雄——杨子荣

在新中国成立60周年之际,海林市杨子荣烈士陵园被中宣部命名为“全国爱国主义教育示范基地”。7月12日,省委常委、宣传部长衣俊卿为“全国爱国主义教育示范基地”揭牌。

杨子荣(烈士馆提供)

时光流逝,精神永存。我们踏寻先烈的足迹,重温那段孤胆探敌穴的精彩历史片段。

“天王盖地虎!宝塔镇河妖!么哈?么哈?”“脸红什么?精神焕发!怎么又黄啦?防冷涂的蜡!……”

曾几何时,一部《林海雪原》、一出京剧《智取威虎山》,使特级侦察英雄杨子荣家喻户晓。参军不到两年,却屡建奇功。杨子荣到底是一个什么样的人,其早年的生活经历是怎样的,他牺牲后又有哪些鲜为人知的故事?让我们翻开历史的卷轴,去追溯那段难忘的故事。

1916年,在山东省牟平县宁海镇嵎岬河村一个贫苦的农民家庭里,一名男婴出生了。母亲宋学芝按着家谱的规矩,给他取名杨宗贵。这个男孩就是后来的英雄杨子荣。

杨子荣的父亲是个泥瓦匠,母亲是个刚强的农村妇女。杨子荣4岁那年,他的父母曾带着一家老小去东北安东(今辽宁丹东)谋生。他的父母尽管一天天拼命地干活,也难以维持一家人的温饱。没办法,除父亲和姐姐继续留在安东外,母亲又领着他和其他孩子回到了老家。

1929年,胶东地区军阀混战,民不聊生,杨子荣在母亲的安排下,去安东投靠父亲。父亲开始让他去上学。两年后,杨子荣到姐姐做工的缫丝厂干活,挣钱补贴家用。但是好景不长,杨子荣在学徒期刚满时,被赶出工厂大门。无奈之下,他只好到码头搬木头、扛大包,到鸭绿江边放木排、当船工。1938年底,他在鞍山千山采矿区当矿工。矿区的活儿并不好干,杨子荣不仅随时有生命危险,还要常常忍受日本监工的打骂。

最让他不能忍受的,是看到日本监工毒打自己的工友。一次,他实在是看不下去了,夺过监工的皮鞭,为自己的工友出了气,但他自己也无法在矿山待下去了。在工友的帮助下,杨子荣逃离矿山,回到了老家牟平。这一年,杨子荣26岁。

在外漂泊的日子,杨子荣尝遍了人间的酸甜苦辣,体会了生活的艰难辛劳,同时,也对东北的三教九流、风土人情、行帮黑话都有所了解。这段经历,在他后来参加的剿匪斗争中,发挥了重要作用。

杨子荣回到家乡时,正是家乡抗日战争最艰苦的时候,怀着对日本侵略者的无比仇恨,他毅然参加了村里的民兵组织。

1945 年 9 月，抗战结束。为应对蒋介石发动内战的阴谋，中共中央决定采取“向北发展、向南防御”的战略方针，命令山东立即派主力部队去解放东三省。

为贯彻落实这一战略方针，杨子荣所在的胶东地区开展了声势浩大的参军活动，每个县、乡、村都有参军任务。得知村里组织报名参军的消息后，29 岁的杨宗贵没跟家人商量就报了名，报名栏上填写的是“杨子荣”。

参军后，杨子荣被编在胶东军区海军支队，因为岁数大，只被安排到炊事班当了一名炊事员。尽管杨子荣不愿意整天摆弄锅碗瓢盆，但还是服从了安排。同年 11 月下旬，杨子荣所在的部队开赴东北，一路上，一边行军一边打仗。1946 年 2 月初，部队到达黑龙江省牡丹江地区，驻扎在牡丹江市西边的海林镇。在进军途中，杨子荣积极响应部队的号召，每到一个地方，就利用向老乡筹粮、借锅灶等机会，向群众宣传人民军队的性质，动员青年参军参战。一路上，杨子荣一人就动员了 30 多人参军，被部队评为“扩军模范”。

根据上级指示，杨子荣所在部队的主要任务，就是消灭牡丹江地区形形色色、五花八门的土匪武装，建立人民政权，实行土地改革。部队进驻海林后，立即投入了紧张的剿匪战斗，先后歼灭了势力最强的郑云峰、马喜山、谢文东等部大股土匪。

看着战友们在前线与敌人拼杀，杨子荣急坏了。只要有机会，他就趁着往阵地送饭的机会，也拿起枪与战友们一起参加战斗。在一次战斗中，一班长负了重伤，不能继续参加战斗。一班是连里的尖刀班，没有个好班长可不行。正当连长为班长的人选犯愁时，指导员的一句“你看杨子荣怎么样”，给连长提了醒。就这样，杨子荣当上了一班班长，也遂了自己的心愿。

担任班长的杨子荣如鱼得水，在随后的剿匪战斗中，表现得异常机智勇敢。随着剿匪斗争的节节胜利，剿匪部队不断发展壮大，杨子荣也由侦察班长升任侦察排长。

杨子荣等6名侦察员在林海雪原中辗转数日，终于在蛤蟆塘一带的林子里寻找到了一个窝棚。经过一番“黑话”对答，与“座山雕”的联络副官孟继成建立了联系。2月5日，孟继成等正式通知杨子荣一行人于次日上山入伙。

2月6日下午，孟继成带人来到指定地点，想把杨子荣他们带上山。趁招待两个土匪吃饭之机，杨子荣下了两个土匪的枪，把他们绑了起来。杨子荣顺水推舟地说，委屈他俩给带个路去见见“三爷”。

天黑后，二土匪带着杨子荣及侦察员们夜行10多里，来到了位于大砬子山上“座山雕”住的大马架房外。侦察员们把土匪的嘴塞住并将其绑到树上，随后，杨子荣带着两名侦察员进屋去会“座山雕”。杨子荣端着匣子枪摸到房前，一脚踹开门，两名侦察员也紧跟着冲进来，3支乌黑的枪口对向了屋中的7个土匪。

7人中，一个白头发、黑脸膛、鹰钩鼻、山羊胡子的瘦小老头引起了杨子荣的注意。凭借多年的经验，杨子荣的直觉告诉他，此人就是“座山雕”。思琢之际，此人伸手去摸枪，杨子荣一个箭步冲上去踩住他的手，并把挂在墙上的枪摘下来扔到地上，然后大声斥责“座山雕”太不讲究，折腾了几天也不让他们上山。“座山雕”听出是通过孟继成联络要来入伙的几个人，才松了口气。“座山雕”解释说，风声太紧，他们不得不考验一下。杨子荣说：“你考验，差点把我们给饿死，今天借你条道，去吉林投国军。“座山雕”再三挽留，杨子荣执意不肯，并强行要“座山雕”带人送一程。杨子荣以怕“座山雕”一伙人跑掉为由，把土匪都捆了起来，枪栓也卸了。

天蒙蒙亮时，一群人走到林子稀疏的山边。“座山雕”说：“前面不远就是海林，那里住着共军，我们不能再往前走了。”杨子荣说：“天还没大亮，发现不了。”待走到山下，天已大亮。两辆拉木头的大车停在山口。“座山雕”又忙说：“那是共军的车。”杨子荣说：“借他几匹马，走得更快。”土匪一听不妙，猛地挣脱杨子荣手里的绳子就跑,杨子荣一枪打中了他的左腿。

押车的解放军战士听到枪声,迅速向杨子荣这边靠拢,并大声询问口令,待战士们对上口令后迅速跑过来。"座山雕"听见他们对口令,大吃一惊,结结巴巴地问杨子荣:"你们是……"杨子荣笑道:"不瞒三爷,兄弟是共军侦察员。"

杨子荣活捉"座山雕"的消息,很快传遍了整个海林镇,当地老百姓无不欢欣鼓舞。1949 年 2 月 19 日,《东北日报》刊发了一篇题为《以少胜多创造范例,战斗模范杨子荣等活捉匪首座山雕》的报道,文中写道:"牡丹江分区某团战斗模范杨子荣等六位同志……不辞劳苦,以机智巧妙方法,日夜搜索侦察,当布置周密后,勇敢深入匪巢,一举将蒋记东北第二纵队第二支队司令'座山雕'张乐山以下二十五名土匪全部活捉,创造以少胜多歼灭雕匪的战斗范例。战斗中摧毁敌匪窝棚,并缴获步枪六支,子弹六百四十发,粮食千余斤。"

## 十、中国石油工人的骄傲——铁人王进喜

王进喜(1923—1970),甘肃省玉门关赤金村人,是新中国第一批石油钻探工人,全国著名劳动模范。1938 年,15 岁的王进喜进入玉门石油公司当工人,新中国成立后历任玉门石油管理局钻井队长、大庆油田 1205 钻井队队长、大庆油田钻井指挥部副指挥。1956 年加入中国共产党。他率领 1205 钻井队艰苦创业,打出了大庆第一口油井,并创造了年 10 万米的世界钻井纪录,展现了大庆石油工人的气概,为我国石油事业立下了汗马功劳,成为中国工业战线一面火红的旗帜。王进喜以"宁可少活二十年,拼命也要拿下大油田"的顽强意志和冲天干劲,被誉为油田铁人。1959 年,王进喜在全国"群英会"上被授予全国先进生产者称号。王进喜是中共第九届中央委员,第三届全国人大代表。

1959 年,他作为石油战线的劳动模范到北京参加群英会,看到大街上的公共汽车,车顶上背个大气包。他奇怪地问别人:"背

王进喜(王成摄)

那家伙干啥?”人们告诉他:“因为没有汽油,烧的煤气。”这话像锥子一样刺痛了他。王进喜后来说:“北京汽车上的煤气包,把我压醒了,真真切切地感到国家的压力、民族的压力,呼地一下子都落到了自己肩上。”他曾多次向工友们说:“一个人没有血液,心脏就停止跳动。工业没有石油,天上飞的、地上跑的、海上行的,都要瘫痪。没有石油,国家有压力,我们要自觉地替国家承担这个压力。这是我们石油工人的责任啊!”

1960年春,我国石油战线传来喜讯——发现大庆油田,一场规模空前的石油大会战随即在大庆展开。王进喜从西北的玉门油田率领1205钻井队赶来,加入了这场石油大会战。一到大庆,呈现在王进喜面前的是许多难以想象的困难:没有公路、车辆不足,吃和住都成问题。但王进喜和他的同事下定决心:有天大的困难也要高速度、高水平地拿下大油田。钻机到了,吊车不够用,几十吨的设备怎么从车上卸下来?王进喜说:“咱们一刻也不能等,就是人拉肩扛也要把钻机运到井场。有条件要上,没有条件创造条件也要上。”他们用滚杠加撬杠,靠双手和肩膀,奋战3天3夜,38米高、22吨重的井架迎着寒风矗立荒原。这就是会战史上著名的“人拉肩扛运钻机”。要开钻了,可水管还没有接通。王进喜振臂一呼,带领工人到附近水泡子里破冰取水,硬是用脸盆、水桶,一盆盆、一桶桶地往井场端了50吨水。经过艰苦奋战,仅用5天零4个小时就钻完了大庆油田的第一口生产井。在重重困难面前,王进喜带领全队以“宁可少活二十年,拼命也要拿下大油田"的顽强意志和冲天干劲儿，苦干5天5夜，打出了大庆第一口喷油井。在随后的10个月里，王进喜率领1205钻井队和1202钻井队，在极端困苦的情况下，克服重重困难，双双达到了年10万米的奇迹。在那些日子里，王进喜身患重病也顾不上去医院；几百斤重的钻杆砸伤了他的腿，他拄着双拐继续指挥；一天，突然出现井喷，当时没有压井用的重晶粉，王进喜当即决定用水泥代替。成袋的水泥倒入泥浆池却搅拌不开，王进喜就甩掉拐杖，奋不顾身跳进齐腰深的泥浆池，用身体搅拌，井喷终于被制服，可是王进喜累得站不起来了。房东大娘心疼地说："王队长，你可真是铁人啊！""铁人"的名字就是这样传开的。王铁人为发展祖国的石油事业日夜操劳，终致身心交瘁，积劳成疾，于1970年患胃癌病逝，年仅47岁。

王进喜身上体现出来的"铁人精神"，激励了一代代的石油工人。铁人不仅是工人阶级的先锋战士、共产党人的楷模，更是一个为国家分忧解难、为民族争光争气的顶天立地的民族英雄！

2009年9月10日，在中央宣传部、中央组织部、中央统战部、中央文献研究室、中央党史研究室、民政部、人力资源社会保障部、全国总工会、共青团中央、全国妇联、解放军总政治部等11个部门联合组织的"100位为新中国成立作出突出贡献的英雄模范人物和100位新中国成立以来感动中国人物"评选活动中，王进喜被评为"100位新中国成立以来感动中国人物"。

## 第四章

# 黑龙江著名节庆活动推介词

黑龙江省物产丰富，文化多元，形成了独特的北方饮食文化和丰富多彩的节庆活动。

黑龙江人，大部分为山东移民的后代。山东人带来了齐鲁文化，包括鲁菜；又有土著满族等少数民族饮食文化和外来的俄罗斯饮食文化。三种饮食文化交汇、融合，逐步形成了独具特色的黑龙江饮食文化。

黑龙江的节庆活动，以门类多、样式新和群众参与性强而享誉海内外。黑龙江省是资源大省，吸引游客的不仅是美丽的风景和人文历史，更有独特的可饮、可食，营养丰富的物产美味，还有可以作为礼品或装饰的工艺品。

**海伦剪纸**（黑龙江省旅游局提供）

## 第一节　文化体育活动

### 讲解重点

为进一步扩大黑龙江特色旅游产品的影响力，吸引更多的海内外游客到黑龙江省旅游度假，省旅游局整合节庆资源、丰富节庆特色、提升节庆品位，指导全省各地谋划举办特色旅游节庆活动。节庆期间，通过会议、会展、论坛、赛事等多种多样的活动，创造轰动效应、联动效应，凝聚了人气，使黑龙江省各地旅游人数大幅增长，黑龙江的旅游形象全面提升。

黑龙江省的地方节令性活动很多，由于这里是少数民族聚居的地区之一，不同的民族有不同的习俗、不同的文化、不同的节令性活动。但规模最大、影响最大的节令性活动是黑龙江省滑雪节和哈尔滨市冰雪节。节会庆典满足了人们物质与精神文化追求的双重需要。作为旅游活动中的一道亮丽的风景线，往往是旅游者到一地的旅游动机，是十分生动、深具魅力的人文景观旅游资源。将这些民俗活动和地域性节庆活动与旅游业有机地结合起来，以便为广大旅游者提供更加优良的旅游产品。

### 经典导游词

## 一、黑龙江国际火山旅游节暨五大连池圣水节

黑龙江国际火山旅游节暨五大连池圣水节，是我国北方重要的旅游节庆和民俗文化活动，已被黑龙江省人民政府批准为我省首批非物质文化遗产。该节日承载丰富了传统文化和民族文化，是我省旅游文化的重要组成部分。五大连池的矿泉水在民间应用已有数千年的历史，享有“神泉”、“圣水”的美誉。

**五大连池圣水节**（黑龙江省旅游局提供）

历史上，五大连池地区是北方几个少数民族共同生活的家园。其历史源远流长，各族民众对“神泉”、“圣水”有着特殊的朝拜方式。每年端午节，他们都自发地来到这里朝圣和饮水，并逐渐形成了这个节日。达斡尔族、鄂伦春族、蒙古族民众称其“圣水节”，满族、汉族民众称其为“药泉会”，后被定名为“圣水节”。五大连池风景区自然资源丰富，拥有世界上保存最完整、最典型、最系统的火山地质地貌、最优质的矿泉水资源、最具医疗价值的康疗资源，是我国具有世界级、国家级桂冠最多的风景名胜区，也是我省极少具备四季旅游条件的宝

贵资源。节庆活动突出北方民族融合特色，彰显中华民族传统文化内涵，把神奇的火山风光和源远流长的圣水文化结合在一起，通过富有民族特色的各种旅游节庆活动，营造出一种和谐欢乐的气氛，让海内外各界人士从一个全新的角度认识五大连池。节庆期间，从农历五月初四到初五，举办开幕庆典、大型“火山魂、圣水情”歌舞剧和“神泉水、火山情”文艺演出、广场演出、达斡尔“抹黑”篝火舞会、烟花晚会、抢零点水、钟灵庙会、游园踏青、中俄联欢、民间曲艺、舞龙秧歌、节庆夜市、旅游观光等活动，还要召开新闻发布会、旅游推介会。

## 二、中国哈尔滨国际冰雪节

哈尔滨国际冰雪节，是我国历史上第一个以冰雪活动为主要内容的国际性节日，持续一个月，中国哈尔滨国际冰雪节与日本札幌雪节、加拿大魁北克冬季狂欢节和挪威滑雪节并称世界四大冰雪节。自 1985 年 1 月 5 日创办以来，智慧、勤劳、勇敢的哈尔滨人化严寒为艺术、赋冰雪以生命，将千里冰封、万里雪飘的北国冬天，创造成融文化、体育、旅游、经贸、科技等多领域活动为一体的黄金季节。成为世界著名的冰雪盛会。经地方立法，1 月 5 日已成为哈尔滨人的盛大节日。

节日的开始时间是每年 1 月 5 日，根据天气状况和活动安排，持续时间一个月左右。冰雪节是在哈尔滨市每年冬季传统的冰灯游园会基础上创办的。起初名称为“哈尔滨冰雪节”。2001 年，冰雪节与黑龙江国际滑雪节合并，正式更名为“中国哈尔滨国际冰雪节”。

哈尔滨国际冰雪节被中外人士所瞩目。这是哈尔滨人特有的节日，内容丰富、形式多样。如，在松花江上修建的冰雪迪斯尼乐园、哈尔滨冰雪大世界、斯大林公园展出的大型冰雕和在太阳岛举办的雪雕游园会；在兆麟公园举办的规模盛大的冰灯游园会等皆为冰雪节内容。冰雪节期间将举办冬泳比赛、冰球赛、雪地

中国哈尔滨国际冰雪节(黑龙江省旅游局提供)

足球赛、高山滑雪邀请赛、国际冰雕比赛、冰上速滑赛、冰雪节诗会、冰雪摄影展、图书展、冰雪电影艺术节、冰上婚礼等。冰雪节已成为向国内外展示哈尔滨社会经济发展水平和人民精神面貌的重要窗口。

哈尔滨国际冰雪节是世界上活动时间最长的冰雪节。它只有开幕式——每年的1月5日,没有闭幕式,最初规定是为期一个月,事实上,前一年年底节庆活动便已开始,一直持续到2月底冰雪活动结束为止,期间包含了新年、春节、元宵节、滑雪节四个重要的节庆活动,可谓节中有节,节中套节,喜上加喜,多喜盈门。

每届节日,哈尔滨街道广场张灯结彩,男女老幼喜气洋洋,冰雪艺术、冰雪体育、冰雪饮食、冰雪经贸、冰雪旅游、冰雪会展等各项活动在银白的世界里有声有色地开展起来,中国北方名城霎时变成了硕大无比的冰雪舞台。

一年一度的哈尔滨冰雪节,以"主题经济化、目标国际化、经营商业化、活动群众化"为原则,集冰灯游园会、大型焰火晚会、冰上婚礼、摄影比赛、图书博览会、经济技术协作洽谈会、经协信息发布洽谈会、物资交易大会、专利技术新产品交易会于一体,吸引游客多达百余万人次。不仅是中外游客旅游观光的热点,而且还是国内外客商开展经贸合作、进行友好交往的桥梁和纽带。

## 三、中国大庆湿地旅游文化节

中国大庆湿地旅游文化节，以“亲近湿地、感知大庆”为主题，于每年6月中旬开幕，10月初闭幕。文化节以开发旅游资源、打造大庆旅游城市形象为目的，每年举办一届。大庆是世界著名的石油城市，也有“百湖之城”的美誉。它以石油文化为品牌、以生态湿地为亮点、以雪地温泉为特色，是旅游、观赏、休闲、疗养和开展爱国主义教育的理想之地。

中国大庆湿地旅游文化节（黑龙江省旅游局提供）

湿地文化旅游节已成功举办了四届。此活动由大庆市委、市政府携手黑龙江广播电台（简称“龙广”）奉献。以“情醉大湿地 美丽新大庆”为主题的“第四届中国大庆湿地旅游文化节”期间，“龙广”组织开展了“爱与分享——大庆湿地休闲养生体验之旅”系列活动。“龙广”十佳主持人、“龙广”各频率知名主播带领广大听众从哈尔滨出发，一路领略湿地风光、感知美丽大庆，体验休闲养生和互动娱乐的乐趣。

“爱与分享——大庆湿地休闲养生体验之旅”系列活动，共有“哈尔滨—大庆—林甸”和“哈尔滨—大庆—杜蒙”两条旅游线路，活动分4期开展，“龙广”为广大听众设计了“情侣游”、“敬老游”、“知己游”、“亲子游”别具特色的活动主题。

节庆活动还涵盖了大庆及周边市县的十余个旅游景点。其中，既包括龙凤湿地、珰奈湿地、鹤鸣湖等大庆优质的自然旅游资源，又包括铁人纪念馆、石油科技馆等体现大庆石油精神和文化的人文旅游景点；既有“雪地温泉体验之旅”中被大众熟知的杜蒙连环湖、林甸北国温泉，又有黎明湖酒吧街、九道沟满族风情园、杜尔伯特部落这些传统民族风情与现代时尚文化相融合的特色景区。

## 四、黑龙江方正莲花节

方正县作为黑龙江省重要的旅游县城，拥有良好的生态环境，素有“塞北小江南，龙江鱼米乡”之美誉。同时，方正县也是东北著名的旅日侨乡，是黑龙江省华人华侨和归侨侨眷人数最多的县份。因此，方正莲花节不仅吸引了众多国内游客，许多日本游客也慕名而来，兼顾赏花与返乡的双重意义。

每年6月中旬~8月中旬是方正莲花盛开的季节。方正莲花以其花朵大、颜色鲜、花期长而优于其他境域的莲花，颇受人们的喜爱。目前，方正县拥有莲花湖和方正湖两处赏莲地点。其中，又以莲花湖最负盛名。

**黑龙江方正莲花节**（黑龙江省旅游局提供）

莲花湖是黑龙江省最大的天然莲花湖，也是同纬度面积最大、有花最多的一处天然莲花湖。湖内生有莲花580余万株，有睡莲、白莲、粉莲等十多个品种。莲花湖公园分别有“柳荫藏荷”“紫燕嬉莲”“碧叶红霞”“芙蓉映月”“菡萏接日”等5大各具特色的景区，给游客以强烈的嗅觉与视觉体验。

莲花湖公园正式对外开放的第一天，随处可见游客们轻舟荡漾在莲花荷叶之间，好不惬意。正如古诗所描绘的“接天莲叶无穷碧，映日荷花别样红。”

方正县自1996年举办首届莲花节至今，已有整整15年的赏莲历史。如今，莲花节不但成为这个县的重大节日和商贸集会，更是方正县对外展示和交流的窗口，招商引资的重要平台。

## 五、金源文化节

“金源”一词，源出《金史·地理志》：“上京路，即海古之地，金之旧土。国言金曰按出虎，以按出虎水源于此，故名金源。”金源故地即今阿城，为千古龙腾之地，女真肇兴之源。自1115年，女真族首领完颜阿骨打在此建立金国起，这里先后历经4帝38年，曾出现过很多对中国历史产生深远影响的人物。并为此创造了辉煌灿烂的金源文化。

阿城史称“金源内地”，被中外史学家誉为“全人类宝贵的历史遗存之一”。目前，阿城境内发现文化遗存35处。其中，金朝会宁府遗址和亚沟摩崖石刻为全国重点文物保护单位。阿城金上京历史博物馆现有馆藏文物4000余件，1988年，在阿城小城子村发掘的金朝齐国王墓出土了百余件珍贵文物，被史学界誉为“塞北马王堆”。

阿城区依托北方女真族历史文化载体，于2000年首办“中国阿城金源文化节”，并确定两年一届，举办时间为6月18日。

金源文化节主体活动由三大板块组成：开幕式、金太祖陵祭祀、国际金史研讨会。金源文化节另一主题活动是推介神游“大金第一都”旅游系列活动。文化节期间，还举办女真圣火采集、女

金源文化节(黑龙江省旅游局提供)

真美食节、莫勒真大会(满族运动会)、地方产品展示、经贸洽谈、灿烂金源焰火晚会等活动。

## 六、大兴安岭北极光节

极光和极昼,是大兴安岭地区特有的天文景观。在中国方圆960万平方公里的大地上,漠河位于祖国的最北端,由于纬度高,随着季节的变换,到每年的夏至时,便会产生昼长夜短的极昼。在极昼出现时,晚11:00,天仍然亮,人们可以坐在白夜里看书、写字。当夜幕降临到午夜后的1:00~2:00,天稍黑一会儿又开始放亮。此时,晚霞与朝晖在北方的天宇上交相辉映,白夜之景十分壮观。因此游人多称漠河为"不夜城"。漠河白夜产生在每年夏至前后的9天中,是最佳的旅游季节。每当夏至到来,便有国内外数千人到北极村观看白夜和极光。漠河位于北半球,纬度高,在漠河出现的极光是地球北极发出的光,因此,在漠河所看到的极光称为北极光。北极光的形状很多,在漠河出现时,人们看到的有条状、带状、伞状、扇状、片状、葫芦状、梭状、圆柱状、球状等。北极光的颜色是赤、橙、黄、绿、青、蓝、紫各色相间,色彩分明。由初升到消逝,期间的变幻神奇莫测、五颜六色,缤纷奇丽。关于极光还有各种美丽的传说。北极村是我国唯一可观赏到北极光和极昼现象的地方,据介绍,多年来,大兴安岭地区依托极光、极昼天文奇观,坚持节庆搭台、经贸唱戏,连续举办了19届北极光节,在推介生态旅游、展示生态文化的同时，相继注入了招商洽谈、经贸合作、产品展销等元素，不仅全面打造了“神州北极村、中国龙江源”旅游品牌，而且深化了对外经贸合作。

## 七、哈尔滨之夏音乐会

哈尔滨之夏音乐会，是以音乐为主题的节日。音乐是流动的建筑，来到这座城市，人们都会时时刻刻感受到音乐的存在。

哈尔滨之夏音乐会与上海之春音乐会、羊城音乐花会并称中国三大音乐节。哈尔滨地处中国北方边陲，是一座有着独特文化传统的城市，早期随着大批外国移民的涌入，西方音乐文化也随之进入了哈尔滨。在东西文化相互交融之中，铸就了哈尔滨人喜爱音乐的品性。新中国成立后，延安文艺工作者的到来，更为哈尔滨音乐文化注入了具有生命意义的新鲜血液。

哈尔滨之夏音乐会（黑龙江省旅游局提供）

1958 年 8 月，哈尔滨人首先举办了“哈尔滨之夏”音乐活动月。它为后来的“哈尔滨之夏音乐会”奠定了基础。第一届哈尔滨之夏音乐会于 1961 年 8 月 5 日在哈尔滨青年宫开幕。从此，哈尔滨之夏音乐会乘着歌声的翅膀传遍祖国各地。从 1961～1966 年共举办了 6 届，10 年“文革”期间一度中断，1979 年由东北三省共同主办的第 7 届哈尔滨之夏音乐会再次隆重举行。它点燃了音乐界新长征的火种，对推动全国音乐艺术的发展具有重要意义。

1994 年第 22 届哈尔滨之夏音乐会总结了几十年的经验，对“哈夏”音乐会作出了战略性调整，一是改为每 2 年一届（每届于隔年的 8 月 6 日 ~15 日举行，历时 10 天）；二是把“哈夏”音乐会办成单纯的音乐节；三是突出专业性、提高性和交流性，兼顾群众性和普及性。逐步把哈尔滨之夏音乐会办成全国性的音乐盛会。经哈尔滨市人民政府和文化部共同协商，从 1996 年第 23 届开始，哈尔滨之夏音乐会由国家文化部和哈尔滨市人民政府共同举办，标志着哈尔滨之夏音乐会已由地方性音乐活动变为国家级的音乐节。

自此，全国声乐比赛、新人新作比赛、全国歌剧调演等国家级艺术大赛和全国顶尖的艺术表演，全部纳入“哈夏”音乐会之中。这也使得“哈夏”音乐会获得了“音乐精英的摇蓝”、“高雅音乐精品的盛会”、“弘扬高雅音乐的典范”等美誉。

## 八、七台河之夏艺术节

七台河之夏艺术节，由七台河市政府主办，于每年 7 月 7 日 ~9 月 15 日在七台河市桃山公园和仙洞山举行，是七台河市系列文化活动的重要载体。艺术节持续时间长，节日期间，全市乡村、厂矿和社区都将开展“激情夏日”、“平安和谐社区”、“节庆文化”等系列文艺演出和比赛活

七台河之夏艺术节（黑龙江省旅游局提供）

动。市区在桃山公园东广场、步行街等处设立“七台河之夏”文艺专场的固定演出场所，为活跃群众文化(部门文化、校园文化、企业文化、商业文化、老年文化和军营文化等)提供展示平台。“七台河之夏”坚持为全市经济发展服务，以为广大人民群众献文艺大餐为宗旨，以激发全市人民奋发向上共谋发展激情，为“发展循环经济、建设龙江强市”营造更加浓厚的文化氛围。

## 九、牡丹江·镜泊湖之夏旅游文化节

牡丹江市政府主办的牡丹江·镜泊湖之夏旅游文化节，创办于2007年7月，每年7月中旬举办一次，至8月末结束。牡丹江旅游资源富集、文化底蕴厚重，古代有渤海文化，近代有八女投江、林海雪原等红色经典，目前，已成为黑龙江省第二大旅游中心城市。

**牡丹江·镜泊湖之夏旅游文化节**(黑龙江省旅游局提供)

牡丹江·镜泊湖之夏旅游文化节每届都有不同的主题，但始终坚持打造“沿边开放先导区”和实施“贸旅牵动”战略原则，以构建“大牡丹江旅游”、建设“东北亚跨国旅游中心城市”和塑造“中国最美的寒地度假城市”品牌为着力点，文化搭台、经济唱戏，通过政府与企业、市区与县(市)、行业与行业之间的携手互动，先后举办了花车巡游及盛装行进表演、“同一首歌”广场演出、绥芬河中俄(韩)旅游产品展示会、旅游商贸招商洽谈会、黑木耳节专场文艺演出、环球皇后大赛、旅游形象大使选拔赛及其他各项旅游、文化、商贸、体育活动。使市民和外来游客真正体会到旅游文化名城牡丹江“激情之夏”的魅力。

## 十、哈尔滨民间民俗艺术博览会

哈尔滨民间民俗艺术博览会(简称“哈博会”),创办于1999年,每年举办一届,时间为7月下旬或8月初,成为展示黑土文化底蕴和龙江艺术成果的盛会。

哈尔滨民间民俗艺术博览会(黑龙江省旅游局提供)

近年来哈尔滨民间民俗艺术博览会参展作品在题材样式上进一步丰富,既有萨满、鱼皮、桦皮等展示黑龙江流域民俗文化艺术的作品,也有农民画、民间版画、树皮画等其他各类民间艺术作品。展会期间,主办方将对民间艺术品进行展览和销售,同时举办丰富多彩的文化活动请市民参与,如,马戏、皮影戏、二人转、俄罗斯风情歌舞、中国象棋大师比赛表演、楹联巧对、灯谜竞猜、青春迪场、时装婚纱名模走秀、花轿舞狮和绘画、书法、雕塑、民间艺人现场创作展示等活动,以丰富市民的消夏文化生活。

作为黑龙江省民间、民俗文化艺术的展示和交易平台,“哈博会”以其“会展经济”的形态,成为龙江文化产业建设的重要部分。这道龙江文化领域的亮丽风景线,将会使这些民间、民俗艺术品成为黑龙江对外交流的厚礼、旅游市场的亮点、百姓家庭的珍品和展示地域文化的名片。

## 十一、中国黑龙江国际滑雪节

每到冬季，冰天雪地，黑龙江人一直以冰为友、以雪为伴。为了充分发挥黑龙江滑雪旅游资源优势，发展滑雪旅游产业，树立黑龙江滑雪旅游大省形象，1998年冬季创办了中国黑龙江国际滑雪节。此后，每年举办一期，到目前为止，已成功地举办了13届。通过对滑雪节的回眸，让我们一起感受黑龙江滑雪产业的发展与壮大吧。

中国黑龙江国际滑雪节（王成摄）

首届滑雪节，创办于1998年12月5日，由黑龙江省人民政府、哈尔滨市人民政府主办，黑龙江省旅游局、哈尔滨市旅游局和亚布力滑雪中心承办，开幕式举办地点设在亚布力滑雪中心，是国内第一个以滑雪为内容的旅游节庆活动，客人邀请以新闻媒体为主。首届滑雪节创立了三个第一，即中国第一个国际性滑雪节，第一个滑雪旅游专业委员会，第一个滑雪俱乐部。滑雪节与哈尔滨冰雪节相呼应，实施了冰雪联动，并突出宣传了黑龙江滑雪旅游，初步树立了黑龙江——中国滑雪旅游胜地的形象。

滑雪节期间在亚布力滑雪中心，龙珠二龙山滑雪场、吉华长寿山滑雪场、玉泉守猎滑雪场、梅花山滑雪场等10余家滑雪场开展丰富多彩的主题活动。如，高山滑雪、花样滑雪、跳台滑雪等各类滑雪表演、滑雪比赛、雪上赛马、篝火焰火晚会、雪地摩托、雪地足球、雪地爬犁等各种冰雪娱乐活动，以及冰雪风光摄影展、民俗风情展等，届时，人们会陶醉在冰的乾坤、雪的世界里。

### 十二、中国佳木斯国际泼雪节

中国佳木斯国际泼雪节，由佳木斯市政府主办，佳木斯松花江冰雪大世界承办，首届于2003年12月举行，每年举办一届，时间为12月～次年2月。活动以"赏北国风光，玩冰雪游戏"为主题，以大自然赐予的冰雪为载体，让游人通过泼雪、滑雪、滚冰、冰灯、冰雕等活动，充分体验冰雪的神奇，尽情享受冰雪带来的无穷乐趣。通过举办泼雪节，提供了冰雪旅游发展的载体，将全市的冰雪旅游资源进行整合，展示佳木斯市冰雪运动的发展。

## 第二节　商贸博览活动

### 一、绥芬河灯节经贸洽谈会

每年2月1～10日绥芬河市都将举办灯节经贸洽谈会，活动内容有：灯节开幕式、中俄边境贸易、旅游洽谈活动，群众参与的扭秧歌、观花灯、文艺演出、焰火晚会、中俄游客赏灯节娱乐活动等。

绥芬河市灯节经贸洽谈会期间，正值中国民间上元佳节，边城绥芬河大街小巷张灯结彩，人流如织、摩肩接踵，晚会的焰火把夜空装点得绚丽多姿。影剧院里文艺演出好戏连台，秧歌遍布街巷。经贸洽谈活动主要有中、俄两国政府官员、企业家出席。

绥芬河灯节经贸洽谈会(黑龙江省旅游局提供)

绥芬河市灯节经贸洽谈会不仅加深了中俄两国边境城市的友好交往,也丰富了这座边陲小城人民的文化生活,拉动了地方经济和边境贸易的发展,同时也为我省边境旅游的开展增添了一道亮丽的风景线。

## 二、哈尔滨啤酒节

哈尔滨啤酒节,始创于2002年,是融啤酒文化、啤酒经贸和群众性文化娱乐活动为一体的大型国际啤酒盛会,于每年7月中下旬~8月上旬在哈尔滨市举行,历时15天。哈尔滨国际啤酒节由哈尔滨市人民政府与企业联合主办,承办单位包括市旅游局等十多家委、办、局及哈啤集团等。

哈尔滨是中国第一桶啤酒的生产地,具有中国最深厚的啤酒文化底蕴;哈尔滨素有"东方莫斯科"、"中国音乐之城"的美誉;哈尔滨人纵情豪饮的风度使德国慕尼黑啤酒节上的巴伐利亚人黯然失色;风情万种的冰城美女和来自俄罗斯的娜达莎成为啤酒节上一道炫目的风景线。美丽的松花江、浪漫的太阳岛使哈尔滨成为中国著名的夏季度假胜地。哈尔滨国际啤酒节正是以这种古典与现代、激情与浪漫而举世瞩目。

啤酒节项目包括:开幕式、闭幕式、哈尔滨啤酒文化论坛、大型文化活动、啤酒企业专场展销活动日、酒文化展览、哈尔滨精品房地产项目展示会、百年好合华夏婚典、名车展示会、华夏美食节、旅游产品交易会、北大荒绿色产品展销会、精品服装产品展销会和其他群众性文化娱乐活动等。除开幕式(包括马车及花车巡游)、文艺演出、燃放焰火等活动外,还将举办哈尔滨啤酒纯生佳丽的甄选等活动,以增加其独有的特色。

哈尔滨国际啤酒节(黑龙江省旅游局提供)

## 三、齐齐哈尔绿色食品博览会暨观鹤节

### 1. 齐齐哈尔绿色食品博览会

齐齐哈尔绿色食品博览会,由农业部和黑龙江省政府联合主办,中国绿色食品发展中心协办,齐齐哈尔市政府承办,始于2001年,每年举办时间为8月28日~9月1日。

齐齐哈尔绿色食品博览会的宗旨是:“倡导绿色观念,引导绿色消费,开拓绿色市场,推进绿色革命。”博览会充分展示全国绿色食品的成果,展望绿色食品发展前景,推进绿色食品产业发展。展品以国内为主,兼顾国外产品;以绿色食品为主,兼顾特色产品;以食品为主,兼顾生产资料;以实物为主,兼顾声光电等科技展示手段;科技成果展示交流。博览会还邀请北京农业大学、中国农科院等大专院校、科研单位参加,进行现场技术咨询、科技成果转让、技术合作洽谈等活动,同时还进行工业产品展销和区域经济发展论坛。届时还将邀请中国社会科学院、国家计委产业发展战略研究所、北京大学中国区域经济研究中心等单位的专家和

齐齐哈尔绿色食品博览会暨观鹤节

(黑龙江省旅游局提供)

著名学者做专题报告。博览会期间,还举行经贸洽谈会和经贸合作项目签约仪式,绿色食品知识讲座和理论研讨会等。同时邀请国家农业部、国家绿色单位的有关领导和专家讲授绿色食品知识,研讨开发绿色食品的有关问题及发展趋势,评选优秀论文,会展评奖等。

2. 齐齐哈尔观鹤节

齐齐哈尔是著名珍禽——丹顶鹤的故乡。齐齐哈尔观鹤节,是在城庆300周年基础上创办的,首届始于1992年。它是集招商引资、经贸洽谈、产品展销、文化活动、旅游观光于一体的大型国际性商旅文化节庆。观鹤节以鹤为媒,以“政府搭台、企业唱戏”、“文体搭台、经贸唱戏”和“团结、友谊、合作、发展”为宗旨,以“深化改革、扩大开放、促进发展”为目标,使齐齐哈尔扩大了对外交往,提高了知名度,促进了地方经济的发展,加快了鹤城走向全国、走向世界的步伐。每年8月12日,以大型文艺表演拉开观鹤节的序幕,具有浓郁地方特色的文艺演出,展示了鹤城的精神风貌;国内外著名文艺团体和艺术家的加盟,又为节日增光添彩。节日期间招商洽谈踊跃,人流如织、车水马龙、购销两旺,成果十分喜人。而翩翩起舞、仙姿高雅的丹顶鹤更令游人流连忘返。

# 第三节　观光旅游活动

## 一、中国黑龙江国际养生度假旅游节

随着季节的变化，根据黑龙江不同景区的特点，我省相继创办了养生度假旅游节庆活动。节庆日期定在每年的6~8月。素有“中国酷省”和“夏季清凉世界”之誉的旅游大省黑龙江旅游资源丰富。其中，森林之旅、湿地之旅、名湖之旅、界江之旅、极地之旅等养生度假旅游产品别具特色。

中国黑龙江国际养生度假旅游节（黑龙江省旅游局提供）

养生度假旅游节，充分展示生态旅游、人文旅游、养生文化的有机集合，提倡自然、自由、健康的旅游方式。旅游节期间举办主题鲜明、形式独特的歌舞、游览、养生运动、篝火联欢等活动，同时还组织游客、旅游企业奔赴养生旅游产品富集地区感受养生游的魅力。

下面，我们隆重向您推荐我省的“北国风光”十大特色养生度假旅游区。它们分别是“冰城夏都”——哈尔滨冰城夏都旅游区；“火山矿泉·地质奇观”——五大连池旅游度假区；“镜泊胜境·林海雪原”——镜泊湖渤海国旅游集合区；“国际森林生态城·人类最佳旅居地”——小兴安岭森林旅游度假集合区；“神州北极村·中国龙江源”——神州北极旅游度假区；“世界大湿地·中国鹤家乡”——扎龙湿地生态旅游区；“生态边境江湖·养生度假胜地”——兴凯湖旅游度假集合区；“绿色油化之都·天然百湖之城·北国温泉之乡”——大庆温泉旅游度假区；“中俄界江之都·龙江文明之源·生态人文鹤岗”——鹤岗黑龙江界江旅游区；“华夏东极·神秘之旅”——抚远华夏东极旅游区。朋友们，当您有幸领略这些别具特色的养生度假旅游区时，相信会给您留下终生难忘的印象。

## 二、中国黑龙江五花山森林观赏节

为了打造黑龙江省秋季旅游品牌，丰富秋季旅游市场，黑龙江省旅游局依靠本省秋季独特的自然资源，开发了观赏“五花山”这一旅游产品，并创办了“五花山”观赏节。目前已成功举办四届。黑龙江省山地分布广、森林覆盖率高，而且多为天然混交林。特殊的气候条件使混交林中的各色树种在秋季呈现出不同的颜色。红松依然保持四季常青的风格、落叶松呈现金黄色、而枫树则是鲜红的。由于山势高矮不同、坡向不同，受到阳光照射的时间长短不一，其颜色的层次也非常丰富，加之黑龙江森林植被好，浩瀚无限，所以，“五花山”景观十分壮观。

从9月上旬~10月上旬，黑龙江省北部的大兴安岭、小兴安岭，东部的张广财岭、完达山脉都是观赏“五花山”的好地方。“五花山”是黑龙江省秋季一道亮丽的风景线。就一地而言，“五花山色”只有十几天的时间，但从全省广阔的区域看，“五花山”景观却可持续一个多月。而漫山遍野、绚丽多彩的“五花山”景观，无疑是黑龙江省秋季最具特色、最具吸引力的秋季旅游主打产品。为了进一步推广“五花山”旅游产品，省旅游局相继推出了黑龙江大界江“五花山”、北极漠河“五花山”、小兴安岭伊春“五花山”、镜泊湖“五花山”、五大连池“五花山”、三江口“五花山”、塞北江南（东宁）“五花山”、柴河威虎山“五花山”、亚布力风车山庄“五花山”、平山鹿场“五花山”等秋季“五花山”十大看点,并与当地的界江游、登山游、湖泊游、火山地貌观光等特色产品相结合,形成组合产品。同时打出了“黑龙江——秋天多彩世界”、“黑龙江四季美‘五花山’色最迷人”、“赏‘五花山’色品五谷香甜”、“金秋大森林多彩‘五花山’”、“秋季‘五花山’缤纷满人间”等宣传口号。

黑龙江省不仅是冬季滑雪旅游的好地方,也是夏秋季森林度假的好去处。进入秋季,层林尽染、色彩斑斓,“五花山”色为这里增添了浪漫迷人的景致。除“五花山”观赏外,登山、垂钓、文艺活动、篝火晚会等项目也会使游客在这里度过一个浪漫的假期。

## 三、中国黑龙江森林生态旅游节

每年9月中旬,林都伊春小兴安岭的“五花山”便尽显她妩媚的容颜,各种秋叶漫山遍野,尽展秋色、异彩纷呈。这时伊春市人民政府、伊春林业管理局将如约举办小兴安岭“五花山”观赏节。节庆活动以旅游观光考察、旅游业务洽谈和摄影大赛等为主要内容,届时,国内外各大旅行社、摄影爱好者及海内外有投资意向的企业负责人将云集省内几大林区,进行森林生态旅游观光、经贸洽谈及合作签约等系列活动。“五花山”观赏节的举办,对加快黑龙江秋季旅游产品的推广,完善和优化四季旅游产品结构,树立“中国森林生态旅游胜地”的特色旅游品牌具有重要意义。近几年随着宣传力度的不断加大、节事活动的日趋成熟,美丽的“五花山”色也推向祖国的大江南北,提升了森林生态旅游品牌的知名度。

## 四、黑龙江(伊春)森林生态旅游节

黑龙江森林生态旅游节,创办于2001年,每年7月在林都伊春举办,旨在充分发挥黑龙江省森林生态旅游资源的优势,宣传森林生态旅游资源和产品。主办单位为黑龙江省旅游局、黑龙江省森工总局、黑龙江省林业厅、伊春市人民政府、伊春林业管理局。森林节期间举办开幕式文艺演出、广场文艺活动、露天电影、商品展销、经贸洽谈、旅游业务洽谈、旅游研讨会等活动，并推出漂流、登山及原始森林、火山地貌、石林风光游览等多条旅游线路。森林生态旅游节的举办，促进了黑龙江森林观光及度假旅游的发展，提升了黑龙江森林生态旅游在国内外的知名度，提高了森林生态旅游产品的质量和品位，打造了五营森林公园等一批旅游精品。

**黑龙江（伊春）森林生态旅游节**（黑龙江省旅游局提供）

黑龙江有森林面积近20万平方公里，覆盖率高达42%以上，有省级和国家级森林公园50余个。素有“红松故乡”和“林都”之称的伊春森林覆盖率高达75%，被誉为小兴安岭上的一颗“祖母绿”。近年来，黑龙江森林生态旅游已经起步，先后开发出了森林徒步、骑马、驾车、狩猎、漂流等十几个项目，初步形成了多条森林度假旅游线路。

## 五、佳木斯三江国际旅游节

由佳木斯市政府主办的“三江国际旅游节”，创办于1992年6月，每年举办一届。节会期间举办祈福水灯节、三江狂欢节、经贸洽谈会等活动，同时还将举办人才、就业、房屋产权交易及商贸、旅游、美食文化等广场活动。特别是在相继开通了多条国际水路、航空运输线路后，佳木斯形成了既过货又过客，既贸易又旅游，既有水上航运、陆上铁路运输、航空运输，又有江海联运的对外开放新格局,致使三江国际旅游节更加富有浓厚的地方色彩,增加了对国内外各地的吸引力。

2011 年节会期间,佳木斯市旅游部门协调伊春、鹤岗等地市旅游部门,共同设计推出了 3 日 ~5 日游精品线路,共同组织旅行社来佳木斯市或到周边地市开展旅游活动,共享旅游资源,实现共同开发、共同发展。其中,抚远县依托省级旅游名镇——黑瞎子岛、同江市依托街津口旅游风景区、富锦市依托国家湿地公园、桦川县依托朝鲜民族风情园、汤原县依托大亮子河国家森林公园、桦南县依托向阳湖风景区、市郊区依托敖其赫哲旅游风景区,分别组织大型旅游文化或经贸招商活动。

## 六、中国同江赫哲族旅游节

中国同江赫哲族旅游节,由同江市委主办,创办于 2001 年 8 月,每年一届。旅游节以推出民族风情游为主题,分别在三江口和街津口两个景区进行以赫哲族民族风情为主题的歌舞、体育竞技活动,说唱的“伊马堪”、迎宾舞“温吉尼”、赫乡夜色的“放河灯”及竞技场上的“顶扛”、“叉草球”项目、游人“叉鱼”比赛、赫乡“迎亲”等场面,给游人以赫乡古朴民风独具特色之感,从而大受欢迎,展示了北国边陲民族风情又一道亮丽的风景线,推出北国少数民族风情游独具魅力的品牌。表达江城人民渴望开放、追求文明、向往繁荣的美好愿望。

赫哲族舞蹈(王成摄)

同江是我国“六小”民族赫哲族聚居地，1990年人口普查时仅有4245人，旅游资源极为丰富，已经形成了界江风光游、民族风情游、跨国风光游、湿地保护游和现代大农业观光游竞相发展的新局面。旅游业已成为同江新的支柱产业。

## 七、中国齐齐哈尔关东文化旅游节

中国旅游协会、黑龙江省旅游局和齐齐哈尔市政府共同举办的“中国齐齐哈尔关东文化旅游节”，创办于2002年，主题以“冰雪大关东，活力满鹤城”为宗旨。于每年12月28日举行，至次年的农历正月十六日结束。旅游节立足发掘与弘扬齐齐哈尔市特色关东文化与充分发挥旅游业发展速度快、关联带动作用强的优势特点，整合东北三省一区以关东风情为特征的旅游资源，叫响具有关东文化特色的旅游品牌，努力建设和打造“历史文化名城”，全力推介“世界大湿地，中国鹤家乡”、“中国优秀旅游城市”、“绿色食品之都”和“中国魅力城市”的城市形象品牌，使关东文化旅游节成为我国冬季旅游节庆的重要组成部分。

节庆期间，共举办7大类近20项具体活动。主要内容有：冰雪游览会、滑雪节、滑雪训练营、青少年雪雕大赛、雪地足球赛、雪地汽车邀请赛、鹤文化旅游等活动，此外，还有“活力关东”经贸活动，包括招商引资项目洽谈、关东文化美食节、二人转调演、关东秧歌大汇演等活动，都会给人们带来独特的享受。

## 八、黑龙江中国雪乡旅游节

黑龙江中国雪乡旅游节由黑龙江省旅游局、省森工总局共同主办，大海林林业局、海林市政府承办。

中国雪乡，位于大海林林业局施业区内的双峰林场，平均海拔800余米。由于山高林密，北面袭来的贝加尔湖冷空气和南来的日本海暖湿气流在此频频交会，造就了雪乡夏无三日晴、冬雪漫林间，雪期长达7个月，积雪深达2米，冬春寒冷，降雪量大；夏

雪乡(黑龙江省旅游局提供)

秋凉爽,雨水集中。年均降雨天数 45 天,降雨量 1100 毫米,是黑龙江省降雨量最大的地带;降雪天数年均 50 天,日照天数不足 270 天,无霜期仅有 90 天。皑皑白雪在风力的作用下,随物具形、千姿百态。

节庆期间举办突出地区特色的开幕式、山货大集、东北民俗戏剧歌舞表演、雪雕、滑雪、雪地摩托、马拉雪橇、俄罗斯歌舞表演、东北虎捕食动物表演等一系列丰富多彩的冰雪娱乐活动。同时,也将举办冰雪艺术活动和群众冰雪体育活动。

中国雪乡旅游节是黑龙省著名三大冰雪节之一,已成功举办 5 届,经过多年的努力,中国雪乡已成为黑龙江省冰雪旅游的精粹品牌。

## 第五章

# 黑龙江特色美食推介词

### 讲解重点

黑龙江被称为“北大仓”。这里土地肥沃,农作物产量高,品质优良,尤其以高粱、玉米、大豆……而著称。所以,黑龙江美食享誉海内外。

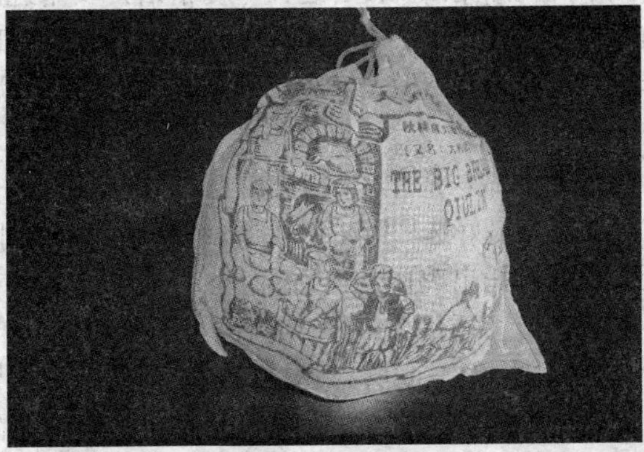

大列巴(苗小苗摄)

# 第一节　风味烹饪

黑龙江特色菜，是黑龙江省地域文化与社会文明的完美体现。它取料于黑龙江山水的山珍、山禽、山野、水产品、土特产品等，具有天然、绿色、无污染等特性；它包含了营养、保健、实惠、大众化的特点，烹调科学、调味多样，咸、辣、酸、甜，味浓口重，色、香、味、形，汤菜双佳。

## 一、炖菜类

### 1. 小鸡炖蘑菇

小鸡炖蘑菇是黑龙江四大炖菜之一，同时也被评为龙江人最喜爱的龙江菜。在黑龙江流传着这样一句俗语："女婿进门，小鸡没魂。"这是因为每年的正月初三，是女儿、女婿回门的日子。这一天丈母娘一定要为女婿做一道小鸡炖蘑菇，因此民间就流传开了这样一句话。

小鸡炖蘑菇的做法简单，是用干蘑菇、鸡肉和粉条一同炖制而成。炖鸡的蘑菇最好选用野生的榛蘑，细杆小薄伞的那种。榛蘑可以最大程度衬托出鸡肉的鲜香；而小鸡是专指小笨鸡，生长期在半年左右，1 斤多重的为最好，最大的也不要超过 1 年。这样的鸡肉嫩、味鲜。吃鸡肉、吃蘑菇、喝鸡汤，能预防感冒，另外它还是黑龙江民间流行的滋补良方，凡体质虚弱和久病卧床的人、老人、产后哺乳的妇女，都宜常吃。如果烹煮时在汤内适量加入百合、枸杞子、山药，滋补效果会更好。

## 2. 排骨炖豆角

排骨炖豆角是黑龙江四大炖菜之一。此菜荤素搭配相得益彰,口味清香且浓郁,营养丰富。排骨炖豆角中的豆角,最好是用黑龙江本地产的油豆角。油豆角是黑龙江地区特有的一种优质菜豆品种,含有较高的蛋白质,含量可达到其干质量的20%以上。油豆角的氨基酸组成及比例也比较合理,含有人体必需的18种氨基酸。其中必需氨基酸,特别是赖氨酸含量较高。此外油豆角还富含膳食纤维、多种维生素和矿物质,从口感与营养两方面讲,油豆角都是优质的菜豆。

## 3. 猪肉炖粉条

猪肉炖粉条是黑龙江四大炖菜之一。猪肉炖粉条中的猪肉,不能用精瘦肉,也不能用大肥肉,而是要用肥瘦相间的带皮五花肉。猪肉炖粉条中的粉条,是由黑龙江盛产的土豆淀粉制作而成。本地产的土豆粉条易熟耐煮,与肉同炖,特别筋道,而且鲜香扑鼻。这道菜肴肥而不腻、色泽鲜艳,是佐酒、下饭的最好食品。

## 4. 鲇鱼炖茄子

鲇鱼炖茄子是黑龙江四大炖菜之一。在黑龙江地区流传着这样一句俗语:“鲇鱼炖茄子,撑死老爷子。”这句话是怎么来的呢?传说在北宋末年,宋徽宗、宋钦宗二帝及其宫廷侍从被金军俘获,被押往五国城(今黑龙江省依兰县),途经松花江时正好到了吃饭的时间,士兵们撒网打上来了一些鲇鱼,请当地渔民将此鱼做成菜肴。渔民见鱼少人多,为了充数,便在鱼中放入了茄子。士兵将炖好的菜送给宋徽宗和宋钦宗食用,此菜鲇鱼里掺和着茄子味儿,茄子里掺和着鲇鱼味儿,根本分不清哪是鲇鱼,哪是茄子,再喝上两口汤,那滋味好极了。二帝美美地吃上一大顿,什么山珍海味都忘在脑后了,饭量大增,连声叫好,餐后嗝声不断,此后“鲇鱼炖茄子，撑死老爷子”就在民间流传开来。

### 5. 得莫利炖鱼

在离哈尔滨175公里的地方，有个以炖鱼而出名的小村庄，这就是方正县的得莫力村。得莫力村是松花江畔的一个小渔村。这里的人们最经常做的一道菜肴，就是用江里的水炖鱼吃。因为它位于哈尔滨到佳木斯的中间地带，村子旁边是同三公路，所以很多货车司机到这里都愿意歇歇脚，顺便吃顿家常便饭。村里的人就用鲜美的炖鱼来招待客人，久而久之，“得莫力炖鱼”的美名就传遍了整个黑龙江省。很多外地的客人到黑龙江，都要特地到得莫力村炖鱼馆去尝尝地道的“得莫力炖鱼”呢。现在“得莫力炖鱼”已申请了国家专利，成为一个品牌。得莫力炖鱼的做法其实很简单，把江里的鱼打上来再加上一瓢江水来炖，而且在炖的时候要加上宽粉条和用东北大豆磨的豆腐，然后用文火慢慢炖，俗话说得好：“千炖豆腐万炖鱼”，这豆腐和鱼放在一起炖，时间越长味道就越鲜美。不论是什么季节，吃着江里的鱼，喝着精心熬出来的鱼汤，那真是一种享受。哈尔滨人常说：要是外地朋友不喜欢吃西餐和东北大菜，那咱们就去吃得莫利炖鱼去。

### 6. 杀猪炖菜

杀猪炖菜，俗称杀猪菜，起源于东北农村。每年秋收农忙之后，人们为了庆祝丰收，或过年前把家中饲养的肥猪宰杀，制成各种菜肴，招待乡邻。这就是原始的东北地方杀猪菜。黑龙江人特别喜欢吃杀猪菜，“杀年猪”一般多在腊八之后，故又有“小孩小孩你别哭，过了腊八就杀猪”的民谚。过去乡下一到“腊八”，过年的大幕就徐徐拉开了，杀年猪、做豆腐，蒸豆包、办年货、包冻饺子……十里八村，家家户户，就连清冷的空气中，也洋溢着一股浓浓的喜庆气息。

杀年猪，是农家的一个喜庆日子。平时日子过得紧紧巴巴，每家也就养几头猪，只有在年节或特别的日子才杀猪，才能痛快地吃上一桌杀猪菜。因此，杀年猪这一天，村里的亲朋好友，乃至嫁到外村的闺女、女婿，全都请来家里吃这顿杀猪菜。杀猪菜其实很简单，就是满满地切上一大锅酸菜，再挑选几块上好的五花三层肉，放进酸菜锅里一起炖。炖好的肉块切成一片片又长又宽的白片肉，和着酸菜一起端上桌。这白片肉肥而不腻、浓香袭人；酸菜荤素咸宜、清脆爽口；实实惠惠、热津津地吃上一顿，一年的清苦似乎全都抵消了。也许因为嫌麻烦，老乡们有时不做血肠，而是把猪血用温水稀释后，再加上熟油和调料，满满地蒸上一大盆。蒸好的猪血颤微微地漂着一层油花，嫩嫩的如同鸡蛋羹，喝一口便滑溜溜、热辣辣地钻进喉咙，一直深深地香进心底。

**白肉血肠**（苗小苗摄）

但凡日子过得去的家庭，年猪肉一斤也不卖，全都用来改善正月里的伙食。为了保鲜，老乡们发明了一种非常巧妙的储肉方法，就是在小院的窗下浅浅地刨一个圆坑，先铺上一层从大河里凿来的冰块，冰上面再码放一层肉块，这样一层冰

**蒜泥白肉**（苗小苗摄）

块、一层肉块地码放起来,就垒成了一个圆圆尖尖的冰堆,然后再浇上几遍冷水,一个晶莹剔透、美妙绝伦的天然冰箱就做成了。吃肉时,只要凿去一角冰块,就可方便地把肉取出。用这天然冰箱储藏猪肉,远比时下任何一款名牌冰箱的效果都要好得多。

## 二、熘炒类

### 1. 锅包肉

锅包肉,是一道地道的哈尔滨菜。烹制方法是将猪里脊肉切片腌入味,裹上炸浆下锅炸至金黄色捞起,再下锅拌炒勾芡即成。成菜色泽金黄、外酥里嫩、酸甜可口。一般菜肴都讲究色、香、味、型,唯此菜还要加个“声”,即咀嚼时,应发出类似吃爆米花时的那种声音,这是酥脆的标志。这道菜是哈尔滨道台府菜创始人、滨江道署首任道台杜学瀛的首席厨师郑兴文当年为适应外国来宾的口味,把原来咸鲜口味的“焦烧肉条”改成了酸甜口味的菜肴。这一改,使哈尔滨出现了一种首创的菜肴。郑兴文按照菜肴的做法称其为“锅爆肉”,可能是洋人在点菜时发音有问题,不知何时就被叫成了“锅包肉”。锅包肉流传至今已经是四代传人了,它不仅是一种美食,也是一种文化,并以其自身经历见证着哈尔滨的百年历史。

锅包肉(苗小苗摄)

### 2. 熘肉段儿

黑龙江老百姓有一句顺口溜叫“干炸丸子、熘肉段儿,经济实惠下酒的菜儿”。熘肉段儿，在黑龙江是家喻户晓的传统菜，是地方风味中的“大明星”，脆嫩咸香、老少皆宜。目前，以“青椒熘肉段儿”为基础，黑龙江厨师又开发出了熘双段儿（熘肉段儿和虾段儿）、肉段儿烧茄子、肉段儿烧海参等一大批新菜。

#### 3. 地三鲜

我国民间历来有立夏之日尝地三鲜、树三鲜、水三鲜的习俗。说起这黑龙江的地三鲜，寻常，也不寻常，在一年有半年冰冻期的黑龙江，蔬菜绝对算得上是奢侈品，因此用土豆、茄子和柿子椒制作的地三鲜成了黑龙江人的最爱，慢慢地演变成了地地道道的黑龙江特色菜肴。

#### 4. 渍菜粉

渍菜粉是一道颇具特色的黑龙江菜肴。它选用酸菜、细粉条和猪肉为原料，采取炒的方法制成。酸菜，东北人又称渍菜，是以黑龙江最为流行、家家户户都少不了的大白菜，用酸菜缸和大石头腌制而成。酸菜味道咸酸、口感脆嫩、色泽鲜亮、香气扑鼻、开胃提神、醒酒去腻，不仅能增进食欲、帮助消化，还可促进人体对铁元素的吸收。

### 三、蒸焖类

#### 1. 四烀一炸

这道菜肴是黑龙江农村的一道家常菜，在夏季，农家人做菜图方便，往往是一锅出，饭菜全来。四烀，是指将土豆、窝瓜、茄子、嫩包米一起放入锅内蒸熟，一炸，指的是炸大酱。大酱是山东人“闯关东”时带到关外的，就像山西人家家储备一缸老陈醋一样，黑龙江的农家必定有一两缸的大酱，正宗的农家大酱香气扑鼻，还汪着一层亮晶晶的油，用这样的炸大酱蘸着刚出锅的烀土豆、烀茄子等,风味那还真是别具一格。

### 2. 扒猪脸

“扒猪脸”俗称“扒猪头”,是黑龙江省齐齐哈尔市的地方名菜,又以齐齐哈尔大三元的扒猪脸最为有名。扒猪脸是由黑龙江民间的传统菜肴“烀猪头”演变而来的,扒猪头是将硕大的猪头整个烧熟后,一劈两半,装大盘上桌。黑龙江的扒猪脸与淮阳的“笑扒猪脸”虽同属一锅品种,但在制作上却是一个粗犷,一个细腻,一个是带骨上桌,只见半边,一个是无骨上菜,笑对人间。齐齐哈尔的扒猪脸吃法讲究,不用刀不用叉,也不用筷子,只用小勺就能将香软糯滑的猪肉送入口中,而且肥而不腻。

### 3. 油浸白鱼

兴凯湖白鱼,其色如玉,成群栖息于淡水上层,体形长、侧扁,口大、斜或上翘,腹面全部或后部具肉棱,背鳍具硬刺,臂鳍延长。此鱼是以水生昆虫为食,重量多在2.5~3.5公斤之间,大者可达5公斤左右。常与乌苏里江的大马哈鱼、绥芬河的滩头鱼并称“边塞三珍”。兴凯湖白鱼肉嫩味香,具有补肾、益脑、开窍、利尿等药用价值,亦是国宴上的佳肴。

### 4. 清蒸鳌花

黑龙江省盛产的鱼类中,比较有名的要数“三花”、“五罗”,而三花之首就是鳌花,别名又叫桂鱼、鳜鱼,是名贵淡水鱼类,又是我国“四大淡水名鱼”之一。唐朝诗人张志和写下的著名诗句“西塞山前白鹭飞,桃花流水鳜鱼肥”,赞美的就是这种鱼。鳌花鱼肉质细嫩,刺少而肉多。其肉呈瓣状,味道鲜美,而且因为鳌花鱼脂肪含量特别高,所以清蒸特别好吃。

## 四、山珍野味类

### 1. 笨鸡蛋炒刺嫩芽

刺嫩芽的嫩芽为食用部分，食用方法多样，可以生食、炒食、酱食、做汤、做馅，或加工成不同风味的小咸菜。刺嫩芽味美香甜、清嫩醇厚、野味浓郁，是著名的上等山野菜，又被誉为“山野菜之王”。刺嫩芽还有一定的药用价值，其根皮具有强壮筋骨、祛风除湿和补气安神等功效，可用于治疗神经衰弱、风湿性关节炎、糖尿病、阳痿和肝炎等疾病。

### 2. 扒猴头蘑

扒猴头蘑，是中国传统的名贵菜肴。猴头蘑肉嫩、味香，鲜美可口，是黑龙江四大山珍（熊掌、犴鼻、飞龙、猴头蘑）之一，有“山珍猴头、海味燕窝”之称。猴头蘑是齿菌科的菌类，菌伞表面长有毛茸状肉刺，长约 1 ~ 3 厘米。其子实体圆而厚，新鲜时白色，干后变浅黄至浅褐色，基部狭窄或略有短柄，上部膨大，直径 3.5 ~ 10 厘米，远远望去酷似猴头，故称“猴头菇”。中医认为，猴头菇性平、味甘，具有利五脏、助消化，滋身补体等功效。20 世纪 70 年代以来，现代医学陆续证明猴头菌有良好的药用价值，临床应用表明，猴头菇可治疗消化不良、胃溃疡、胃窦炎、胃痛、胃胀及神经衰弱等疾病。

### 3. 土豆炖林蛙

林蛙，又称雪蛤，哈什蚂（哈氏蟆）。东北林蛙，是中国东北山区（包括长白山脉、小兴安岭大部、张广才岭腹地）的纯野生动物，唯我国仅有，被列为易危（v）物种，是集药用、食补、美容功能于一体的珍稀两栖类动物。东北林蛙以其特有的药用价值与营养价值日益被人们所重视，成为蛙类中经济价值最高的一种。在各地所产的林蛙中，以东北地区的林蛙体格大、产油率高、体质健壮、繁殖率高而成为林蛙中的极品。东北林蛙肉质细嫩，易为人体消化吸收，适合各种年龄的人，特别是体弱多病者及老人食用，具有很高的食补价值，经烹调能释放出大量的肌溶蛋白及氨基酸等含氮浸出物，因而味道香浓。

### 4. 酒锅飞龙汤

飞龙鸟，产于黑龙江大兴安岭地区，属于鸟纲松鸡科，体形很像鸽子，体重在 0.3～0.15 公斤之间，肉质洁白细嫩，前胸肌脯硕大丰满。飞龙的颈骨长而弯曲，犹如龙骨；腿短有羽毛，爪面有鳞，就像龙爪一般，故取名“飞龙鸟”。飞龙鸟多栖息于灌木丛或松桦树混交林中，雌雄成双成对，形影不离，有“林中鸳鸯”的美称。飞龙汤异常清澈，飞龙肉雪白细嫩，汤味鲜美异常，沁人心脾。

飞龙宴(苗小苗摄)

## 五、凉菜熏酱类

### 1. 炒肉拉皮

炒肉拉皮，是闯关东的山东人带来的传统鲁菜。黑龙江的这道菜肴融合了传统鲁菜的做法，同时又结合了黑龙江人的口味，成为一道在黑龙江脍炙人口的冷食佐酒佳肴。炒肉拉皮选用猪精肉、绿豆淀粉和应季蔬菜为原料，辅以多种调味品，用拌的技法制成。此菜通气开胃，夏食消暑，清凉滋润，解酒解腻。

炒肉拉皮（苗小苗摄）

### 2. 大丰收蘸酱菜

黑龙江农户每到蔬菜丰收季节，为了招待客人，显示自己辛勤劳动的成果，便将菜园子里自产的可生食的蔬菜采摘下来，请客人品尝。久而久之，此菜成了黑龙江农户人家的一道家常菜肴。此菜的特点是绿色食品，原汁原味。

### 3. 哈尔滨红肠

哈尔滨红肠，俄语为“里道斯”。“里道斯”，原产于东欧的立陶宛。1898年中东铁路修建后，外国人大量进入哈尔滨，也将肉灌制品带到了哈尔滨。哈尔滨红肠选用黑龙江这片寒地黑土的优质纯绿色猪肉，加入黑胡椒、大蒜等多种调料，经腌制、拌馅、灌肠、煮、熏等欧式传统工艺精心制作。红肠的味道是大蒜味，里面还有许多肥肉丁，下酒极佳，配上啤酒，味道那叫一个棒！还可夹在大列巴里，味道好极了。红肠的外观是枣红色，经过数小时的烟熏，但是表面没有浮灰，用白色的纸巾擦拭，纸巾上不会染上任何颜色。所以红肠是可以直接吃的，吃的时候要把表皮也一块吃

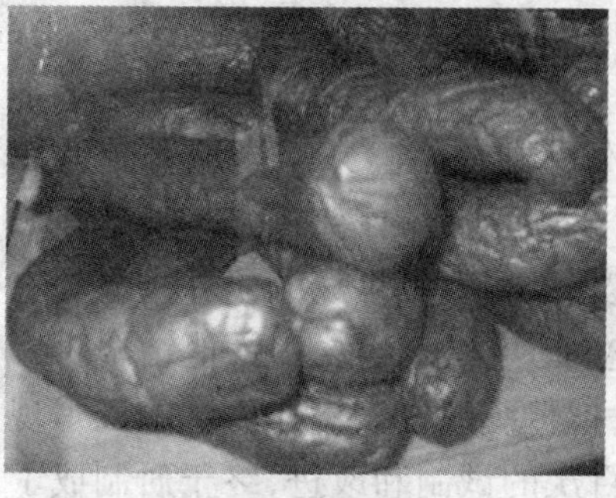

红肠（苗小苗摄）

掉。也就是正宗红肠风味，就是要吃那个带点山野焦炭的味道。

### 4. 裕昌烧鸡

裕昌烧鸡，是一种不可多得的美味。裕昌烧鸡的始创者焦裕昌出生在中医世家。他小时候经常帮助父亲采药、泡药，没想到，这竟为他事业的辉煌打下了独有的坚实基础。为了制作烧鸡，焦裕昌白天到处奔波学艺，晚上彻夜不眠翻药书，研制配方。为此，他不知扔掉了多少实验用鸡，不知倒掉了多少上好的药料。在父亲的支持下，一个含有 20 多味名贵中药的独特风味配方终于研制成功了。用此配方制作的烧鸡，不但具有以中医理论为基础的健脾、强胃、补血、养身的神奇保健功效，而且在盛夏时节，放上四五天仍保持色、香、味不变，让人久吃不腻。

### 5. 对青烤鹅

对青烤鹅，起源于黑龙江省的一个边远小镇对青山镇。对青山以其得天独厚的生态环境加之北温带的大陆性季风气候，为"对青鹅"的生长、发育和繁殖提供了优越的自然条件。1997 年，当时做服装生意的刘连喜，在一个偶然的机会里来到了这个小镇，在农家朋友的小屋里第一次有机会品尝到了当地养殖的鹅肉，入口的鲜美让他觉得惊奇。这里养殖的鹅肉之鲜美，是在城市里品尝不到的。在与家人商议、进行大量市场调研并亲自到农家观看烹饪过程，专程向烹饪老师傅虚心求教之后，他结合对青山特殊的地理环境和土壤结构，把传统的农家制作方法融入了现代先进的制作工艺中。经过数百次的试制和改进，终于研制成了现在使用的"对青烤鹅"制作配方。该配方在保留了地产鹅肉原来鲜美口感的基础上，增加了人体健康所需的多种营养成分，在众多的绿色食品中脱颖而出、独占鳌头，被消费者誉为"龙江第一鹅"。

### 6. 正阳楼风干肠和松仁小肚

在哈尔滨一提起风干香肠、松仁小肚等风味肉制品，人们就会不约而同地谈论起正阳楼。正阳楼开业于1910年，店铺原址在道外靖宇大街路北（现哈百四商店中间偏东处），是工商业者王孝庭等三人（又称老三股）合伙开的一个肉制品前店后厂的作坊。因为王孝庭是从北京学来的手艺，便取了北京正阳楼的名字，并冠上京都字样，号称"京都正阳楼"。正阳楼加工的肉制品是颇有特色的。其中，又以风干香肠和松仁小肚最为有名。风干香肠采用新鲜猪肉、猪小肠为主要原料，再调配上砂仁、紫蔻、企边桂等多种高级调料，灌制好后再经晾晒、风干、煮熟等多道工序精制而成。做好的风干香肠，瘦肉呈红褐色，肥肉呈乳白色，质干而柔，越嚼越香，食而不腻、回香绵绵，是极佳的酒肴。风干香肠还有祛风寒、暖胃健脾、帮助消化、增加食欲的作用。因其含水分少，又是风干肉，加之密封，工艺讲究，所以防腐性强，保存期长，携带方便，是旅途中的方便食品。松仁小肚用新鲜优质猪肉、猪小肚作主料，调配以黑龙江林区特产松子仁、山东的芝麻香油、纯绿豆淀粉等辅助原料，精工细做熏烤而成。它皮呈棕褐色，切开后断面有光泽，切片不松散，富有弹性。松仁小肚味道鲜美、纯香适口、久食不腻，具有独特的松仁香味，属酒肴食品中的上乘灌制品。

## 第二节　家常主食

### 一、饺子

东北人爱吃饺子，那是全国有名的。在黑龙江流传着这样一句俗语:“好吃不如饺子,好歇不如倒着。”饺子因其用馅不同,名称也五花八门,有猪肉水饺、羊肉水饺、牛肉水饺、三鲜水饺、红油水饺、高汤水饺、花素水饺、鱼肉水饺、水晶水饺、菜肉饺子等;此外,因其成熟方法不同,还有煮饺、蒸饺煎饺等,因此,大年初一吃饺子,在精神和口味上都是一种很好的享受。

## 二、黏豆包

黏豆包的口味特点在于一个“黏”字。它呈球状,直径约3厘米,淡黄色。其用料是当地生产的黄米,但这一作物产量却不高,因此,略显得稀罕些。去壳后的黄米被粉碎成面儿,经过水和后再进行发酵。而包豆包必须有豆子才行,于是,得预先用锅把大红豆或小红豆烀熟,然后就可以开始包了。揪一小块发酵后的黄米面放在手中拍扁,抓一把烀好了的豆子放在上面,收紧面口用双手把其揉圆。得,黏豆包做成了。在圆形竹帘子上摆满生黏豆包后,放入大锅里开始蒸。半个小时左右,热腾腾的黏豆包出锅了。拿起筷子夹一个黏黏的豆包,蘸上一点儿白糖,嘿,味道好,口感更好。

黏豆包(苗小苗摄)

## 三、韭菜盒子

据李时珍《本草纲目》载:“韭,助阳滋阴。”《金匮》载:韭菜可“溢精髓、补肾阳”,“调血脉、解经痛”。民间更是把韭菜看成是还阳草,男人经常吃可以治早泄、疗阳痿,女人经常吃可以缓解痛经、祛除蝴蝶斑。可以说,韭菜是难得的食疗佳品。因此,黑龙江人喜欢将韭菜和鸡蛋拌在一起,捣成馅,用平底锅烙制而成韭菜盒子。

## 四、发糕

玉米面发糕，是一种健康的发酵类食品，是在玉米面饼子和馒头的基础上发展起来的黑龙江传统食品。玉米面没有等级之分，只有粗细之别。玉米面含有丰富的营养素，按颜色区分有黄玉米面和白玉米面两种。玉米面中含有大量的卵磷脂、亚油酸、谷物醇、维生素 E、纤维素等，具有降血压、降血脂、抗动脉硬化、预防肠癌、美容养颜、延缓衰老等多种保健功效，也是糖尿病人的适宜佳品。

# 第三节　风味小吃

## 一、老鼎丰糕点

老鼎丰，一个恒久而荣耀的名字，一张与哈尔滨这座城市休戚与共的名片，一个蕴涵着丰富的商业元素和传统文化的老招牌，其背后的沧桑与变故、逸闻与趣事、发展与变迁、传承与创新，发人深思，给人启迪。

### 1. 御赐金字招牌

品味"老鼎丰"的历史，如同回味百年老商号的兴盛史。相传在 200 多年前，乾隆皇帝二下江南，在古城绍兴巡访时，品尝了当地一家果酱铺的点心，觉得口感特别、清香味美，便欣然提笔钦赐"老鼎丰"三个字，词意是"锅里总是有很多好吃的"，意指这家糕点店制作糕点的造诣高超。自此"老鼎丰"点心便成了贡品，被称为"南味正宗名点"而传遍大江南北，分号如雨后春笋开满中华大地。

1911 年，绍兴人王阿大、许欣庭二人背井离乡，在哈尔滨傅家

老鼎丰(苗小苗摄)

店正阳街(现靖宇街),合伙办起一个前店后厂式糕点作坊,名曰“老鼎丰南味点心货栈”。时至今日,哈尔滨市老鼎丰糕点厂是天下独存的一家“老鼎丰”商号了。“老鼎丰”这个200年前乾隆钦赐招牌,在2004年中国品牌研究院公布的《首届中华老字号品牌价值百强榜》中品牌价值已上升到2500万元。2006年被商务部评为第一批“中华老字号”。

### 2. 历经几载沉浮

自1911年成立后的40多年时间里,“老鼎丰”一直采取的是“前店后厂”的小本经营。20世纪20年代初,以制作精良著称,小批量的生产,出炉后直接销售,老鼎丰的月饼、槽子糕、长白糕渐渐小有名气。

20世纪30年代初,老鼎丰渐渐兴旺起来,每天生产的产品销售一空,并成为不可或缺的节日馈赠礼品,可谓买卖兴隆。东北沦陷后,老鼎丰经营异常艰难,直到1946年公私合营,“老鼎丰”才从历史的深处走出来,重振炉灶。

在老鼎丰发展史上,有一位亲历者与见证人——徐玉铎。徐玉铎1942年从山东来哈,在老鼎丰从学徒工、工人做起,凭借自己的努力一步步做到厂长。他发扬传统,坚持创新,使老鼎丰糕点、月饼的花色品种从1980年前的140余种,发展到现在的500余种,1000多个花样,仅月饼就达66套、200多个品种,从而“老鼎丰”这一品牌家喻户晓。它的上千个花色品种都被评为省、市名牌产品,60%被评为部优以上名牌产品。

### 3. 糕点鼎盛"真经"

老鼎丰的糕点之所以百年来被人称道，是因为它在传统中有创新，在创新中有扬弃，在扬弃中有传统。特别是徐玉铎亲自制作的老鼎丰月饼，久负盛名，誉满九州。"川酥月饼、蜜制百果月饼"，色、香、味、美俱佳，已达到炉火纯青的地步，"川酥月饼"形似浆皮、食似酥皮，清香淡雅、酥松利口。"蜜制百果月饼"细腻酥软、多味合一、美香不绝、久放不干。"川酥月饼、蜜制百果月饼"集老鼎丰之传统风味之大成，几十年经久不衰，在市场上独占鳌头。

老鼎丰点心（苗小苗摄）

2006 年，"老鼎丰"在全国首创推出橄榄油系列月饼，即以希腊进口的纯正橄榄油代替传统的色拉油制作月饼。该系列新品主要有川酥、五仁、百果、青红丝、玫瑰、红芸豆、黑豆沙、椰蓉、加州樱桃、葡萄干、蓝山咖啡等品种，同时橄榄油月饼还推出了采用木糖醇为原料的无糖月饼，适合糖尿病患者食用，真是"百品百味"。许多消费者称赞说："东西南北中，月饼还是老鼎丰。"《人民日报》曾发表写老鼎丰的专访文章，对月饼给予高度评价："老鼎丰月饼是精品中的精品，也是中华传统糕点精华之体现。"

"老鼎丰"这个百年老字号糕点存续的秘密，就是坚持民族性、坚持大众性、坚持可操作性。这一原则凝结了几代人的精力与心血，并被历史所见证着。

## 二、“大列巴”和“沙一克”

“大列巴”和“沙一克”都是俄罗斯风味的面包，是俄罗斯人和哈尔滨人最爱吃的食品。

“大列巴”，是俄罗斯商人、秋林公司的创始人伊万·亚阔落维奇以前店后厂模式生产的大面包，一烤就烤了一百多年。“大列巴”之名，鲜明地体现了中、西文化之融合。初次见“大列巴”，你会被这硕大无比的面包所惊叹，作家秦牧当年来哈尔滨有句“面包像锅盖”的比喻，说的就是具有百年余韵的秋林大列巴。大列巴堪称面包之冠，标准直径在23~26厘米，最大时可达33厘米，厚度也在16厘米以上，面包净重达0.8~1.8公斤。

大列巴（苗小苗摄）

“大列巴”是以面粉、酒花、食盐为主要原料。俄罗斯传统的加工方法是以酒花酵母发酵好的面团，加入适量的盐，放在很大的立式烤炉里用东北森林里的椴木或桦木等硬杂木烤制，出炉的大列巴，外皮焦酥，内瓤松软，咸味可口，贮存方便，正常温度夏季可存放一周，冬季可存放一个月左右。

吃“大列巴”时，最好把它切成片，用微波炉烘烤后，抹上果酱，夹片奶酪或者抹上黄油、鱼子酱夹片火腿、香肠片，像三文治的吃法一样。如果就着苏伯汤，那味道就更醇正了。

塞克（苗小苗摄）

“沙一克”，也叫“塞克”，是一种椭圆型白面包，属俄式传统食品。该产品以面粉、酒花、食盐为主要原料,经加工制作烘烤而成。因这种面包用硬杂木烤炉烘烤而成,故外壳微焦而脆,内里松软可口;又因它是用酒花发酵,所以具有独特的植物芳香味。如果来哈尔滨观光旅游,可别忘了买点风味独具的"大列巴"和"沙一克",具有欧洲传统风味的食品。

# 第六章

# 黑龙江方物特产推介词

## 讲解重点

黑龙江省是个资源大省，物产丰富，游览黑龙江吸引游客的不仅是美丽的风景，更有独特的可吃、可饮，营养丰富的美味，还有可以作为装饰用的工艺品。黑龙江的土特产品，许多都具有极高的药用和滋补功能，初到黑龙江的游客，在游历山川湖泊、感受龙江美丽景致的同时，都会选择一些方物特产馈赠亲友。

**灯笼果**（郑宇红摄）

# 第一节　野生水果类

黑龙江省的野生水果和坚果很多。其中，水果有：蓝莓、北国红豆、刺莓果、狗枣子、灯笼果、山葡萄、山里红、山丁子、三莓果、狗枣子等；坚果有：松子、榛子、山核桃等，种类十分丰富。

## 一、蓝莓

蓝莓，意为蓝色的浆果之意，属越橘种植物。首先，蓝莓是一种低灌木，矮脚的野生水果。此果颗粒小，但花青素的含量很高；其次，是人工培育的蓝莓，能成长至240厘米高，果实较大、水分较多，花青素含量相对偏低。全世界蓝莓品种可达400余种，在我国，东北的长白山及大、小兴安岭一带有野生的笃斯越橘（俗称笃斯、都柿）、越橘（俗称红豆）等蓝莓类植物的野生品种资源。

**蓝莓**（伊春旅游局提供）

黑龙江省大小兴安岭生长的蓝莓，风味独特、酸甜适宜，口感好，可用来食用、制作饮料、香料、酿酒之用。近年来进行人工驯化培植获得成功。蓝莓果实中含有丰富的营养成分，不仅具有良好的营养保健作用，还具有防止脑神经老化、强心、抗癌、软化血管、增强机体免疫力等功能。2009 年 8 月 8 日，在大兴安岭地区首府加格达奇，旨在推进蓝莓精深加工和合作交流的“中国大兴安岭首届国际蓝莓节”隆重开幕。老挝、波兰、瑞典、俄罗斯、美国等国家和地区的官员、企业界代表及我国 20 多个省区市代表等 1800 多名中外来宾出席会议。参加这次国际蓝莓节使许多对蓝莓一无所知的来宾大开眼界，也使一批蓝莓生产经营项目开始启动。这将进一步推进大兴安岭地区蓝莓的精深加工。以此为契机，大兴安岭地区将进一步积极推进蓝莓产品的生产标准化、技术现代化、经营产业化、营销品牌化、产出高效化。

## 二、北国红豆果

北国红豆，又名雅格达，学名红豆越橘，主要分布于北纬 52°的大兴安岭原始森林中。野生红豆果可直接食用，还可加工果汁、果肉、果酱、果酒、饮料及提取天然色素等。此果含有丰富的维生素 C、维生素 E、超氧化歧化酶和丰富的氨基酸、黄酮类化合物、Fe 等无机元素。

红豆在未成熟时味极酸，成熟后呈黄绿色，完全成熟后呈紫红色，非常甜，不仅可以鲜食，还可用来烤果饼，制作果酱、罐头、果汁等多种食品。由于果实酸味纯正，完全成熟的果实酸甜适口，别具一格，是初夏水果淡季的开胃食品，颇受消费者欢迎。

红豆（伊春旅游局提供）

红豆中的 SOD 对于免疫性炎症、辐射性损伤、肿瘤及抗衰老均有预防和治疗作用。红豆果中含有的紫色素和黄铜素，能挽救及增强视力，维持眼睛的健康。红豆果中的维生素C、E含量比同类水果高出很多，是天然的女性美容养颜保健食品。

## 三、刺莓果

刺莓果，属于落叶灌木，高0.8～2米。根木质，粗长，暗褐色。枝暗紫色，无毛，小枝及叶柄基部有成对的皮刺，刺稍弯曲或直。单数羽状复叶互生；长圆形或阔披针形，长1～3.5厘米，宽0.5～1.5厘米，先端尖或稍钝，基部圆形或楔形，边缘具细锯齿，上面深绿色，无毛，下面灰白色，有粒状腺点及短柔毛。

刺莓果（伊春旅游局提供）

刺莓果生于林缘开阔地及河岸边、山坡灌丛间及杂林中。分布于黑龙江、吉林、辽宁、内蒙古、河北、山西、川渝等地。

刺莓果果实在将成熟时摘下，立刻晒干，干后除去花萼，或把新鲜果实切成两半，除去果核，再行干燥。干燥果实呈球形，壁坚脆，橙红色，直径1.2厘米，种子有毛茸，共24粒左右。刺莓果味酸甜，可助消化，可治小儿食积、健脾理气、养血调经、气滞腹泻、胃痛等。每到果实成熟的季节，漫山遍野的红色果实着实惹人注目。人们会三五成群地穿梭于林中采撷，储存备用。

## 四、狗枣子

狗枣子，别名母猪藤，学名狗枣猕猴桃，属于猕猴桃科。生长在针阔混交林或杂木林中土质肥沃、水分充足的地方。果实秋季采集，晒干后可以入药。浆果长圆状或扁长卵形，淡

狗枣子(佳木斯旅游局提供)

橘红色,有纵纹。该果实种子呈扁卵形,细小,花期在5~7月份,果期在9~10月份。狗枣子虽然是绿色,看起来不起眼,但吃起来很甜,非常新鲜,确实跟猕猴桃的味道相仿。狗枣子的营养成分也很丰富,特别是含维生素C、狗枣三糖,另外还富含较高的Ca、K、Mg、P等微量元素。该果也有一定的药用价值,对胃癌、食道癌、风湿、黄疸等有一定预防和治疗作用。

## 五、灯笼果

灯笼果,为落叶小灌木,果味酸甜,可加工成果酱或酿制成酒,是黑龙江省的珍贵野生果类。果呈球形,成熟果呈红色,味酸甜,营养丰富,生食味道极佳。灯笼果经济价值高,果食含酒石酸、柠檬酸、苹果酸等有机酸,是酿酒、加工清凉饮料和制作果酱、果糖的理想原料。灯笼果还适用于调味和加色等,其叶含单宁,可作为烤胶原料,种子可榨油,果食入药具有解毒治疗感冒等功能。

灯笼果(伊春旅游局提供)

## 六、野生山葡萄

山葡萄(伊春旅游局提供)

山葡萄,为多年生藤本植物,用其果酿制的山葡萄酒因色味甚佳而名扬海外。山葡萄果近圆形,成熟时黑紫色,果皮稍厚,味甜酸,别有风味,秋天成熟,山葡萄适应性较强,更适合在土壤肥沃湿润的树林中生长。山葡萄酒是各种葡萄酒中的精品,备受消费者青睐。

## 七、山里红

山里红,别名红果、棠棣、大山楂。山里红是蔷薇科落叶乔木,高 6 ~ 8 米,是果树,也是观赏植物。叶互生,阔卵形或三角卵形,边缘羽状 5 ~ 9 裂,有锯齿,叶脉上有短柔毛。伞状花序有小花 10 ~ 12 朵,呈白色或淡红色,5 月份开花,8 ~ 10 月份结果,梨果近球形,直径约 2 厘米,皮色深红。山里红是我国著名的果树,有 3000 多年栽培历史,由于适应性强,病虫害少,不需要精细管理,因此在全国各地都有栽培,而北方要比南方多。

山里红(伊春市旅游局提供)

山里红耐寒,生命力强,生长 4 ~ 5 年后开始结果,结出无数球形、梨形的小果实,果实肉厚皮红。满山遍野绿色丛中悬挂着红彤彤的小果实,十分艳丽。山里红有益于治疗心血管病,主要由于它含有黄酮、皂甙苹果酸、枸橼酸、果糖、蛋白质、碳水化合物,维生素 C 和维生素 A 等,在水果中仅次于新鲜红枣。山里红含钙质特别高,每到"五花山"时节,山里红便红彤彤一片地出现在漫山遍野之中。

## 八、山丁子

山丁子,系落叶乔木,树姿优雅娴美,花繁叶茂,白花、绿叶、红枝相互映托,美丽鲜艳,是优良的观赏树种,在哈尔滨市山区均有分布。山丁子树高可达4~5米,最高可达10米以上。树冠广卵形,叶卵形、伞形总状花序,4~6朵花集生在短枝顶端,6月份开花,很有观赏价值,果实近球形,红色或黄色,8~9月份成熟。山丁子除具有观赏价值外,还有许多用途。一是幼苗供苹果、花红和海棠果的嫁接砧木;二是很好的密源植物;三是木材纹理通直、结构细致,可用于印刻雕板、细木工、工具把等;四是嫩叶可代茶,还可作家畜饲料。土生土长的山丁子,以它的朴实在广阔的土地上茁壮生长。山丁子味甘酸、性凉、无毒,能润、生津、利痰、健脾、解酒。山丁子的营养成分高于苹果。其中有机酸含量超过苹果的1倍以上,果实成熟后可直接食用,也可在未熟软时以冰糖煮制或蒸制后食用。山丁子是酿酒和调制纯绿色饮品的最佳原料,适用于加工果脯、蜜饯和清凉饮料。树皮可做染料。

山丁子(伊春旅游局提供)

## 九、三莓果

人们把紫莓、树莓、草莓这三种浆果统称为三莓果。

## 1. 紫莓

紫梅,又称黑加仑,富含多种营养物质,对人体健康具有很大益处。因此,在欧洲和其他一些地方非常受欢迎。黑加仑含有人体所需较高比例的 18 种氨基酸、矿物质和生物类黄酮。所含的生物类黄酮对恶性细胞具有抑制作用(停止或抑制其增长),还能保护正常细胞免受致癌物的损害,因此具有抗癌和防癌功效。同时,它还具有抗生素抑制细菌的作用,可增强抵抗传染病的能力,增强人体的免疫力。同时黑加仑汁中含有大量的维生素 A、$B_1$、$B_2$、C、D、E、F 等,尤其是维生素 C 的含量,比大多数果蔬的含量要高出几百倍,堪称水果中的"维生素 C 之王"。维生素 C 作为人体内具有重要功能的多种酶的激活剂,可以促进胶原蛋白的合成,加速创伤愈合和组织生长,同时维生素 C 是使大脑思维敏锐的必要物质。

紫莓(伊春旅游局提供)

## 2. 树莓

麦收时节,黑龙江省大、小兴安岭的大部分地区,都能见到已经熟透了的红色树莓果,又称山莓果。这种山莓果,在当地人口中,常被称做"大麦莌",意思是这种果子是在接近麦收季节才结成的山果。山莓果,红色,味道与草莓相似。熟透的山莓果有一种难以言语的果香,食后口中回味无穷。

树莓系蔷薇亚科悬钩子属,是一种落叶灌木,在海拔 300 米~1500 米的向阳山坡、溪边、山谷、荒地和灌木丛中生长。树莓根、茎、叶、果实均可入药,根味微苦,性辛、平,具有祛风除湿、活

树莓（佳木斯旅游局提供）

血化淤、解毒敛疮的功效，主治风湿腰痛、痢疾、遗精、毒蛇咬伤、闭经、痛经、湿疹、小儿疳积等症，是一种民间常用药。

树莓果实的果皮柔嫩，很容易碰破，果实采收后既不能承受较重的压力（稍受挤压即破裂出汁）又难以保鲜，因此，一般须根据市场供求关系的变化和订单进行分装与低温、冲气、速冻等保鲜处理，以适当延长保鲜期，保持完美的风味。

树莓果实至少含有 17 种氨基酸，包括 8 种人体必需的氨基酸；山莓果矿质元素含量也极其丰富，尤其是 Se；其子油中以脂肪酸为主，亚油酸、亚麻油酸也有较高含量，此外，还含有丰富的糖类、蛋白质、有机酸、维生素等营养成分，被称为“第三代黄金水果”。因此，山莓果有较高的营养价值和医疗效果。

### 3. 草莓

草莓，又叫红莓、杨莓、地莓等，是蔷薇科草莓属植物的泛称，全世界有 50 多个品种，原产于南美洲，我国是在 20 世纪初才引进的。草莓品种繁多，果实鲜红美艳、柔软多汁、甘酸宜人、芳香馥郁。草莓营养丰富，富含氨基酸、果糖、蔗糖、葡萄糖、柠檬酸、苹果酸、果胶、胡萝卜素、维生素 $B_1$、$B_2$、烟酸及矿物质钙、镁、磷、铁等。这些营养素对生长发育有很好的促进作用，对老人、儿童大有裨益。国外学者研究发现，草莓中的有效成分可抑制癌细胞的生长。科学研究已证实，维生素 C 能消除细胞间的松弛与紧张状态，使脑细胞结构坚固，皮肤细腻有弹性，对脑和智力的发育具有重要影响。饭后吃一些草莓,可分解食物脂肪,有利消化。

草莓(郑宇红摄)

草莓还有较高的药用和医疗价值。从草莓植株中提取出的“草莓胺”,对治疗白血病、障碍性贫血等血液病有较好的疗效。草莓味甘酸、性凉、无毒,能润、生津、利痰、健脾、解酒、补血、化脂,对肠胃病和心血管病有一定防治作用。据记载,服饮鲜草莓汁可治咽喉肿痛、声音嘶哑等症状。食草莓花,对积食胀肚、胃口不佳、营养不良或病后体弱消瘦,是极为有益的。草莓汁还有滋润营养皮肤的功效,用它制成的各种高级美容霜,对减缓皮肤出现的皱纹具有显著效果。

## 第二节 坚果类

黑龙江省除野生水果以外,野生的坚果也很多,如,松子、核桃、榛子等,都是老百姓在漫长冬季很好的消遣小食品。

### 一、松子

松子为名贵树种红松的种子,主要分布于我国的东北地区,特别是黑龙江省。松子仁中富含蛋白质、碳水化合物、脂肪。其脂肪大部分为油酸、亚油酸等不饱和脂肪酸,还含有钙、磷、铁等微量元素。

松子仁性温、味甘,具有养阴、息风、润肺、滑肠等功效,能治

松子(苗小苗摄)

疗风痹、头眩、燥咳、吐血、便秘等病。健康人食之可减少疾病、增强体质。松子仁中的不饱合脂肪酸,对促进脑细胞发育具有良好的功效,常被人们作为益智健脑的首选佳品,是人们休闲娱乐时喜爱的食品,真是既美味又健康。

## 二、山核桃

山核桃,又名胡桃、马核桃、核桃楸果,是乔木核桃楸的种子。山核桃营养丰富,价值很高,是一种优质木本高级油料作物。山核桃仁富含蛋白质、脂肪、糖类、钙、磷、铁、胡萝卜素、核黄素,此外,还富含锌、锰、铬等微量元素和尼克酸等。可作为食油原料,可食用,油脂绝大多数由亚油酸甘油脂组成,故其风味清香不腻。它又是一种滋补药品,具有补气养血、止咳化痰、温肺润肠、预防和治疗动脉硬化、补肾固精、健身益寿之功能,有防治腰痛、阳痿、遗精、小便频密之功效。它还可以榨取工业用油,用来制作肥皂和防锈剂。用它作为糖果、糕点的高级辅料,做成的核桃仁罐头、糕点,香甜酥脆,深受人们欢迎。果壳可制作桌、凳装饰工艺品及做门、窗帘的上好原料。

核桃(苗小苗摄)

## 三、榛子

榛树，属桦木科榛属植物，又称山板栗、尖栗、棰子等。榛树是果材兼用的优良树种。榛子即榛树的果实，形似栗子，外壳坚硬，果仁肥白而圆，有香气，含油脂量很大，吃起来特别香美，余味绵绵，因此成为最受人们欢迎的坚果类食品之一，有“坚果之王”的称谓，与扁桃、核桃、腰果并称为“四大坚果”。

常吃榛子第一，可以软化血管，促进胆固醇代谢。榛子含有丰富的脂肪，主要是人体不能自身合成的不饱和脂肪酸，一方面，可以促进胆固醇的代谢；另一方面，可以软化血管，维护毛细血管的健康，从而预防和治疗高血压、动脉硬化等心脑血管疾病。第二，可以强壮体魄，促进生长发育。榛子的含磷量为诸果之首，磷是人体构成骨骼、牙齿的主要成分。此外，榛子中钾、铁含量亦名列前茅，对于增强体质、抵抗疲劳、防止衰老都非常有益。常食榛子有益于儿童的健康发育。第三，可以明目健脑、增强记忆。榛子中含有丰富的维生素 A、$B_1$、$B_2$ 及烟酸，有利于维持正常视力及上皮组织细胞的正常生长和神经系统的健康，促进消化系统功能，增进食欲，提高记忆，防止衰老。

# 第三节　山野菜类

黑龙江的方物特产除水果、坚果外，最受欢迎的还有山野菜，主要有蕨菜、薇菜、黄瓜香、猴腿、黄花菜、刺嫩芽等。它们都是游客喜欢品尝的山野菜。

## 一、蕨菜

在广袤的黑龙江省大地上，盛产野生蕨菜。黑龙江蕨菜在海拔200~800米的高山地带都有分布，多与杂草混生。5月中旬开始出土，5月下旬~6月初上旬即可采收。蕨菜嫩叶、嫩茎都可食用，被称为绿色食品，因营养丰富，无污染备受外商欢迎，近20多年来，蕨菜大量出口，风靡日本全国。蕨菜要在春季萌发后适时采摘，以幼茎、嫩叶为佳，带拳卷的叶片味道更浓，伸开巴掌的不宜食用。蕨菜所含的胡萝卜素、各种维生素及微量元素很丰富，同时富含蛋白质、脂肪、糖和粗纤维。常吃蕨菜的好处很多，比如，可以对细菌有一定的抑制作用，可用于发热不退、肠风热毒、湿疹、疮疡等病症，具有良好的清热解毒、杀菌清炎之功效。蕨菜的某些有效成分能扩张血管、降低血压；其粗纤维能促进胃肠蠕动，具有顺气通便的作用。蕨菜还能清肠排毒，民间常用蕨菜治疗痢疾及小便淋漓不通，有一定效果。

蕨菜（王成摄）

蕨菜食用前，需经沸水烫后，再浸入凉水中除去异味。经处理的蕨菜口感清香滑润，再拌以作料，清凉爽口，是难得的上乘下酒菜。它还可以炒吃或加工成干菜，做馅、腌渍成罐头等。在采集时要保护资源的可持续利用，第一次采后再生的芽当年不要再采，以使资源得以休养生息，达到越来越多的目的。

## 二、薇菜

薇菜，又名紫萁、野豌豆、巢菜、元修菜，是蕨类植物中紫萁科紫萁属紫萁类孢子体的嫩叶。它包括紫萁和分株紫萁，又名牛毛

薇菜(大兴安岭局提供)

广,为多年生草本植物。薇菜作为可食山野菜已有悠久的历史,过去是不出名的荒草,现已步入高档餐桌。其经济效益为一般蔬菜的4~5倍。野生薇菜鲜嫩味美、营养丰富,未展开的嫩叶尤为上品。薇菜既可鲜食,又可腌渍、干制。是向日本出口的大宗山珍野菜之一。

薇菜性微寒,味苦,能清热解毒、润肺理气、补虚舒络、止血杀虫。主治衄血、吐血、赤痢、子宫功能性出血、风热感冒等病症。它除含有蛋白质、脂肪、糖类、胡萝卜素、钾、钙、磷、铁、锰等外,还含有尖叶土杉甾酮、促脱皮甾酮、鞣质等成分。

## 三、黄瓜香

黄瓜香,别名荚果蕨、广东菜,为球子蕨科多年生草本植物。植株高1米左右,根状茎直立,叶簇生,有营养叶和孢子叶两种类型。其卷曲未展的嫩叶可作春季山野菜食用,因食之有黄瓜的清香味故名黄瓜香。黄瓜香除含有大量的膳食纤维和各种氨基酸、抗坏血酸、维生素等外,还含有人体必需的5种常量元素和7种微量元素。黄瓜香不仅营养价值高,还有食疗作用,具有清热、滑肠、降气、驱风、益气安神、化痰等功能。

## 四、猴腿

猴腿,学名猴腿蹄盖蕨,别名绿茎菜、紫菜等,属于蹄盖蕨科。猴腿一般生长在针阔混交林中或灌木丛中及沟边河岸草地。黑龙江省小兴安岭是猴腿山野菜的主产区。猴腿营养丰富,含多种维生素、碳水化合物、无机盐、蛋白质和脂肪。它可做成多种美味佳肴。猴腿卷曲未展的嫩叶为当地人们喜食的山野菜,在每年春季采摘,鲜食时需先将猴腿用开水烫过,也可加盐渍或晒成干菜。其味鲜美而独特,药用价值与蕨菜相似,是著名的食、药用山野菜之一。猴腿菜味甘性寒,具有清热滑肠、驱虫止血、降气化痰、利水安神的食用功效。

**黄瓜香**(佳木斯旅游局提供)

## 五、黄花菜

黄花菜,别名金针菜、萱草、忘忧草、萱草花、健脑菜、安神菜、绿葱、鹿葱花等。黄花菜是一种多年生草本植物的花蕾,味鲜质嫩、营养丰富,含有丰富的花粉、糖、蛋白质、维生素 C、钙、脂肪、胡萝卜素、氨基酸等人体所必需的养分。其所含的胡萝卜素甚至超过西红柿的几倍。黄花菜性味甘凉,有止血、消炎、清热、利湿、消食、明目、安神等功效,对吐血、大便带血、小便不通、失眠、

**黄花菜**(佳木斯旅游局提供)

乳汁不下等有疗效，可作为病后或产后的调补品。鲜黄花菜中含有一种“秋水仙碱”的物质，其本身虽无毒，但经过胃肠道的吸收，在体内氧化为“二秋水仙碱”，则具有较大的毒性。所以在食用鲜品时，每次不要多吃。由于鲜黄花菜的有毒成分在高温60℃时可减弱或消失，因此食用时，应先将鲜黄花菜用开水焯过，再用清水浸泡2个小时以上，捞出用水洗净后再进行炒食，这样食用就安全了。食用干品时，消费者最好在食用前用清水或温水进行多次浸泡后再食用。这样可以去掉残留的有害物，如，二氧化硫等。

## 六、刺嫩芽

刺嫩芽，属多年生落叶小乔木，别名刺龙芽、刺老芽、辽东楤木、龙芽楤木、鹊不踏等。

刺嫩芽的嫩芽为食用部分，食用方法多样，可以生食、炒食、酱食、做汤、做馅，或加工成不同风味的小咸菜。它味美香甜、清嫩醇厚、野味浓郁，是著名的上等山野菜，被誉为“山野菜之王”。多年来，一直是出口的主要山野菜品种之一，且供不应求，深受国内外广大消费者的称赞，可称得上是“美味山珍”。

刺嫩芽的嫩芽中含有丰富的营养成分，除富含蛋白质、脂肪、糖类和有机酸外，还含有丰富的维生素、胡萝卜素及磷、钙、锌、镁、铁、钾等矿物质。其中氨基酸的含量较高，而且品种丰富。除此之外，刺嫩芽还有一定的药用价值。刺嫩芽的根皮具有强壮筋骨、祛风除湿和补气安神等功效，主要用于治疗神经衰弱、风湿性关节炎、糖尿病、阳痿和肝炎等疾病。刺嫩芽的主要成分为木皂甙，刺嫩芽根皮中总皂甙含量是人参根总皂甙含量的3倍左右。此外，在其根、茎、叶、花和果实中还含有黄酮、木质素、生物碱、多糖、挥发油和鞣质等，木皂甙与人参皂甙相似，具有抗炎、镇静、利尿、强心、免疫和防癌等作用，尤其用于治疗黄疸肝炎和迁延型慢性肝炎效果更好。

刺嫩芽的芽及嫩叶可食，由于其特有的清香和荤香味，本地居民多用以炒鸡蛋。因其既无污染又有特殊香味，所以在宾馆、饭店的菜谱上亦属常见，如，鸡茸刺老、烧刺老芽海米等。

## 七、婆婆丁

婆婆丁，学名蒲公英，别名黄花苗、黄花地丁、黄花郎、木山药、奶汁或苦蓿等。蒲公英春季或秋季开花，花茎比叶短或等长，但结果时则伸长，有蛛丝状毛。蒲公英不仅营养丰富，而且有很高的药用价值。因此，它不是普通山野菜，而是一种珍贵的食疗佳品。那么如何食用呢？蒲公英可以炒熟吃，也可作凉拌菜。当然，还可与其他菜肴和作料配伍，烹调成各种色香味俱佳食疗佳品。如，蒲公英炒肉丝，因蒲公英具有清热解毒、消肿散结功能，猪肉具有滋阴润燥、补中益气效果，二者配伍制作成菜肴，不仅口味鲜美，而且能提供多种营养，因而可食疗感冒、胃炎、咳嗽、便血及疔毒疮肿等症；蒜蓉蒲公英，可食疗急性乳腺炎、淋巴腺炎、急性结膜炎、胆囊炎、胃炎、肝炎、疔疮肿毒、瘰疬等病症；蒲公英绿豆汤可食疗多种炎症，如尿路感染、大便秘结等。

婆婆丁（大兴安岭旅游局提供）

## 八、柳蒿芽

柳蒿，别名柳蒿菜、水蒿、白蒿等。为菊科多年生草本植物，主要分布在大兴安岭南北的河岸湿地、沼泽、柳林灌丛等处。其

柳蒿芽(大兴安岭旅游局提供)

嫩茎叶可食用。野外采集,一般在5~6月份进行,采后用水焯一下,去掉苦味即可炒食、蘸酱或做馅、做汤。柳蒿的营养价值丰富,富含蛋白质、脂肪、碳水化合物、粗纤维、胡萝卜素、维生素和钾、钙、镁、磷、钠、铁、锰、锌、铜等物质和微量元素,具有健脾去火、解毒消炎、破血行淤、理气通络之疗效。还具有降血压、降血脂、养肝健胃、清热解毒消炎、生毛发等功效,民间常用于治疗传染性肝炎、高血压、癌症等病症。利用柳蒿解毒作用与河豚同煮,可消河豚之毒。

## 九、老山芹

老山芹,学名东北牛防风,又叫土当归、山芹菜等。老山芹是一种人们特别爱吃的山野菜。其根部可以药用。每年的5~6月,可采摘10cm的嫩芽,其加工方法与黄瓜香相同。

老山芹(漠河旅游局提供)

老山芹营养丰富,除含蛋白质、脂肪、糖等物质外,还富含Vc,是一般蔬菜的几十倍。它翠绿多汁、清爽可口,是色、香、味俱佳的山野菜,具有祛风除湿和止痛功能,能治疗风湿性关节炎、腰膝酸痛、头痛等症。老山芹的全株可入药,味甘辛,性凉,具有退热解毒、清洁血液、降血糖和降血压的功效。另外,老山芹所含丰富的膳食纤维,可以帮助胃肠蠕动,清理肠道垃圾,还可以降血脂。老山芹药食兼用,能够扶正固本,强壮身体,具有抗疲劳、抗辐射、减肥益智等功能,被称为山野菜中的“绿色黄金”。老山芹用冷水发泡后,可炝、可拌,可与肉骨同煮食,亦可剁碎做馅。

## 十、小根蒜

小根蒜,又名薤白、小根菜。它的茎叶长得很像蒜,也有葱、蒜的味道。小根蒜为百合科植物,多生长在本省的北部地区,春季采集时连根挖起,除去茎叶及须根,洗净后即可待用,也可用沸水煮透,晒干或烘干后食用。本品须置于干燥处,防潮防蛀。其食疗功效有通阳化气、开胸散结、行气导滞,治疗痢疾及抑制高血脂病人血液中过氧化酯的升高,防止动脉粥样硬化。

**小根蒜**(佳木斯旅游局提供)

主要吃法有小根蒜拌豆腐,或熬制小根蒜白木耳粥。老百姓的吃法很简单,洗净蘸着大酱吃即可。

## 十一、马齿苋

马齿苋,别名长命菜、五行草、安乐菜、酸米菜、长寿菜、麻子菜等。它具有清热解毒、止血通淋等功效。主治急性、亚急性皮炎和肠炎、细菌性痢疾、疔疮肿毒、虫蛀咬伤、湿疹、阑尾炎、钩虫病、带状孢疹等病症。马齿苋是田头路边随处可见的一种野菜。

马齿苋(佳木斯旅游局提供)

它耐旱,生命力很强,即使从地上连根拔起久晒,也不会枯死。马齿苋叶像马齿,而且具有滑利性,因而得名马齿苋。它的茎柔软平铺在地上,叶子很小,且成对称生长。它在六七月开小花,并结小的尖形果实,果实中有葶苈状的马齿苋子。

## 十二、车前草

车前草,又名车轮菜,为车前科多年生草本植物,主要生长在山野、路旁、花圃、河边等地。它根茎短缩、肥厚,密生须状根,叶全部根生,叶片平滑,广卵形,边缘波状,间有不明显钝齿,主脉5条,向叶背凸起,呈肋状伸入叶柄,叶片与叶柄等长。

车前草(佳木斯旅游局提供)

春夏秋株身中央抽生穗状花序。花小,花冠不显著。结椭圆形蒴果,顶端宿存花柱,熟时盖裂,撒出种子。具有利水通淋、清热解毒、清肝明目、祛痰、止泻的功效。不仅可药用,还可食用,深受人们喜爱。

# 第四节　野生菌类

黑龙江省方物特产除以上几种外，还有食用菌类，如，猴头蘑、松茸、榛蘑、榆黄蘑、元蘑、黑木耳等，它们的药用和营养价值更高，是老百姓饭桌上的佳肴。

## 一、松茸

松茸，又名松口蘑，是一种纯天然的珍稀名贵食用菌类，被誉为“菌中之王”。相传 1945 年 8 月，广岛遭原子弹袭击后，唯一存活的植物就是松茸。松茸在日本有“蘑菇之王”之称。目前，全世界都不能人工培植。松茸长在寒温带海拔 3500 米以上的高山林地。新鲜的松茸，形若伞状，色泽鲜明，菌盖呈褐色，菌柄为白色，均有纤维状茸毛鳞片，菌肉白嫩肥厚、质地细密，有浓郁的特殊香气。松茸味独特，口感滑润，富有弹性，食后余香满口，鲜香别具一格。松茸富含蛋白质、脂肪、纤维素、多种氨基酸、不饱合脂肪酸；还含有其他菌类中少有的 β－葡萄糖酸、核酸衍生物、肽类物质、有机锗、多糖 LPB 等稀有营养元素，并且具有提高 SOD 活性、加速自由基的清除、延缓组织器官衰退、改善心血管功能及促进新陈代谢，提高人体抗病毒、抗细胞突变和增加免疫功能的能力。常食松茸能强精补肾，恢复精力，有益胃补气、强心补血、健脑益智、理气化痰、驱虫及治糖尿病和抗癌等作用。

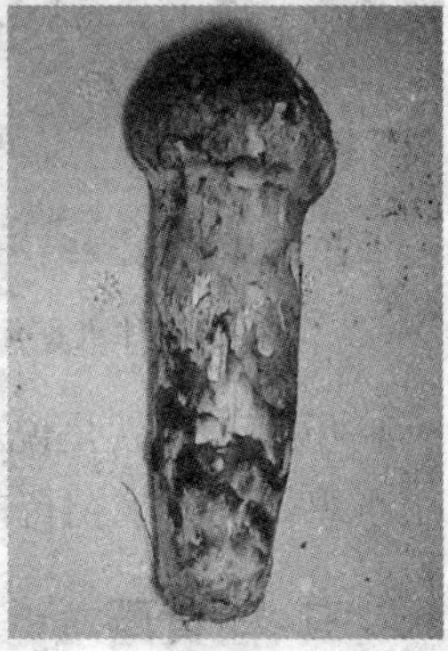

松茸

（大兴安岭旅游局提供）

## 二、榛蘑

榛蘑,为真菌植物门真菌蜜环菌的子实体,是迄今为止为数不多的被人们所认知但仍然无法人工培育的野生菌类,堪称名副其实的“山珍”,被人们称为“东北第四宝”。榛蘑滑嫩爽口、味道鲜美、营养丰富,被一些发达国家列为一类食品。榛蘑呈伞状,淡土黄色,长成后变为棕褐色。榛蘑生长在针阔叶树的干基部、倒木及埋在土中的枝条上。它一般多生在浅山区的榛柴岗上,故而得名“榛蘑”。榛蘑的生长期为每年初秋的 8 ~9 月,雨后第二天最宜采摘。

榛蘑含有人体必需的多种氨基酸和维生素,经常食用可加强肌体免疫力,具有益智开心、益气不饥、延年轻身等作用。榛蘑是传统中医药材,具有祛风活络、强筋壮骨的功能。常用于治羊痫风、腰腿疼痛、佝偻病等;经常食用可预防视力减退、夜盲症、皮肤干燥,并增强对呼吸道、消化道传染病的抵抗力。如果您是经常坐在电脑前工作的人,建议多吃点榛蘑,对保护视力很有帮助。榛蘑味道鲜美,榛蘑炖小鸡是东北人招待贵客的不可缺少的传统佳肴。东北有句俗话说:“姑爷领进门,小鸡吓掉魂。”就是说新姑爷第一次到丈母娘家,丈母娘是一定要用小鸡炖榛蘑来招待的,可见这道菜的重要性。

干榛蘑(佳木斯旅游局提供)

## 三、榆黄蘑

榆黄蘑,又名金顶侧耳、金顶蘑、玉皇蘑。菌盖草黄色至鲜黄色,光滑,漏斗状,直径 3 ~10 厘米。菌肉白色,柄偏生,菌盖鲜黄、油亮，优美喜人。其形状恰似一朵盛开的鲜花，丽姿娇艳，惹人喜爱。

榆黄蘑（佳木斯旅游局提供）

榆黄蘑既具有味道鲜美、香味浓郁、营养丰富的食用价值，又具有滋补强身的药用价值，含有蛋白质、维生素和矿物质等多种营养成分。其中氨基酸含量尤为丰富，且必需氨基酸含量高，属高营养、低热量食品。长期食用，有降低血压、降低胆固醇含量的功能，是老年人心血管疾病患者和肥胖症患者的理想保健食品。可入药，治虚弱萎症（肌萎）和痢疾等症。具有滋补强壮功效。榆黄蘑不但被国人所喜爱，而且在国际市场上也较为抢手。

食用时要用沸水焯一下，换清水过凉后供炒、做馅或凉拌食用，亦可水焯、过凉后，拌盐，晒成干菜，供冬季食用。

## 四、元蘑

元蘑，学名亚侧耳，别名，冻蘑、冬蘑、黄蘑等，是东北有名的野生特产食用菌之一，可人工栽培。

元蘑是蘑菇中仅次于猴头蘑的上品蘑，营养成分是一般蔬菜的十几倍。与野生元蘑相比，养植元蘑的营养价值当然是逊色的，而野生元蘑通常会有少量虫蛀的痕迹，中秋过后从野外采摘的元蘑，相对而言虫蛀较少，营养价值很高。

元蘑含有丰富的蛋白质、脂肪、糖类、钙、磷等营养成分，100克元蘑（干品）中的蛋白质含量为8克，钙、磷、铁等微量元素均很齐全，并且含量较高。其中所含有的多糖等物质，对于增强人体免疫力、抑抗肿瘤、预防多种疾病等均有较好的作用。它滋味鲜

元蘑（佳木斯旅游局提供）

美，有较高的食用价值，味道与海鲜相似。用元蘑做菜肴，荤素兼宜，有炒、炖、烩、烧等多种吃法，堪称“素中有荤”的山珍。

元蘑含有丰富的维生素 $B_2$，有益健康，入药具有舒筋活络、强筋壮骨的功能，主治腰腿疼痛、手足麻木、筋络不舒等症状。经常食用元蘑具有增强肌体免疫力、抵抗力，益智开心、益气不饥、延年轻身等作用。

## 五、滑子蘑

滑子蘑，又名珍珠菇，是东北特有的山珍之一。它生长在东北原始森林之中，因菌盖表面黏滑，入口滑润，故名。滑子蘑是野生菌种，经科学培育，在无污染、无杂菌的环境下生长，是一种营养丰富的食用菌。它含有大量人体所需的氨基酸、维生素和矿物质，不但营养丰富，且味道鲜美，口感极佳。在众多的蘑菇当中，滑子蘑是人们最常吃的一种。许多人就喜欢在涮火锅时涮点滑子蘑。另外，附着于菌盖表面的黏性物质是一种核酸，对保持人体的精力和脑力大有益处。滑子蘑实体还含有对肿瘤具有抑制作用的多糖体，这是美味之外的又一大附加品。

滑子蘑（佳木斯旅游局提供）

## 六、草蘑菇

草蘑菇，是呼伦贝尔特有的山珍之一，是极少数不能人工培育的食用菌之一，是真正的绿色食品。它生长在深山的草丛中。草蘑富含大量微量元素、蛋白质、胡萝卜素、维生素C及各种氨基酸、碳水化合物等。用草蘑炖小鸡是当地人招待外来客人的必备菜。草蘑清香怡人、口感鲜美。

**草蘑菇**（漠河旅游局提供）

## 七、毛尖蘑

毛尖蘑，被人们称为"蘑菇之圣"和兴安岭的"软黄金"，生长在大、小兴安岭8万平方公里的原始森林之中。毛尖蘑茎如鸡腿，顶如园球，呈深黄色，晒干后呈暗褐色。产地很多居民也把毛尖蘑叫做"鸡腿蘑"。此蘑肉嫩味香，炖鸡肉味尤美，为节日宴席佳肴，据传可上国宴。

**毛尖蘑菇**（漠河旅游局提供）

毛尖蘑菇有三高：一是毛尖蘑生长的条件要求高。它生长在采金后土壤和腐殖质比较富饶的毛尖上，生长期对积温和降水量的要求比较高。二是毛尖蘑所含营养成分高。在小兴安岭伊春北麓嘉荫县的乌拉嘎是我国最大的沙金矿区，在采完金子的沙堆上，经常能看到毛尖蘑，现在在林区还有这个说法：有毛尖蘑的地方就出金子。嘉荫史志上把毛尖蘑称作"金地牡丹"。随着科学的发展，人们对其成分进行鉴定后证实，它所含的氨基酸、蛋白质、微量元素等是普通蘑菇的几倍至几十倍,被人们称为"素中之肉"、"蘑菇之圣",是罕见的纯天然绿色食品。三是毛尖蘑的产量低、价格高。由于毛尖蘑的生长条件要求较高,中国毛尖蘑的产地仅在大、小兴安岭,主要生长地就在大兴安岭东南坡的韩家园林业局施业区内。据业内人士估算,毛尖蘑在丰年产量也就是1000公斤,平常年份也就是500公斤左右。

## 八、桦树蘑

桦树蘑,属于大兴安岭珍稀野生食用菌,生长在莽莽林海的桦树林里,采摘于桦树上。这种真菌的活性极强,会不断吸取桦树的养分,大约10~15年之后会把白桦树的精髓吸收殆尽,使白桦树枯死。

桦树蘑(漠河旅游局提供)

野生桦树蘑不但味美,还具有防癌和保健作用。俄罗斯人认为,桦树蘑是上帝赐给苦难人类的一种神奇的礼物,可用来防治肝癌、艾滋病和157大肠杆菌中毒。大兴安岭位于中国最北端,以独有的浩瀚林海而闻名于世,水体、空气等环境非常接近自然本态。昼夜温差大,天然无污染。这里生长的桦树蘑,营养价值极高。

桦树蘑的泡发方法是要浸泡2小时左右之后可煲汤,炒食则要泡3~4小时。它还可以炖排骨或老鸭。桦树蘑最大的特点是与什么菜组合,即吸收该菜的味道。

## 九、黄油蘑

野生黄油蘑,是久负盛名的黑龙江省地方土特产。特别是它又生长在无污染的大兴安岭更是极为难得。野生黄油蘑含有丰富的蛋白质、脂肪、糖类、钙、磷等营养成分，营养丰富、细腻柔软，味道鲜美，实为野生食用菌中的上品，有较高的食用价值，鲜食尤佳，有清香气味。其味道与海鲜相似。用黄油蘑做菜肴，荤素兼宜，制成的山珍佳肴，色、香、味俱佳，非常诱人，堪称“素中有荤”的山珍。

黄油蘑（漠河旅游局提供）

黄油蘑还可入药，具有舒筋活络、强筋壮骨的功能，主治腰腿疼痛、手足麻木、筋络不舒等症。

## 十、花脸蘑

花脸蘑，中文学名花脸香蘑，别名紫花脸。花脸蘑形态特征为一般子实体。菌盖直径3～7.5厘米，扁半球形至平展，有时中部稍下凹，薄，湿润时半透明状或水浸状，紫色，边缘内卷，具不明显的条纹，常呈波状或瓣状。菌肉有淡紫色，菌褶淡蓝紫色，稍稀，直生或弯生，菌柄长3～6.5厘米，粗0.2～1厘米，靠近基部常弯曲，内实。孢子无色，有粗糙麻点，呈椭圆形至近卵圆形。

花脸蘑（漠河旅游局提供）

花脸蘑的生态习性是这样的，夏秋季在山坡草地、草原、菜园、村庄路旁、火烧地、堆肥等处群生或近丛生。

花脸蘑作为质味优良的食用菌可进行驯化栽培。花脸蘑的蛋白质含量丰富,各种氨基酸比较齐备,特别是钙、铁、胡萝卜素和烟酸含量高,还有较多的微量元素铜、锌、氟、碘等,因此具有养血、益神、补肝和五脏之功效,常食有利于治疗贫血崩漏、久病体虚、神疲、健忘等症,能使肌体及时排毒并增加食欲,令人充满活力。

## 十一、黑木耳

木耳,指木耳属的食用菌,是子实体胶质,呈圆盘形、耳形(不规则形),直径 3 ~ 12 厘米。新鲜时软,干后成角质。它口感细嫩、风味特殊,是一种营养丰富的著名食用菌。它的别名很多,因生长于腐木之上;其形似人的耳朵,故名木耳;又似蛾蝶玉立,又名木蛾;因其味道有如鸡肉鲜美,故亦名树鸡,重瓣的木耳在树上互相镶嵌,宛如片片浮云,又有云耳之称。在我国生长的木耳大多数是呈黑色的,所以又称黑木耳。

黑木耳(苗小苗摄)

木耳的营养价值很高,第一,因木耳中铁的含量极为丰富,故常吃木耳能养血驻颜,令人肌肤红润,容光焕发,并可防治缺铁性贫血;第二,木耳含有维生素 K,能维持体内凝血因子的正常水平,防止出血;第三,木耳中的胶质可把残留在人体消化系统内的灰尘、杂质吸附集中起来排出体外,从而起到清胃涤肠的作用;第四,它对胆结石、肾结石等内源性异物也有较显著的化解功能;第五,它还有帮助消化的纤维类物质的功能,对无意中吃下的难以消化的头发、谷壳、木渣、沙子、金属屑等异物有溶解与烊化作用。因此,它是矿山、化工和纺织工人不可缺少的保健食品;第六,木耳含有抗肿瘤活性物质，能增强机体免疫力，经常食用可防癌、抗癌。

## 第五节 鱼类

黑龙江省的鱼类资源特别丰富。其中“三花五罗”、“边塞三珍”和鲟鳇鱼被称为黑龙江的名鱼。

### 一、三花五罗

“三花”，即鳌花、鳊花、鲫花；“五罗”，即哲罗、法罗、雅罗、胡罗、铜罗。

#### 1. 鳌花

学名鳜鱼。为我国特产名贵鱼种，但黑龙江鳜鱼因水质清澈甘洌、无污染，且冬季漫长，生长较为缓慢，所以肉质细白鲜嫩，味美适口，为渔人招待上宾之稀有鱼类。红焖、清炖、煎炸均清香爽口，尤以“松鼠鳜鱼”驰誉省内外。

**鳌花**（饶河旅游局提供）

#### 2. 鳊花

学名长春鳊。黑龙江的鳊花最大个体有1公斤左右，肉质肥嫩,肌肉中含脂肪达10%～13%,肉嫩味鲜,煎食最佳,清炖亦香。

鳊花(饶河旅游局提供)

### 3. 鲫花

黑龙江所产的鲫花一般在300克～500克,背部呈银灰色,体侧有褐色斑点,体扁,呈梭形,肉味鲜美,炖食最佳。

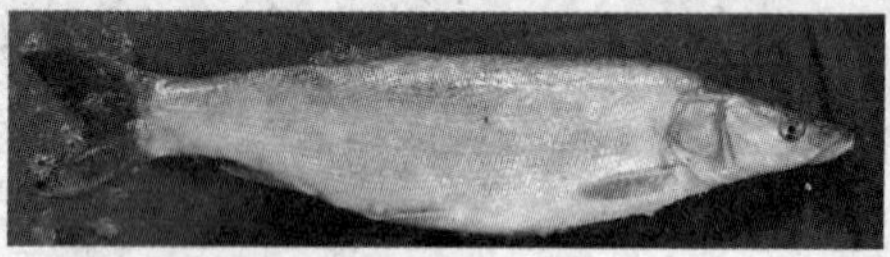

鲫花(饶河旅游局提供)

### 4. 哲罗

哲罗,是冷水鱼中的大型肉食鱼,是世界稀有冷水鱼种之一,肉质细密。哲罗冬季不停食,个体大者有三四十公斤重。体长而厚,略呈圆筒状。凡冷水鱼,肉均鲜嫩。其味道比热带鱼、海鱼及一般江河鱼类更鲜美,故用来包饺子、汆丸子、烩鱼片等,最受顾客青睐。

### 5. 法罗

学名三角鲂,比哲罗小,但习性相似,体形与鳊花相似,比其略宽,呈菱形。最大个体有5公斤左右,其肉脂多,味美,宜煎、宜炖,最宜做汤。

### 6. 雅罗

别名华子鱼，一般体重750克，大马雅罗重1000克，因其繁殖快、喜群游，所以夏秋之际，才能捕捞。又因易腐，所以不宜远销，但价格并不便宜，为中外游客所喜爱。

### 7. 胡罗、铜罗

成鱼均属小型，不足以形成捕捞量，多为渔民自食，味亦鲜美。

## 二、边塞三珍——大白鱼、大马哈鱼和滩头鱼

### 1. 大白鱼

大白鱼，属鲤科淡水经济鱼类，学名翘嘴红鲌，色白如玉，俗称大白鱼。此鱼成群栖息于淡水上层，体形长、侧扁、口大，腹面全部或后部具肉棱，背鳍具硬刺，臂鳍延长。此鱼是以水生昆虫为食。重量多在2.5公斤~3.5公斤之间，大者可达5公斤左右。该鱼肉嫩、味香，并有补肾益脑、开窍利尿之药用价值，亦是国宴上的佳肴，被列为我国四大淡水名鱼之一。

大白鱼（鸡西旅游局提供）

### 2. 大马哈鱼

大马哈鱼，特征是体侧扁，背腹外廓大致相称，呈纺垂形。头大而侧扁，口裂大，眼小，吻长而凸出，上颌骨延至眼的后缘，斜向下方，似鸟啄状，上、下颌不相愈合。体侧线明显，鳞细小，有胸

鳍、腹鳍各一对，背鳍、臀鳍各一个。有一个很小的脂鳍与臀鳍相对。体色变化大，入河洄游时色彩非常鲜艳。背和体侧黄绿色，腹部银白，体两侧有 10～12 条橘红色斑纹，雌鱼较浓。分布：大麻哈鱼属于溯河洄游性鱼类。分布于太平洋北纬 35°以北的水域，亚洲沿岸和美洲沿岸均有分布。洄游进入我国境内的黑龙江、绥芬河、乌苏里江和松花江。生活习性：大麻哈鱼在海洋生活 3～5 年，每年秋季成群结队渡过鄂霍次克海，绕过库页岛进入黑龙江，溯往原来的繁殖场进行产卵。每年 9 月在乌苏里江口即可捕到大麻哈鱼群。大麻哈鱼由于长途艰辛洄游，加之产卵，体力耗尽，完成了繁衍后代任务后不久即死去，所以又被称为死不回头的鱼。经济价值：此鱼为黑龙江特产，每年生产季节在 9 月～10 月份，年产 20 万～40 万尾，该鱼肉质鲜美、营养丰富，每百克肉含蛋白 14.9 克，脂肪 8.7 克，为珍贵水产品之一。

**大马哈鱼**（抚远旅游局提供）

### 3. 滩头鱼

学名亚细亚陆鱼、三块鱼，俗称普氏裸鲤、鳇鱼。

在绥芬河和图们江，滩头鱼资源较为丰富，属唯一冷水性在海水中生活的溯河性鲤科鱼类。该鱼生长缓慢，体长通常为 25 厘米的中小型鱼类。

滩头鱼每年分三批从日本海游入绥芬河繁衍后代；在 4 月初游来第一批。该鱼身两侧各有一条橘红色条纹，在阳光照耀下金光闪闪，所以又称金滩头；进入 5 月游来第二批，此时鱼体侧条纹

滩头鱼（绥芬河旅游局提供）

为银白色，所以又称银滩头；进入6月游来第三批，此时鱼身条纹浓黑，所以又称黑滩头，数量比前两批多。

滩头鱼含蛋白质、维生素、钠、镁、钾、钙、铁等物质元素，有降低胆固醇，防治动脉硬化、冠心病的功效。

## 三、鲟鳇鱼

黑龙江和乌苏里江不仅是中俄界江，更是我国北方自然渔业的重要水域。这里特产的鲟鱼、鳇鱼等珍贵鱼类作为白垩纪时期保存下来的古生物群之一，曾与恐龙在地球上共同生活过。其原始古朴的外形1亿多年来几乎没有改变，具有珍贵的科研价值。

鲟鳇鱼（佳木斯旅游局提供）

鲟鳇鱼是区域性洄游鱼类，栖息在江河道中，长期在抚远县境内的黑龙江和乌苏里江江段做较大水域洄游活动，喜在砂砾质江段底部索饵，冬季集聚在河流深水区域越冬，幼鱼在春季河流解冻后进入浅水水域索饵，成鱼在春季5～6月份开始产卵游动，在河流水温16℃～18℃进入产卵场，开始产卵。

鲟鳇鱼不仅在研究鱼类进化上具有重大意义，而且还有很高的经济价值。其肉质鲜美、肌间无细刺，属高蛋白、高脂肪食品，含人体所必需的8种氨基酸,不饱和脂肪酸及12种维生素物质。特别是由鲟鳇鱼卵加工而成的“黑鱼子酱”,经济价值极高,有“黑珍珠”的美誉,在国际市场上供不应求。

## 第六节　其他类

### 一、亚麻

亚麻,是古老的韧皮纤维作物和油料作物。油用型亚麻,又叫做胡麻。胡麻,在我国至少有1000年的栽培历史。纤维型亚麻,是1906年从日本引入的,在中国主要分布在黑龙江和吉林两省。

亚麻(黑龙江省旅游局提供)

按经济特征分类,一般把有栽培价值的亚麻划分为纤维用亚麻、油用亚麻和油纤兼用亚麻三大类。纤维用亚麻,具有较高的经济价值,从原茎到种子都可加工利用。

首先,亚麻纤维。亚麻的开发利用价值高,亚麻茎制取的纤维是纺织工业的重要原料,可纯纺,亦可与其他纤维混纺。由于亚麻纤维与动物纤维、其他植物纤维、合成纤维相比,具有许多独特的不可替代的优点,决定了它在国民经济中占有重要地位。一方面,亚麻纤维强韧、柔细,其强度是棉纤维的1.5倍、绢丝的1.6倍,可纺支数高,织物平滑、整洁,适宜制作高级衣料。另一方面,亚麻纤维具有吸湿性强、散热快、耐摩擦、耐高温、不易燃、不易裂、导电性小、吸尘率低、抑菌保健等独特优点，适宜制作飞机翼布、军用布、消防、宇航、医疗和卫生保健服装及帆布、水龙带、室内装饰布及工艺刺锈品等。

其次，打麻下脚料和麻屑也有较高的利用价值，加工后的短纤维即麻棉，可与毛、丝、棉、化纤等混合，加工成混纺纱，也可纺纯麻纱；麻屑是制造人造板材或高级纸张的优质原料。

再次，亚麻种子含油量达30%～45%，亚麻油富含亚麻酸、亚油酸等不饱和脂肪酸，特别是富含人体必需的a－亚麻酸和r－亚麻酸，其中a－亚麻酸占到亚麻油脂肪酸的57%，比鱼油高2倍，能降低人体血压、血清胆固醇、血液黏滞度，对癌症、心血管病、内脏病、肾病、皮肤病、关节炎、肺病、免疫系统病等，具有治疗效果。英国、法国等30多个国家已批准将亚麻油作为营养添加剂或功能性食品成分使用。另外，亚麻油干燥性强，是优良的干性油，被广泛用于油漆、油墨、染料中，是人造丝、合成橡胶不可缺少的原料。亚麻子榨油后的饼粕含蛋白质23%～33%，残存油分在8.6%以上，是良好的家畜饲料。

## 二、人参

人参，为第三纪孑遗植物，是濒危物种，也是珍贵的中药材，是“东北三宝”之一，在我国药用历史悠久。多生长在北纬40°～45°，耐寒性强，可耐－40℃低温，土壤为排水良好、疏松、肥沃、腐殖质层深厚的棕色森林土或山地灰化棕色森林土，多生于以红松为主的针阔混交林或落叶阔叶林下，通常3年开花，5～6年结果，花期在5月～6月份，果期在6月～9月份。

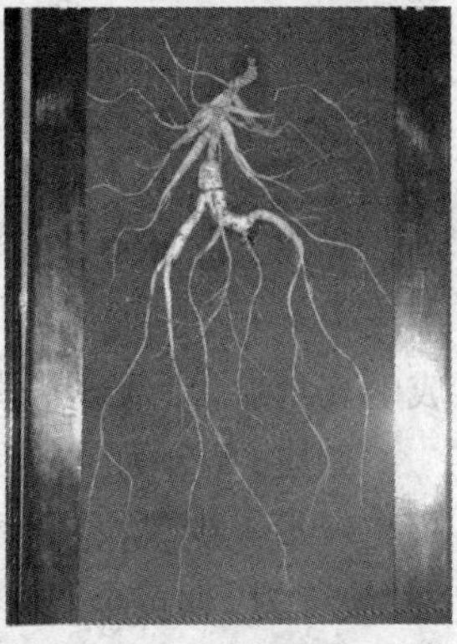
人参（苗小苗摄）

关于人参有一个传说。深秋的一天，东北戴氏家族有两兄弟要进山打猎。

进山后,兄弟俩打了不少野物。正当他们继续追捕猎物时,天开始下雪,很快就大雪封山了。没办法,两人只好躲进一个山洞,他们除了在山洞里烧吃野物,还到洞旁边挖些野生植物来充饥。一天,他们发现一种外形很像人形的东西味道很甜,便挖了许多,当水果吃。不久,他们发觉,这种东西虽然吃了浑身长劲儿,但是多吃会出鼻血。为此,他们每天只吃一点点,不敢多吃。转眼间冬去春来,冰雪消融,兄弟俩扛着许多猎物,高高兴兴地回到家。村里人见他们还活着,而且长得又白又胖,感到很奇怪,就问他们在山里吃了些什么。他们简单地介绍了自己的经历,并把带回来的几枝植物根块给大家看。村民们一看,这东西很像人,却不知道它叫什么名字,有个长者笑着说:“它长得像人,你们两兄弟又亏它相助才得以生还,就叫它‘人生’吧。”后来,人们又把“人生”改叫“人参”了。人参性平、味甘、微苦、微温。归脾、肺经。吃人参有大补元气,复脉固脱,补脾益肺,生津止渴,安神益智等功效。主治:劳伤虚损、食少、倦怠、反胃吐食、大便滑泄、虚咳喘促、自汗暴脱、惊悸、健忘、眩晕头痛、阳痿、尿频、消渴、妇女崩漏、小儿慢惊及久虚不复,一切气血津液不足之症。长期以来,由于过度采挖,资源枯竭,人参赖以生存的森林生态环境遭到严重破坏,目前东北参也处于濒临绝灭的边缘,因此,保护本种的自然资源有其重要的意义。

## 三、貂皮

貂皮,是“东北”三宝之一,素享“裘中之王”美誉。貂皮属于细皮毛裘皮,皮板优良、轻柔结实、毛绒丰厚、色泽光润。用它制成的皮革服装,雍容华贵,是理想的裘皮制品。

貂皮,又分为紫貂和水貂两种。其中,以紫貂皮较为名贵,紫貂皮产量极少,价格昂贵,因此又成为了人们富贵的象征。在国外,被称为“软黄金”。貂皮具有“风吹皮毛毛更暖,雪落皮毛雪自消,雨落皮毛毛不湿”的三大特点。

貂皮(苗小苗摄)

貂,是一种极其凶猛的动物,形似家猫,体重约1公斤,体长约40厘米。

紫貂,又称黑貂、林貂。老百姓叫它"大叶子",因皮毛略呈棕褐色,所以得名。属于食肉目,鼬科,貂的生活习惯较孤僻、昼伏夜出,除交配和繁殖期外,喜欢独居生活。以小型的哺乳动物、鸟类、鼠类为主要食物,也吃松子等浆果。

在我国,紫貂主要生活在长白山的针阔叶混交林带中和大小兴安岭及新疆阿尔泰山脉,数量极少,所以貂皮的价格昂贵。

水貂生活在林中溪水之间和大小河流中。从1965年开始人工饲养,经过近40年的努力,饲养的规模不断扩大,貂皮的质量也不断提高,现在市场出售的水貂制品,制作工艺精良,不仅有黑褐色,还有白色、蓝宝石色、珍珠色、咖啡色等。

## 四、鹿茸

鹿茸,是指雄性梅花鹿或马鹿的尚未骨化而带茸毛的幼角。雄性小梅花鹿和马鹿在出生后8~10个月时,额部开始突起,形成长茸基础,足2岁以后,鹿茸分岔,鹿茸以3~6年所生的为佳。鹿茸是名贵药材。鹿茸中合有磷脂、糖脂、胶脂、激素、脂肪酸、氨基酸、蛋白质及钙、磷、镁、钠等成分。其中氨基酸成分占总成分的50%以上。鹿茸性温而不燥,具有振奋和提高机体功能,对全身虚弱、久病之后患者,有较好的强身作用。

鹿茸可以提高机体的细胞免疫和体液免疫功能,促进淋巴细胞的转化,具有免疫促进剂的作用。它能增强机体对外界的防御能力,调节体内的免疫平衡而避免疾病发生和促进创伤愈合、病体康复,从而起到强壮身体、抵抗衰老的作用。

鹿茸(苗小苗摄)

## 五、林蛙油

林蛙,又名蛤什蟆。香港、广东人称为雪哈,属于珍稀两栖类动物。春天,林蛙从河里出来,到池塘里进行交配繁殖,之后,到树林里捕食昆虫,直到深秋,逢雨天,它们返回河里冬眠。林蛙是我国著名的集药用、滋补和美容于一体的经济蛙种。秋天捕捉的林蛙肚子里的油就长成了,晒干后扒出来就是蛤蟆油。现在也称为雪蛤油或雪蛤膏。林蛙油是雌蛙怀卵成熟期的输卵管,含有 18 种氨基酸、13 种无机元素、9 种维生素和多种复合多肽等生物活性因子,特别富含三种性激素,即雌二醇、睾酮、孕酮。其中雌二醇和睾酮分别是雌性激素和雄性激素中生理作用最强的激素,具有显著的滋阴强肾激发免疫功能和调节机理作用。林蛙油中的氨基酸含量超过东北野参的十几倍。

林蛙油自古在民间就被誉为与东北三宝齐名的传世滋补佳品。其药理作用亦早已为人所知。至清朝,更成为皇室贡品。现在,因其珍奇的营养和保健价值,被称为“绿色软黄金”。其含丰富蛋白质、氨基酸、微量元素、维生素和矿物质,对机体的生长发育、延缓衰老和健康强壮诸方面都有较强的促进作用。其含有丰富的胶原蛋白,与人体皮肤有较好的亲和力,极易被皮肤吸收,对防止手足皲裂、保湿、晒后修复、除皱、止痒、淡化色斑、头发护理,以及促进伤口愈合都有较好的功效。另外林蛙油还可以提高机体免疫功能和抗应激能力，并能明显提高巨噬细胞的吞噬率和吞噬指数，清除自由基，增强机体非特异性免疫功能和体液免疫功能，明显降低年感冒次数及减少其他疾病的发病率，使人远离亚健康状态。

林蛙（黑龙江省旅游局提供）

林蛙油还能够调节改善冠心病。连续口服该产品一个周期（2 ~3 个月）后，能明显降低血脂、磷脂结构中的亲水性基团和亲油性基团，可清除血管壁沉积的脂类物质、增强血液流量、改善微循环，对于调节、改善冠心病、心律不齐等血管疾病及各种并发症有较好的效果。林蛙卵油特有功效成分是亚油酸、亚麻酸，可分解血液中的垃圾，分离血管壁上的有害附着物，降低甘油三酯、胆固醇，使血液清新、正常。恢复血液流速，让心、脑、肝、肾等部位不缺血、不缺氧、不缺营养，俗称“血管清道夫”。

近些年，林蛙油药材以特有的历史文化内涵和极高的营养药用价值，被誉为“东北新三宝”之一。

## 六、熊胆

熊胆，是取自熊科动物黑熊、东北马熊或棕熊胆囊内的干燥胆汁。它性味苦，寒。可以清热解毒，明目，止痉；可用于治疗小儿热盛惊风、癫痫、抽搐、黄疸等病症。

熊的生态环境是栖息于混交林或阔叶林中，一般居于山上的石洞或大树洞中，白天活动，善爬树，游泳能力强，杂食性，但以植物为主。熊有冬眠习性，为森林中的大型动物，性孤癖不成群，经常单独在森林中栖息和活动，能直立行走，属于半冬眠动物，遇到干扰时可立即解除冬睡而外出活动。熊主要以植物嫩芽、嫩草及

棕熊(黑河旅游局提供)

各种野果为食,尤喜食蜂蜜。熊的视觉较差,但嗅觉和听觉发达,从体型上看,寒冷地区的熊体型较大,皮脂肥厚,热带地区的熊体型较小。

## 七、椴花蜜

椴树,是一种高大的乔木,在我国南北均有分布。生长在完达山脉那丹哈达拉岭的主要有糠椴和紫椴,是我国极富经济价值的优良树种。椴树的材质白而轻软,纹理纤细,是制造胶合板的主要材料,又可制作箱柜、门窗或用于木刻。林区居民大多用它来制作切菜的菜板,因其细密轻软,胀缩力小,不变形,又是建筑上的重要材料,素有“阔叶红松”之称。其实,最值得称道的还是椴树花蜜,每年 6 月中旬 ~7 月中旬是它的花期。椴花盛开的季节,树林中到处都弥漫着芬芳扑鼻的香气,椴花很小,每朵花都由 5 个花瓣组成,柱头 5 只,中间都含有亮晶晶的蜜汁。

椴花蜜(佳木斯旅游局提供)

椴花蜜色泽晶莹、醇厚甘甜。椴树蜂蜜有如下特征:第一,椴树蜜为透明浅黄色液体,黏稠透明,有油脂的光泽,较易结晶。结晶后呈细腻洁白的油脂状。这是蜂蜜的自然现象,对质量无任何影响,食用时可用温开水融化。第二,具浓郁的椴树花香味,味道甜润适口、营养价值高,易被肠胃吸收。第三,比一般蜂蜜含有更多的葡萄糖、果糖、维生素、氨基酸、激素、酶及酯类,具有补血、润肺、止咳消渴、促进细胞再生,增强食欲和止痛等多种疗效,同时具有清肝明目、增强体质、预防血压偏高，维护脑细胞功能，改善情绪、镇静催眠、减弱中枢神经兴奋等功效，用于体质衰弱。每天一杯可以美白、去斑、消除疲劳。尤其是熬夜后，蜂蜜中的果糖、葡萄糖可以很快被身体吸收利用，改善血液的营养状况。椴树蜂蜜是蜂蜜中难得的佳品。

## 八、克东腐乳

提起克东腐乳，人们不仅为它的独特风味、细腻质地、诱人醇香而垂涎欲滴。同时也为其独一无二的制作工艺赞叹不已。随着克东腐乳的名传于世，克东县已被“中国地区开发促进会”命名为“中国腐乳（微球菌）之乡”，正可谓“腐乳因克东而得名，克东借腐乳而扬名”。

克东腐乳（郑宇红摄）

克东腐乳，是一种传统的地方名特产品，始于1915年，是我国微球菌腐乳的代表。克东腐乳被国外朋友称为“赛珍珠”。其以含有丰富蛋白质的优质绿色大豆为主料，以大米、面粉、食盐为辅料，以13味天然中草药为调香料，取用含有锶、锂、锌、碘、硒等稀有微量元素的清泉之水酿造而成。

### 1.“微球菌”——独一无二的工艺

克东腐乳采用腾黄球菌“微球菌”酿造制作腐乳技术，世界罕见、国内唯一，在酿造食品中堪称全国一枝独秀。

### 2.“中草药”——举世无双的品味

克东腐乳以砂仁、紫蔻、肉桂、丁香等13味天然中草药作为调香料，结合现代工艺手段，加之得天独厚的水，使其具有色泽鲜艳、味道鲜美、质地细腻、后味绵长的特点，亦有健脾补阳、温中散寒、开胃止胀、解膻去腻、增进食欲、帮助消化的功效。

### 3.“高营养”——腐乳家族中的精华

40克克东腐乳，蛋白质含量相当于40克木耳、45克花生米、50克鸡蛋、50克烤鸭；钙含量相当于45克牛奶、50克田鸡、50克鲢鱼、100克黄鳝；铁、锌含量相当于50克虾米、50克牛肉、55克鱿鱼、60克菠菜。60克克东腐乳的必需氨基酸、维生素含量，可供成人一日的需要量。

### 4.“前后酵”——别于同行业的超长酿造

克东腐乳采用前后酵两次达180天的长期发酵，故而味道醇厚、后味绵长、营养丰富，是不可多得的美味佳肴。

### 5.“绿色食品”——中国驰名商标、中华老字号

克东腐乳是以百年传承、独有工艺技术的生产，并承诺不添加任何防腐剂、甜蜜素的绿色健康食品。

克东腐乳主导产品腐乳、火锅调料、腐乳膏和块装旅行腐乳，是深受广大消费者喜爱的高档佐餐佳品，被消费者誉为“神州美食”、“食林奇珍”。克东腐乳在东北地区有“四个之最”即历史最悠久、品质最佳、生产规模最大、品种最多。产品畅销全国25个省、市、自治区，并批量出口我国港、澳地区和韩国、日本及东南亚诸国家。

## 九、北大仓酒

北大仓集团，始创于1914年，时名“聚源永烧锅”。1997年前，当第一缕浓郁的酒香从齐齐哈尔市海山胡同6号飘散开来的时候，就赢得了满城的赞誉。新中国成立后，北大仓酒厂采用贵

州省茅台酒厂生产工艺，生产的北大仓酒于1958年试制成功，酒品既具酱香型大曲白酒的典型风格，又具北方白酒的特点。诗人臧克家盛赞北大仓酒是“北国的奇珍，黑土地的精华”。

名称由来：黑龙江省齐齐哈尔市地处古代著名的卜奎城，每到春天，风很大，有时风卷黄沙、尘土飞扬、遮天蔽日、树木倾折，故素有“风刮卜奎”之说。过去齐齐哈尔地处肥沃的嫩江平原，“天苍苍，野茫茫，人烟稀少，一片荒凉”，被称为“北大荒”。而今，北大荒已成为有名的“北大仓”，故该酒取名为北大仓酒。

**北大仓酒**(郑宇红摄)

工艺特点：北大仓酒以当地特产的“大蛇眼”高粱为主要原料。这种高粱色艳如火、形如蛇眼，淀粉含量高，是酿酒的上等原料，在工艺上严格遵守一次性投粮，连续6次加麯，6轮次发酵的传统发酵窖池和用来贮酒的酒窖等工艺酿造。

酒质特点：北大仓酒的酒质特点是：清亮透明、呈微黄色，酱香突出、幽香纯正、入口醇正、柔和绵甜、余香不息，属酱香型白酒。“北大仓酒”闻之香气扑鼻，味型近似茅台；入口柔软、回味绵长，是酱香型白酒的杰出典范，国色天香、卓尔不群是对北大仓酒的色、香、味的综合性确切认知。

北大仓酒第三代传人之一的战长跃说：那时，酒的度数都高，对酒品质量好坏的判断，可以通过酒燃烧时的颜色和声音来判断，也可以借此判断出酒在发酵时的好坏。他说，一般来讲，燃烧的酒呈蓝色，形状像一个小蜡头，不摇不摆，这样的酒肯定是好酒，尝起来没有苦味；燃烧的酒虽然也呈蓝色，但燃烧过程中东摇西晃，这样的酒在发酵时水大了，尝起来稍有点苦头；燃烧的酒虽呈蓝色，但上尖部发红，这样的酒发酵时温度高了，尝起来有苦头；燃烧的酒呈蓝色，但不仅上尖部发红，燃烧时还啪啪作响，这样的酒发酵时䊪子多了,尝起来很苦。

北大仓酒自问世以来,屡获殊荣,进入21世纪,北大仓先后被授予“中国驰名商标”、“国家地理标志保护产品”和“中华老字号”等称号。其独特的酿造工艺作为珍贵的非物质文化遗产,被载入《黑龙江省非物质文化遗产名录》。

把酒思古,穿越时空,作为北大仓酒家中的“绿色美人”——君妃如玉酒,以中国古代“四大美女”杨贵妃、王昭君、西施、貂蝉为主题图案,如今,“四大美女”已成为北大仓“君妃如玉酒”的响亮别称。

赋予美酒以丰富的文化内涵是北大仓的一贯追求。2008年,为了纪念马占山将军打响“抗战第一枪”的英雄壮举,北大仓集团先后研制了“北大仓老枪酒”和“珍藏版老枪酒”。

## 十、富裕老窖酒

富裕老窖酒,是黑龙江省名酒。其酿造工艺入选黑龙江省级非物质文化遗产,这些都得益于特殊的生产环境和传统酿造工艺。

富裕老窖酒(郑宇红摄)

历史渊源:1915年,黑龙江省富裕县杨贵棠在家中办起规模不大的酿酒作坊——“小酯”,由于小酯酒酒质清洌、味道纯正,采撷了日月灵气、溶注了精湛技艺,自其出窖时起就以不凡的品位、独特的香气受到当地百姓的欢迎,流传越来越广。好酒必有佳泉,富裕地处嫩江流域,柔和的嫩江水来自天然,富含多种矿物质,是形成富裕老窖高贵品质的基础。1924年小酯作坊规模扩大,发展成大作坊,名叫“鸿源涌烧锅”,1945年改名为“同源涌”。1973年,产品定名“富裕老窖”。

### 1. 生产原料

（1）酿造用水。取自产地保护范围内的嫩江、乌裕尔河地下水，符合国家生活饮用水卫生标准的规定。酿酒加量水为85℃以上热水。

（2）高粱，符合国家高粱标准的规定。主要采用产于富裕县的糯高粱及东北地区优质酿酒高粱。

（3）小麦。品质符合国家小麦标准的规定，为黑龙江省的优质小麦。

（4）稻壳辅料。产于松嫩平原，要求当年新鲜稻壳，无霉烂、干燥、无污染、颜色呈金黄色。

### 2. 生产工艺

——糖化发酵剂：大曲（中高温曲）。

"富裕老窖酒"是浓香型酒，工艺技术，是既取川酒诸家之长，又具自家独到之处。采用：一种高粱、两种曲霉、三种酵母、五个除杂、七次增香（低湿足水、长期发酵、分层蒸烧、按段取酒、分质保管、合理贮存、精心勾兑）的工艺技术路线。

### 3. 质量特色

"富裕老窖酒"的主要特点，是香、甜、顺、净，饮时不刺喉，饮后不上头。产品分浓香型、芝麻香型、滋补型、兼香型、清爽型等5大系列，100余个品种。具有色泽清澈、芳香浓郁、纯正舒口、甘美清爽、入口芳馥、回味余香、尾净醇厚、浓香显著等特点。

富裕老窖酒业始建1915年，是具有较强实力的大型酿酒企业。企业科技力量雄厚，产品通过ISO9002质量体系认证，并已建立起自己的绿色原料基地。富裕老窖酒业连续多年被评为先进企业，是黑龙江省5大白酒企业之一。其商标为中国驰名商标，黑龙江省名牌产品。富裕老窖主要产品，有以"富裕老窖"酒为代表的浓香型系列;以“富裕春酒”为代表的芝麻香型系列;以“金龟延寿”酒为代表的滋补酒系列;以“琼酒”为代表的兼香型系列和以“富裕白酒”为代表的清爽型系列,共5大系列100多个品种。

## 十一、哈尔滨啤酒

哈尔滨啤酒,诞生于1900年,是中国最早的啤酒品牌。哈尔滨啤酒从最初的年产300吨到现在的年产170万吨,目前,哈尔滨啤酒销往除西藏以外的全国其他各省(区),并远销英国、美国、俄罗斯、日本、韩国、新加坡等30多个国家及中国香港和台湾地区。哈尔滨啤酒已跻身世界著名啤酒品牌,并成为冰城哈尔滨亮丽的城市名片。

哈尔滨啤酒(郑宇红摄)

### 1. 哈尔滨啤酒诞生的历史

20世纪初,由于中东铁路的修建,外国移民大量进入哈尔滨,当时哈尔滨的人口构成如同当初的美国,充满浓郁的移民气息,并在东方世界里存在着明显的种族结构西方化的特征。啤酒、香肠、面包等西方特色的饮食也成为了这个本属于东方国家的城市。为满足外侨的生活需要,1900年俄商乌卢布列夫斯基在哈尔滨开办了第一家啤酒厂。哈尔滨啤酒就是在这样的背景下,在这个以西方文化为基础诞生和发展起来的。

### 2. 哈尔滨啤酒的酿造工艺

啤酒酿造需要4种原料:大麦、酒花、水和酵母。这些原料的质量决定着所生产啤酒的质量。哈尔滨啤酒系采用优质麦芽、进口酒花、精选辅料，以及经地矿部认证的优质地下水和历经数十载精心培育、筛选的“哈啤24号”酵母，汲取百年独特的酿酒经验与现代酿制工艺相结合精酿造而成。哈尔滨啤酒秉承干净、利落、纯正、爽口的优良传统，更融入当今世界盛行的清新、淡爽的风格特点，酒质外观晶莹剔透、泡沫洁白细腻、酒花香气清新浓郁，口感纯正淡爽。

### 3. 哈尔滨啤酒的主要品牌

哈啤集团总公司的产品均以“哈尔滨啤酒”或“哈啤”命名，再根据原料、制造过程、口感等方面的不同，冠以不同名称。主要有：清爽、澹爽、劲爽、特制超鲜、小麦王、1900经典、冰纯、干啤等十几个品种。

哈尔滨啤酒集团的“哈尔滨啤酒”系列产品，在国内多项评比中屡获殊荣；哈尔滨啤酒先后被确认为“中国公认名牌”、“黑龙江省首届啤酒精品”、“中国名牌产品”等荣誉称号。

## 十二、老巴夺牌卷烟

自古天下谁无死？而有的人的名字却能长久地流传下来，甚至留下来的已不仅仅是一个名字，而是代表一段历史。19世纪末，随着中东铁路的开通，寒冷的西伯利亚风暴把大批俄国人卷入刚刚兴起的哈尔滨。俄国波兰籍犹太人伊利奥·阿罗维奇·老巴夺和阿勃拉·阿罗维奇·老巴夺兄弟俩踌躇满志，幻想着在这座东方莫斯科的土地上，建立起自己的企业。

老巴夺兄弟俩，相貌相仿，当年都在40岁左右。兄弟俩到哈尔滨后，便下榻在秦家岗（现南岗区）的一处私宅里。还没等站稳脚跟，哥俩就开始深入香坊、秦家岗、埠头区（今道外区）等大街小巷，用犹太人特有的经商意识，开始了市场调研。哥俩很快便发现，随着中东铁路建设进入高潮，加上沙俄派出的沙哈罗夫“援哈兵团”进驻哈尔滨，以俄国人为主的外国人已达数万人。这些“洋人”几乎“嗜烟如命”，但当地种植的土烟，却很不适合他们的口味。他们习惯用木斯斗克（烟斗）专门吸食一种“大白杆”烟。

兄弟俩如同哥伦布发现新大陆一样欣喜若狂。夜晚，俩人在下榻的私宅里，美滋滋地品味着刚刚出厂的哈尔滨啤酒，当一大盆啤酒喝干时，哥俩的黄色眼珠放射出喜悦的光芒。此刻，一个伟大的历史性的决策诞生了！这也许是哈尔滨最早的一家“皮包公司”，在哥俩的碰杯声中成立了。于是哥俩夹起皮包，重返俄国，低价收购大量的烟丝和大白杆烟，然后运到哈尔滨销售。哇！一下子震惊了哈尔滨全城。从此，老巴夺家族开始了在哈尔滨长达半个多世纪的烟草生涯。

这样火暴的生意做到 1902 年，老巴夺兄弟俩赚了一大笔钞票。于是，在哈尔滨埠头区马街（现道里区东风街）买了一幢门市，雇用了七八个中国人，添置了俄式手摇制纸嘴机和普通制烟机各一台，开办了制烟手工作坊。老巴夺兄弟俩也由“皮包公司”的小商贩摇身变成了作坊主，成为小老板。这个手工作坊专门生产俄国的“柏比罗萨”带嘴纸烟，俗称“大白杆”。

所谓“大白杆”，就是将几种烟叶掺兑在一起，切成丝，加点香料，然后卷成纸烟，并在烟的一头多延伸出半寸长的硬纸嘴，样子就像今天的过滤嘴香烟一样，不同的是延伸出来的那部分是空的，虽然是空的，也就与众不同了。与众不同的商品总是受人欢迎的。当时，就连哈尔滨本土的一些上层“瘾君子”和有的“能挣会花”的“跑腿子”，也以嘴里叼上一支“大白杆”为荣事。

老巴夺的作坊在哈尔滨独一无二，当时生产的品种很多，主要有：惠斯尼、明亚勒、御用、百利、美人头、合意、双鱼等。很快，大白杆香烟出现了供不应求的喜人局面。1904 年 5 月，老巴夺兄弟又在埠头区（现道里区）西十三道街 16 号玉顺成大院创办起“葛万那烟庄”，雇工达百人之多。当时仅有 2 万多人口的哈尔滨无人不知这个烟厂，从而开创了哈尔滨制烟工业的先河。

为了保住哈尔滨“烟草第一大户”的称号，精明的老巴夺兄弟，开始琢磨着后事。兄长老巴夺高瞻远瞩，把自己的儿子小老巴夺送到美国哥伦比亚大学留学，专攻烟草专业。小老巴夺于1909年学业有成，回到哈尔滨，子承父业，担任了老巴夺烟厂的总办。他把书本理论用于实践，又增购制筒机、填烟机，扩大生产，成立了“老巴夺父子烟草公司”。当时，老巴夺父子烟草公司卷烟机单机每分钟产烟百余支。

**老巴夺**(哈尔滨烟厂提供)

老巴夺开始建厂时，原料多数是从俄国或土耳其运来的，后来考虑到运输困难和成本的问题，采取就地取材的办法，以亚布力烟叶为主料，为了满足老巴夺烟厂的原材料需要，亚布力周边当时的宁古塔(宁安)、镜泊湖及五常拉林一带都是烟叶产地。其产品“大白杆烟”和烟丝在价格上具有相当的优势。老巴夺父子烟草公司赢利越来越大，市场从哈尔滨扩展到黑龙江全省和中俄边境，仅用两年光景，老巴夺父子烟草公司不仅占据了哈尔滨烟草市场，成为受人瞩目的“赢利大户”，而且在中国形成南有上海英美烟草公司，北有哈尔滨老巴夺父子烟草公司的鼎足之势。大约在1914年，正式以“老巴夺”命名的品牌香烟横空出世，席卷了烟草行业的百年风云。

第一次世界大战的硝烟，给老巴夺父子烟草公司增添了独霸北满市场的威力。他们不单抓着中国市场，而且还想着俄国市场。于是兄老巴夺返回俄国赤塔开办烟庄。万万没有想到的是，经过3年的苦心经营，不但没捞到“甜头”，而且还被十月革命胜利后的苏联新政权给没收了,老本都搭进去了。而在此期间,老巴夺由于资金周转困难,遂与英美烟草公司合作,于1914年,将老巴夺父子烟草公司更名为“英商老巴夺父子烟公司”。老巴夺兄弟二人见大势已去,便怀着凄凉的心情,携带着在中国获取的巨额资本,于1930年迁入法国巴黎,加入了法国国籍。小老巴夺仍留在哈尔滨继续经营,还幻想着东山再起。

此时,英美烟草公司抓住机遇,选择哈尔滨市南岗区山街(现南岗区一曼街65号)作为新厂址,扩建“英商老巴夺父子烟公司”,至此,“英商老巴夺父子烟公司”发展成为比较先进的机械化大型卷烟厂。从此,浓烈的烟草味弥漫在哈尔滨上空,并流传着这样一句顺口溜:“哈尔滨独一格,南岗上坡老巴夺,地窖择烟叶,二楼糊烟盒,三楼包烟卷,四楼“马神客”(机器)。

新中国成立不久的1952年,英商老巴夺父子烟公司被哈尔滨市人民政府正式接管,并更名为“哈尔滨烟厂”至今。历史没有忘记老巴夺兄弟二人的名子,那就是老巴夺现在仍然是“哈尔滨烟厂”的一主打品牌之一,改革开放后,老巴夺烟厂恢复老字号,开发新产品,其中有灵芝、侯爵、哈尔滨等名牌。

## 十三、亚布力黄烟

亚布力烟叶种植已有100多年的历史,所产晒烟深受关东汉子的喜爱,被誉为关东烟之王。

亚布力黄烟(郑宇红摄)

相传大约一个世纪前,亚布力住着一个种烟的老鳏夫。一次他到市场卖烟叶,遇到一位流落街头的俄国妇女。该女人烟瘾极大,却又无钱买烟。老烟农便卷了一支“炮筒”送给她。待到太阳下山,老烟农收摊,农妇尾随其后不肯走。最后,两人一起回归大山。第二年,农妇生了一个混血儿。老烟农与农妇一直种烟。他们的烟叶来自大森林,山好、水好,烟味醇厚,特别好卖。传说老烟农姓黄,故又称亚布力烟叶为"黄烟"。

1935年赵尚志带领抗联战士向盘踞在北沟楼山镇的日军发起进攻,路经三道崴子小憩时,当地几户人家拿出最好的黄烟来款待他们。赵尚志点燃一支三道崴子烟。吸上一口,顿觉香气透入胸腹。走南闯北的他吸过许多地方的黄烟,却从没吸过这样味正适口、芳香弥漫的烟。他一再竖起大拇指,连连赞叹"此烟少有"。

亚布力烟之所以出名,被冠以上品关东烟是有缘由的:

### 1. 亚布力得天独厚的地理环境所决定

建中东铁路时,沙俄肆意掠夺我国森林资源,亚布力广袤的原始森林成为主伐区,砍伐过的原始森林成了一片片撂荒地。这些土地是多年积累的腐殖土,抓一把都"流油"。亚布力烟喜肥,土地贫瘠不会长出好烟,当地烟农设法增加土地的肥力,除大量施用农家肥外,还把油脚(生产豆油的下脚料)、碎豆饼发酵后作为烟苗的底肥,以补充地力的不足。

### 2. 恶劣的生存环境所决定

亚布力地处山区,夏秋两季蚊虫、瞎虻特别多,还有一种叫小咬的蚊虫,成群结队,铺天盖地满天飞,直往身上叮,咬得人奇痒不止,可谓防不胜防。山区里长虫(蛇)也特别多,在大道上到处乱蹿,不小心就会踩到脚下,有时甚至往屋子里钻,往锅台上、火炕上爬。特别是有一种叫土球子的毒蛇,见着人不但不怕还在后边追,使当地人的生产生活受到严重干扰。可是蚊虫、瞎虻和蛇都怕烟,抽烟的人它们不敢接近。所以当时住在这里的人不分男女、老少,几乎个个抽烟。一般都是兜里揣个烟荷包,腰里掖杆大烟袋。闲暇时便吧嗒吧嗒抽起来,既解乏又起到防叮咬的作用。抽烟有瘾仅次于吃饭,也是生活中必备的,所以家家户户都种烟。

由于种植的时间悠久，并在摸索总结，精心伺弄，于是创出了亚布力烟这个著名品牌。由此看来，亚布力烟是一代代人在生产中创造出来的劳动结晶，现在又是当地的主要经济作物之一。

### 3. 亚布力烟的种植是很讲究的

芒种过后，农活基本结束，烟农便开始种烟了，主要程序包括种、管和收。

(1)种。先起大垅：种烟和其他庄稼不一样，垅必须大，两条垅的间距要宽，一个烟叶 2 尺多长，间距短，封垅时就无法管护了。踩格子：把要撒种的坑用脚反复踩实，起到保墒的作用。点种：用土将烟子拌好装在点葫芦（是一个小铁盒，底部扎成小眼，安一个 60 多厘米多长的木柄）里，点种时一手持点葫芦，一手持木棒，边走边敲，将烟子撒在格子里。然后再反复遛格子，直至踩实。

(2)管。定苗：烟苗长出后，先留下二三株较好的，将余苗间（除）去，过一段时间，秧苗基本定型了，再把其余的去掉，只留一株。铲耥：底叶长出后，开始铲耥，起到松土保墒的作用，根据情况各进行 2 ~ 3 次。掐尖：当烟棵长出七八个叶时必须及时掐尖，防止烟只长棵不长叶。将烟的顶尖掐掉，只留下两个顶叶。打叉：掐尖后，如果烟棵再长出新的叶片，要及时打掉，防止养分流失。施肥：烟喜肥，地薄长不出好烟来，此间最好追肥两次，以猪粪为佳。

(3)收。割烟：大约 9 月初，烟叶已经长成，便开始收割了，割烟时每个烟叶都有一个拐把，呈元宝形，称为元宝拐，顶叶无拐。根据经验，霜降前三两天肯定下霜，必须赶在这之前收烟，否则一经霜打，烟叶便像用开水烫过一样，就全糟蹋了。晾晒：用带叉的木棍埋在地上，在叉上横木棍搭好烟架，将割下的烟 4 个叶或 6 个叶一把，用宽心草捆扎，搭在烟架上晾晒，使烟叶充分地吸收阳光和露水。收藏：当烟叶干到金黄色，即可下架，用宽心草捆成把，存放在避雨、通风处。

亚布力烟忌涝，当地有两句谚语："旱烟旱烟，不怕旱，就怕涝"、"瓜怕刮，烟怕淹"。说的就是烟忌怕洪涝，不能种在低洼地带。

亚布力烟再度被人们提起，是在电视连续剧《赵尚志》和《闯关东》热播之后，亚布力烟再一次成为热销品，进而被烟民们津津乐道地谈起。

# 第七章

# 黑龙江工艺美术品推介词

## 讲解重点

黑龙江历史文化悠久，民族众多，淳朴敦厚的多民族文化，产生了丰富多彩的工艺美术品，为旅游纪念品增辉添色。初到黑龙江的游客，在游历山川湖泊，感受龙江美丽景致和淳朴民风的同时，都会选择一些纪念品带回家乡去，纪念此行、馈赠亲朋好友或满足身份定位和实现自身价值的心理需要。

2006年5月20日，国务院批准第一批国家级非物质文化遗产名录518项，黑龙江省申报的《达斡尔族乌钦》、《赫哲族伊玛堪》、《赫哲族鱼皮制作技艺》、《桦树皮制作技艺》、《鄂伦春族古伦木沓节》、《鄂伦春族摩苏昆》、《东北二人转》、《东北大鼓》及《达斡尔族鲁日格勒舞》等9个项目，入选首批国家级非物质文化遗产名录。

木烫画（苗小苗摄）

# 第一节 皮质类

## 一、桦树皮工艺品

桦树皮工艺(伊春旅游局提供)

桦树皮工艺,在黑龙江已有久远的历史了,自旧石器时代晚期开始,就有原始居民因地制宜,制作各种各样的桦树皮用具。由于,白桦树皮取材方便、制作简易、携带轻便,所以,被广泛用于当时的狩猎和游牧生活之中。近代,黑龙江流域的鄂伦春、鄂温克、达斡尔、赫哲等少数民族仍用桦树皮盖房、造舟、缝制各种箱、盒、桶、碗等生活器皿。

近年来,在党和政府的关心扶持下,赫哲人也由原始的渔猎生活步入了现代文明,为使传统的桦皮制作工艺发扬光大,赫哲族艺人对桦树皮制作工艺进行了研究和开发。他们利用桦树皮的自然纹理,经过巧妙加工,赋予作品更深刻的内涵,使其由原来单一的实用性向现在的欣赏性、实用性、收藏性于一体的方向发展。传统的桦树皮工艺有四个步骤:一是剥取树皮;二是将皮子浸软或煮软;三是剪裁缝合,有的制品不用线缝,而是精巧地咬合;四是装饰图案。有的砸压,有的剪贴,各民族都把象征吉祥、喜庆、祈盼平安、丰收的图形、图案装饰在桦树皮制品上。

桦树皮工艺品是以原始的森林桦树皮为原材料，给人以返璞归真、回归自然之感。如今产品分为几大类，如，手编类、盒类、板画类、挂件类、瓶类等。百余种产品现已远销韩国、日本等地，深受21世纪追求新时尚，追求自然、环保的人们的欢迎。

## 二、鱼皮画

赫哲族世居黑龙江，长期以渔猎为生，捕鱼、食鱼、穿鱼皮，在历史上以“鱼皮部落”闻名于世。鱼皮工艺就是他们使用鱼皮盖房、造舟、制衣的一种特殊的手工工艺。

**鱼皮服饰**（张秀丽摄）

传统的鱼皮工艺是一整套复杂的鱼皮加工过程，分为剥鱼皮、干燥、熟软、拼剪缝合、艺术修饰等几个步骤。鱼皮画就是赫哲族人民采用野生鱼皮制成的一种民间工艺品。

野生鱼皮花纹自然，纤维细腻、柔软，再经过高科技工艺处理及着色后，顺其纹理可制成许多形态各异、栩栩如生的人物和动物等作品。鱼皮画色彩斑斓、华贵大方，画面风格古朴粗犷，富有立体感和动感，是时尚的室内装饰品。

## 第二节　草木类

### 一、草质类

#### 1. 麦秸画

黑龙江麦秸画，是美术园地里的一个新品种。其主要特点是以精选麦秸为原料，经过除膜、切片、劈丝等加工处理，运用拼贴、镂刻等制作方法，利用麦秸原有的光泽，巧妙设计、精工细作，通过对麦秸明暗、深浅、厚薄、疏密的有机搭配及点、线、面的合理布局，来表达创作者对真、善、美的理解和对艺术的追求。

麦秸画（哈市工艺品厂提供）

用麦秸作画，开始于20世纪60年代初期。当时参照中国民间剪纸工艺的技法，引用潮州线条平贴工艺，将麦秸秆破开烫平，劈成丝条，再以金丝绒作底，粘贴成各种图案。这就是最初的麦秸工艺画。后来，艺人们又采用烫烙分光、染色、分彩等工艺，借鉴了国画、水彩画等姊妹艺术的长处，并运用单色剪毛，剪、铲、刻及深浅浮雕的表现方法，增强了画面的质感和立体感，使麦秸工艺形成了自己独特的风格。画面表现的题材也更加丰富多彩。人物，潇洒自然、金属感强、古色古香；花鸟景物，则艳而不俗、神形逼真、惟妙惟肖。

近年来，艺人们又制作了各式各样的麦秸盒，有圆的、方的、长方的、六角的，等等。那造型生动的动物首饰盒、十二生肖的麦秸挂件等，富有浓郁的地方特色。采用镶嵌工艺制成的麦秸画屏风、坐屏置于室中，使人感到富丽堂皇、满室生辉。在图案设计上既有中国民族风格、黑龙江地方特色，又有适合欧美传统欣赏习惯的外观造型。目前，这一工艺品已销往美国等30几个国家和地区。

### 2. 草柳编织品

草柳编织品（苗小苗摄）

黑龙江盛产乌拉草和柳条，为发展草柳编织提供了十分丰富的资源。黑龙江省的草柳编织可追溯到清代，当时大都是一些筐篓之类的生活日用品，直到新中国成立后，草柳编织才有了较大的发展。如，木兰县的柳编，产品有圆提篮、面包篮、屏风等60多个品种，远销美国、德国、荷兰、澳大利亚、加拿大、日本等国家及我国香港地区。

此外，虎林县以乌拉草为原料编织的各种用途不同的草地席也十分受欢迎，远销世界各地。而佳木斯的白柳编织品，如，高把提篮、方果盘、双耳大小圆盘等，经过清洗，洁白晶莹、美观实用，也十分受欢迎，远销欧美等许多国家。

### 3. 通草画

黑龙江的通草工艺品，是工艺画中的后起之秀。20世纪60年代，人们曾用通草仿照绢花工艺做成花。但一直到了20世纪70年代，哈尔滨市才开始生产通草工艺画。

通草，是通过脱木茎中的髓，颜色洁白、光亮，具有丝绒感，还易于染色、造型，经过选料、漂草等工艺，将通草片加工成通草工艺画的原料，然后运用剪、粘等工艺技巧，便可制成不同题材、不同图案的精美画面。通草工艺画《金鱼戏水》中，遨游于翠绿水草

通草画(曲翠华摄)

中寻觅食物的金鱼,嘴里还吐着泡沫,观赏者无不赞叹其形态逼真。为了充分表现画面中鱼的“动”感,艺人们巧妙地利用两层纱的表现方法,将金鱼分别设计在第一层纱和第二层纱中,底板配以浅绿色,看上去简直是一条条活生生游戏的金鱼。用通草做的各种花卉,色泽艳丽、立体感强;通草工艺画《彩蝶纷飞》集其大成,画面上仪态万千的蝴蝶,正在百花丛中飞来舞去,象征着人民的生活充满阳光、充满幸福。

## 二、木质类

### 1. 抱马子茶叶筒

抱马子茶叶筒,是我省特有的一种工艺品。用它贮藏的茶叶经久不变味,色、香依旧,深为品茶爱好者的喜爱。

抱马子学名白丁香,是东北稀有的树木,材质十分紧密,色泽纯白、木纹清晰,不但易于加工,而且还具有一种特殊的香味。

抱马子茶叶筒

(苗小苗摄)

该产品选料考究,选用当年采伐的原浆饱满的鲜料,不但药物作用大,而且气味芳香,可称之为无茶的“自来香”。人们利用白丁香这些特点,把它加工成各式各样的精美的茶叶筒。采用烫画工艺,可在筒体上烫出各种图案,有优美的山川景色、名胜古迹、飞禽走兽等,使茶叶筒更加端庄秀雅、生趣增辉。一面坡生产的饰有黑龙江风光的刻面浮雕式茶叶筒,造型优雅、物美价廉,深受中外旅游者的欢迎。

### 2. 木烫画

木烫工艺画，是黑龙江民间工艺美术品的一种。烫画艺术由来已久，我国古代就在竹筷、毛笔杆、笔筒、烟袋杆上烫制各种各样的图案。我省的烫画工艺也有几十年的历史了。

早年的木烫工艺画是以烧红的铁丝为“笔”，在木板上烫出深浅不同的条纹而形成的画面，由于“画笔”的限制，画面大都只能以线条来表现，很像素描。后来艺人们改用电烙铁做“笔”，运用立笔、坡笔、横笔等不同的技法，烫出了山水、花鸟、人物等丰富多彩、生动有趣的各种画面，那山道弯弯、曲径通幽的山水画，简洁风雅，别具神采；栩栩如生的动物画，形似神传，十分引人喜爱。

烫画，不仅是一种装饰画，而且还广泛用在家具上，成为人们美化生活的一种艺术形式。许多新婚夫妇用烫画作床头、柜门的饰物，给新房增添了欢快情趣。老年人也喜欢用烫画来装点房间，因为它古朴素雅、美观大方。

木烫画（曲翠华摄）

### 3. 根雕

根雕艺术，是选择和利用自然界中的树根、竹根、藤根等各种根材的自然形态，加以艺术处理和工艺处理而形成的一种艺术样式，统称根艺。它包括根艺美术品、根艺装饰品和根艺实用品；它是一门奇巧结合、天人合一的造型艺术，具有自然美、雕琢美及造型美的多重性和独特的艺术风格。随着经济的发展，人们的文化艺术生活日益丰富，回归自然成了时尚追求，根艺那古朴自然的美愈加受到人们的青睐。

根雕(曲翠华摄)

根雕艺术在中国的发展源远流长。在1982年湖北省荆州地区博物馆清理马山一号楚墓时,发现了我国战国时期的根雕艺术作品《辟邪》。据国家文物部门考证,该文物制作于战国晚期,距今已约有2300年的历史了。

黑龙江广袤的森林为根雕艺术提供了丰富的原料。艺人们通过选材、造型、雕刻、着色和上漆,将各式各样千奇百怪的根加工成工艺美术品。这些产品不但可以作为人们居室的装饰品,也是旅游者馈赠亲朋好友的纪念品。

## 第三节　棉麻类

### ——松江编结绣

哈尔滨市生产的松江编结绣,是具有独特地方风格的编结手工艺产品。以黑龙江特产的亚麻或棉布作底布,用棉线织绣而成的编结工艺品,是在我国传统的抽纱工艺基础上,采用雕空、手绣、编结等项技术相结合而开发的新工艺品种。松江编结绣有图案清晰、风格素雅、艺术精湛、品种繁多等特点,深受许多国家和人民的欢迎和喜爱,具有很高的艺术价值和使用价值。

松江编结绣(省旅游局提供)

松江编结绣可制成桌布、床罩、靠垫、沙发垫和衬衣等。其工艺新颖、风格独特、纹饰细腻，曾被国家轻工业部评为优质产品，产品远销美国、瑞士、法国、日本等国家和我国香港地区，大受外商喜爱和好评。

## 第四节　剪纸类

### ——海伦剪纸

1993 年，海伦被国家文化部命名为“中国民间艺术剪纸之乡”称号。地处小兴安岭脚下的海伦市，原是清初皇帝围猎场。随着历史的发展，汉、蒙、回、朝鲜等民族的垦民聚居于此。他们带来了我国北方丰富多彩的剪纸、刺绣等工艺美术和满族、鄂伦春族的拨云子、印麻花等工艺相互借鉴，融会结合，逐渐形成了海伦剪纸。海伦剪纸构思新颖、图案美观、刻镂精细，是不可多得的民间艺术品。

传统的海伦剪纸多描摹花草虫鱼、飞禽走兽等，造型简洁洗练，刀锋粗犷有力，富有写意、神似的特点。新中国成立后，海伦剪纸表现的主题又有新的发展。特别是创作于建国周年大庆前夕的《祖国颂》，突破了剪纸内容单调的局面，扩大了题材，增加了表现层次，改造了装饰，生动地反映了全国各族人民热

海伦剪纸（苗小苗摄）

爱党，热爱祖国的深厚感情。这个作品曾参加了中国现代美术展览会、国际博览会展出，还赴原苏联和日本、法国、新西兰等国展览多次。这一珍品现收藏于省博物馆内。

海伦剪纸采用绘画、雕刻之所长，融粗犷、细腻于一炉。其表现技法讲求阴刻、阳刻、阴阳兼用和衬色压色四种剪法，剪刻并举。阴刻，是用"画"表现，给人以凝重深厚的印象，多用剪刻薰墙花。阳刻，主要是用"线条"表现，有轻盈、明快之感，多用于剪窗花、灯花。阴阳兼用，使线、面互相映衬，可取得黑白对比的鲜明效果，多用于一定主题思想的作品。衬色和压色，是在剪纸的背面托上色纸或在上面贴上色纸，使之形成浓淡对比鲜艳的色阶。如，用铝金纸衬色或用绢、绸、丝、绒等材料套色，给人金碧辉煌、雍容华贵之感。

在海伦当地，这一工艺品流传甚为广泛。在人们准备过年时，能剪善绣的巧女人家便用自己剪刻的各种挂钱、墙花、窗花把室内外装扮得五彩缤纷，一派欢乐年景。

## 第五节　宝石类

### ——玛瑙工艺品

玛瑙，是一种极为珍贵的非金属玉类矿石，与水晶、翡翠、琥珀、珊瑚并称为宝石，成为人们生活中美好与纯洁的象征。在各种美玉奇石中，玛瑙又以其色彩变幻多姿而独树一帜。黑龙江省逊克县是全国最大的红色玛瑙产地，是国内罕见的玉矿源之一。

逊克县生产的雪松牌玛瑙酒杯，曾获得中国国际旅游会议组织委员会的奖状。采用我省嫩江流域盛产的优质、色泽纯正的玛

玛瑙工艺品(苗小苗摄)

瑙石为原料,经过造型焙烧、磨光、染色等工艺流程,制出的玛瑙酒杯,花纹自然、美观大方,独具中国特色。玛瑙也可制成耳坠、手镯、心坠和项链。这些产品造型古朴、高雅,既是纪念品,又是实用的装饰品,产品销往全国各地,远销美国、新加坡、日本,很受外国客商的欢迎。

黑龙江省的玛瑙工艺品历史悠久、种类丰富。以玛瑙为原料雕刻的工艺品多以仕女、鸟兽、花卉、宝瓶、香炉等为题材,形象千姿百态。玛瑙是在高温、高压下形成的一种矿产,有灰白、红赫、翠绿等各种颜色,光彩夺目,内含一汪清水的水胆玛瑙,尤其罕见,用它雕成的工艺品极为珍贵。这种"水胆玛瑙"雕件,曾在香港国际博览会上引起轰动。

## 第六节　陶瓷类

### ——绥棱黑陶

绥棱作为中国现代黑陶的发源地,至今已有近百年的生产历史,绥棱因此被称为"中国土陶工艺品之乡",被文化部确认为"中国现代黑陶第一窑",被省文化厅命名为省级非物质文化遗产。

绥棱黑陶,是地道的纯民间工艺品,经手工淘洗、拉坯、整形、

绥棱黑陶
（绥棱旅游局提供）

晾晒、修整、压光、绘画、雕刻、镂空等工艺，最后采用“封窑熏烟渗碳”方法烧制而成。有花盆、花坛、花钵、花罐、花筒等60多种产品。黑陶集观赏、实用、珍藏于一身，具有礼品、工艺品和庆典、旅游、纪念品等多种功能。

绥棱黑陶工艺品自1965年以来一直行销英国、日本及中国香港等数十个国家和地区，在东北地区第三届旅游业博览会上，荣获“最具特色奖”和“最受群众喜爱作品奖”，被黑龙江省旅游局授予“优秀旅游商品称号”。

## 第七节　其他类

### 一、玻璃画

玻璃工艺画，是欣赏与实用相结合的一种民间工艺美术品，由于玻璃具有透明的特性，制作出的玻璃画十分晶莹可爱。

利用玻璃作画，主要有三种：第一种，是电刻画。这种玻璃画是通过腐蚀的办法绘制成画。哈尔滨市玻璃画工艺师制作的电刻画《南极献寿》，不但生动逼真，而且十分细腻，其细微之处，毛发可数；第二种，是采用磨花工艺制成的磨花玻璃画，如，《百鸟朝凤》、《松鹤延年》、《金鱼戏水》、《大雁鹏程》、《青松翠柏》、《仙女散花》等，构图新颖，为人喜爱；第三种，是采用国画表现手法绘制而成的玻璃画。艺人利用玻璃透明的特点，在反面作画正面看，作画难度大、要求高，玻璃画《松鹤图》就是采用这种技法制作的。它以象征长寿的松树和仙鹤为题材，画面上苍松挺拔、千姿百态的仙鹤迎着朝阳飞向美好的未来，充分体现了艺人的艺术造诣。

玻璃画（曲翠华摄）

玻璃画表现的题材十分广泛，飞禽、走兽、风景、人物、花卉等都可入画。玻璃画色彩艳丽、明快，长期不变色，许多人用来做各种立柜的门面，既美观又实用，还有的用以制作门斗画、挂画等。

玻璃工艺画最早风行于哈尔滨，距今已近百年，现已成为美化人们生活不可缺少的一种工艺美术品。

## 二、羽毛画

羽毛画
（曲翠华摄）

黑龙江的羽毛工艺画大约起源于20世纪50年代末、60年代初，但由于借鉴了兄弟省羽毛工艺画的经验，发展较快，并形成了纤细精巧的风格，颇受外商欢迎。

艺人们采集鸡、鸭、鹅、鸽、孔雀、锦鸡及各种鸟雀的羽毛，经过防虫、洗毛、染毛、漂毛等工艺，加工成羽毛工艺画的原料。然后根据画面所表现的题材，运用平粘、对接粘、排列粘、悬浮粘及堆积粘等各种不同的粘贴方法，将事先选好的羽毛粘贴成一幅幅精美的工艺画。在表现手法上既借鉴国画的技法和构图，又博采雕塑、木刻、装饰等姊妹艺术的长处，并发挥了原料本身舒展而有光泽的特点，因此制出的羽毛画构图新颖、色泽艳丽、千姿百态。

特别是近年制作的《梅园颂》，不仅题材寓意深，而且做工精细，看到它，就使人想起敬爱的周总理当年在梅园的战斗情景。

目前，艺人们又为中外游客生产了各种各样的羽毛挂件、羽毛小镜等旅游产品。件件玲珑可爱，堪作纪念珍品。

## 第八节　俄罗斯特色工艺品

黑龙江与俄罗斯隔江相望，许多俄罗斯旅游工艺品都是通过黑龙江向中国内地辐射的。这些俄罗斯特色工艺品，不仅是黑龙江的旅游品牌，也是国内游客了解俄罗斯文化和艺术的窗口。专业的望远镜、美丽的套娃、精致的锡制酒壶和首饰盒、纯正的俄罗斯巧克力和烟酒等，带有浓郁俄罗斯风格的旅游纪念品，吸引了众多赴黑龙江旅游的游客。

### 一、俄罗斯望远镜

俄罗斯望远镜的特点是，无论民用还是军用都是军工厂出品，外形传统，全金属结构，坚固耐用，全部采用优质光学镜片和K4型高级棱镜材料，倍数真实，充分体现了原苏联高超的光学水平。

### 二、俄罗斯套娃

俄罗斯套娃，是俄罗斯特产木制玩具，又叫吉祥娃娃。大小不一的娃娃一个套一个，分成5件套、7件套、12件套、15件套等，通常为圆柱形，底部平坦可以直立。最普通的图案是一个穿着俄罗斯民族服装的姑娘，叫做“玛特罗什卡”。她也成为这种套娃的通称。俄罗斯套娃具有浓郁的地域风格，是俄罗斯特有的一种手工制作的工艺品，制作材料以椴木为主。娃娃可以做摆设品，也可用来装首饰、杂物、糖果等。俄罗斯套娃是一份精美的寄托亲情、见证爱情、表达思念的异域风情礼品。

俄罗斯套娃（苗小苗摄）

## 三、俄罗斯酒壶和首饰盒

俄罗斯酒壶和首饰盒，做工精美、古朴典雅，采用高纯度银锡合金，经过熔化、造型、刮光、装接、擦亮、装饰雕刻等复杂工序精制而成。首饰盒的形状各异，有心形、长方形、椭圆形等，图案内容丰富，有表现商人生活的，也有展现俄罗斯风景的，但最为经典的是玫瑰花图案。

# 主要参考文献

薄喜如主编.北国风光美在黑龙江·黑龙江导游词.北京:中国旅游出版社,2010.

薄喜如主编.黑龙江旅游特色美食.黑龙江省旅游协会出版.

黑龙江省旅游局编.黑龙江省优秀导游词精选.北京:中国旅游出版社,2001.

满大庆主编.趣闻黑龙江.北京:旅游教育出版社,2008.

黑龙江省人民政府新闻办公室主编.全景中国——黑龙江:冰雪世界绿色家园.北京:外文出版社,2006.